社会部記者の本棚

――心にしみる世界のノンフィクションを読む

横田 喬［著］
（元朝日新聞社会部記者）

同時代社

まえがき

このところずっと、気分がすっきりしない。不条理そのもののウクライナ戦争は一向に止む気配がない。ガザではイスラエル軍の一方的な蛮行を誰も何ともできない。無力な我が身が情けないが、さりとて誰かに何か手立てはあるのか。そもそも人間とは、一体いかなるシロモノなんだろう？　居室の書架を前に、ついつい私は蔵書の背に目をやった。

心当たりの三冊を抜き出す。先ずはV・フランクルの『夜と霧』。ナチのあの非道な所業は「人類の原罪」そのもの、と思えた。ウクライナ戦争やガザの今日は、『夜と霧』の延長線上にある、と私は感じた。過去のおさらいから何かヒントが得られれば、とも願った。

二冊目がJ・クラカワーの『荒野へ』。アメリカの中流家庭で何不自由なく育った青年が大学卒業後、なぜかヒッピーさながらに。文明社会と縁を切り、遂にはアラスカで非業な孤独死を遂げる実話である。超大国アメリカの一断面を見せられるようで、痛ましくなる。

三作目はアメリカの作家H・D・ソローの『森の生活』。一九世紀半ばに刊行されたエッセーで、自然そのままの環境の中で素朴な生活を送る一風変わった作家の心境を平明に綴ったもの。新聞社を定年後、伊豆の山中で七年余り気ままに暮らした私には思い入れの書。

この三冊を足掛かりに、私は二〇二三年春、インターネットの言論コーナー『リベラル21』

並びに『ちきゅう座』で、『世界のノンフィクション秀作を読む』と題する読み物の連載を始めた。今年六月まで一年三カ月にわたり、都合三九本分を連載した。連載半ばの時期に当たる昨年末には、番外編として市河晴子著『エジプトの驚異』を原文そのままに添えた。

この筆者の存在は、ネットを検索するうち知った。世に知られざる類稀な文筆家の存在に驚き、最寄りの図書館に照会。「隠れた人気本」として相当な順番待ちの末、借り出しがかなった。評判通り、筆力の冴えには目を瞠った。本書中ほどに納まる名筆をご覧あれ！

バスで十分少々の最寄りの公立図書館には随分お世話になった。筑摩書房の『世界ノンフィクション全集』（全五〇巻）と『現代世界ノンフィクション全集』（全二四巻）は、恰好の題材の宝庫だった。前者からは『コンティキ号探検記』『中国の赤い星』『ちょっとピンぼけ』などを。後者からは『翼よ、あれがパリの灯だ』『エジプト革命』『わが祖国への自伝』などを選抜。これぞという触りの部分を、原作の味わいが出来るだけ生きるよう、限られた分量の文章に意を尽くすべく努めた。

新聞の書評欄や近刊紹介コーナーも情報源として役立てた。『ハイチ革命の世界史』や『気候変動後の人類大移動』など異色の意欲作の発掘〜紹介は、その賜物である。

世界には、男女を問わず、真に偉大な人物や異色の人材が間違いなく実在する。その確かな感触を、私はこの連載を通じて確かめた。人間も未だ捨てたものではない。

二〇二四年夏

社会部記者の本棚／目次

第一章

圧制や戦禍は
こんなに痛ましい

人間の偉大と悲惨を叙述し、大きな感動をもたらす
ヴィクトール・フランクルの『夜と霧』

「人間とはガス室を発明した存在だ。が、同時にガス室に入っても、毅然とした態度を保てる存在でもある」。ユダヤ人としてナチスの強制収容所生活を体験した医師V・フランクルの著書『夜と霧』は、人間の偉大と悲惨を叙述。「言語を絶する感動」と評され、日本を始め世界的なロングセラーとなり、二十世紀中に六百万超の読者に読み継がれた。前世紀を代表する作品の概要を新版（みすず書房刊：池田香代子・訳）を基に紹介したい。

本書の概要

以下に綴られる経験は、あの有名なアウシュヴィッツ強制収容所そのものに係るものではなく、その悪名高い支所にまつわるものだ。けれども今では、こうした小規模な収容所こそがいわゆる絶滅収容所だったことが知られている。ナチス親衛隊の下部機関として一般のユダヤ人

囚人の監督に当たったカポーたち（ユダヤ人のうち暴力的で犯罪者的性向のある手合い）はナチスと心理的にも社会的にも同化し、彼らに加担した。

かのアウシュヴィッツ駅に一五〇〇名を貨車一台に八〇人ずつ、何日も昼夜ぶっ通しで移送。数キロに及ぶ巨大な収容所。何重もの鉄条網・監視塔・サーチライト……。が、精神医学で言う「恩赦妄想」があり、我々も最後の瞬間まで事態の転換を信じた。私たちは男女別々に一列になり、長身瘦軀の親衛隊将校の前へ。彼の直感的判断で、右は強制労働に、左は焼却炉の方へと選別され、約九〇％が先ず淘汰された。

司令官がしわがれ声で叫び、全員がホールへ集合。鞭を手にした親衛隊員が素っ裸になるように命令。我々は体中の毛という毛を剃られ、シャワー室へ追い立てられた。私たちは身ぐるみ剥がされたことを思い知る。居住棟の班長は、「脱腸帯にドルや貴金属を縫い込んでいる奴は、あの梁にぶら下げる」と上方を指し示した。

私たちは三段「ベッド」に寝かされた。一段は縦二メートル、幅二・五メートル。むき出しの板敷きに九人が横になった。毛布は九人につき、二枚。私たちは横向きにびっしり体を押し付けあった。それでも、眠りは意識を奪い、状況の苦しさを忘れさせてくれた。収容ショック状態に留まっている者は死を全く恐れず、高圧電流が流れる鉄条網に触れることを厭わなかった。

被収容者はショックの第一段階から数日で、第二段階である感動の消滅段階へと移行する。

内面がじわじわと死んでいったのだ。最たるものは、家に残してきた家族に会いたいという思いの抹殺。それは激しく被収容者を苛み、あらゆる醜悪なものへの嫌悪をもたらした。短期間、私は発疹チフス病棟に入った。仲間が一人、また一人と死んでいく。すると、何が起こるか。生き残りが一人、また一人と未だ温かい死体にわらわらと近づく。昼食のジャガイモの残りをせしめ、死体の木靴や上着を自分のと交換していた。ほどなく、毎日毎時殴られることにも、何も感じなくさせた。この不感無覚は被収容者の心をとっさに囲う盾なのだ。

我々は最悪の栄養不足に悩まされていた。最後の頃の食事は、日に一回与えられる水としか言えないようなスープと、ちっぽけなパン。それに二〇グラムのマーガリンか、粗悪なソーセージ一切れかチーズのかけら、スプーン一杯の代用蜂蜜が日替わり。この食事ではカロリーが全く不足し、私たちは骸骨が皮を被ったと同然に。居住棟の仲間はばたばた死んでいった。

第二段階、即ち収容所生活にどうにか適応した段階での我々を襲う本能は、栄養不足から食欲を意識の全面に押し出す一方、栄養不良は性欲がきれいさっぱり無くなったことも説明してくれるだろう。心理学者として注目すべきは、この男だけの集団生活の場では、初めのショックの段階を除けば「ホモセクシュアル行為」は見受けられなかった。被収容者は全くと言っていいほど性的な夢をみなかった。他方、精神分析で言う「手の届かないものへのあがき」、全身全霊を込めた愛への憧れなどの情動は、嫌というほど夢に出てきた。

ほとんどの被収容者は、風前の灯のような命を長らえさせるという一点に神経を集中せざるを得なかった。被収容者が物事を判断する時に見せる徹底した非情さも、そこから説明がつく。が、二つだけ例外があり、それは政治と宗教への関心だった。人びとは熱心に戦況などについて論じ合った。被収容者が宗教への関心に目覚めると、それはのっけから極めて深く、新入りの者はその宗教的感性の瑞々しさや深さに心打たれずにはいられなかった。

雪に足を取られ、氷に滑り、何キロもの道のりをやっとの思いで進んで行く間、私は時折、空を仰いだ。この瞬間、私の心はある人の面影に占められていた。私は妻と語っているような気がし、妻が答えるのが聞こえ、微笑むのが見えた。眼差しで促し、励ますのが見えた。

人は、この世にもはや何も残されていなくても、心の奥底で愛する人の面影に想いを凝らせば、ほんの一刻にせよ至福の境地になれるということを、私は理解したのだ。

資質に恵まれた者は、一心不乱に想像を駆使して繰り返し過去の体験に立ち返る。ありふれた体験やごくささいな出来事を、くり返しなぞるのだ。そういう思いでは被収容者の心を晴れやかにするというよりは、悲哀で満たした。過去に目を向ける時、内面の生は独特の徴を帯びた。内面が深まると、たまに芸術や自然に接することが強烈な経験となった。

灰色の夜明けが辺りを包む。どんよりとした薄明に、雪も灰色だ。目前にある惨めな死に最後の抵抗を試みるうち、あなたは一面灰色の世界を魂が突き破るのを感じる。魂がこの惨めで無意味な世界の全てを超え、究極の意味を問うあなたの究極の問いかけに対し、遂にいずこからか、勝ち誇った「然り！」の歓喜の声が近づいてくる。光は暗黒に照る……。

居住棟が一棟片づけられ、木のベンチが運び込まれ、演目が案配される。夕方にはカポーや所内労働者が集合し、一刻笑い、或いは泣いて、一刻何かを忘れた。歌が数曲、詩が数編。収容所生活を皮肉ったギャグ。全ては何かを忘れるためだ。収容所では芸術だけでなく、拍手喝采も報われた。私はこれによって、「人殺しカポー」に取り入ったことがある。

部外者にとって、収容所暮らしにはユーモアすらあったと言えば、驚くだろう。ユーモアも自分を見失わないための魂の武器だ。ほんの数秒間でも周囲から距離をとり、状況に打ちひしがれないために、人間という存在に備わっている何かなのだ。

作業現場で、普通の受刑者の一団と一瞬接触した時、私たちがどれほど羨んだことか。同様に苦しい状況にあるとは言え、違いは歴然としていた。より規則正しく、安全で、衛生的な生活をしている彼ら。何日か置きかには風呂に入っているんだろうなあ、と考え、私たちはやるせない思いに打ちひしがれた。連中の特典を私たちは、とっくに失っている。

宵の口、横になる前に虱退治ができれば、私たちはもうそれだけで喜んだ。仮に空襲警報が鳴って急に灯りが消え、虱退治が中途半端に終わると、夜もおちおち眠れないのだ。積極的な悦びを味わった経験は、ほんの僅か。朝の五時、外は未だ真っ暗。私は病人として硬い板敷に横たわり、約七〇人の仲間と「静養」していた。私たちは満足し、幸福ですらあった。

夜間シフトの労働中隊配属が決まった時、私の死は決まったと同然だった。が、医長がふらりと現れ、発疹チフス病棟に医師として志願するよう勧めた。どうせ死ぬなら、意味のある死に方をしたい。その軍医は志願した私たち二人に、移動するまで静養棟に居られるよう手を回してくれた。余りにも憔悴し切っていた二人は、すぐには使い物にならなかったのだ。

バイエルン地方の病囚収容所に移され、医師として働けるようになり、渇望していた孤独に時折、ほんの数分引き籠る幸福に預かった。掘っ立て小屋の発疹チフス病棟には約五十人の高熱にうかされ、譫妄状態にある仲間が横たわる。裏手に仮設テントが張られ、死体が毎日半ダースほど投げ込まれた。仕事の手が空くと、私は表に出、田園の風景に眺め入った。

収容所では、個々人の命の価値はとことん貶められた。それをしたたかに思い知らされるのは、病人移送の時だった。痩せ細った体が、二輪の荷車に無造作に積み上げられる。何キロも離れた他の収容所まで、他の被収容者たちにより吹雪を衝いて押していかれた。人間は被収容者番号を持っている限りにおいて意味があり、文字通り唯の番号なのだった。

病人収容所行きの二度目の移送団が編成され、リストには私の名もあった。これは、病人から最後の労働力を搾り取るための目くらましなのか引っ掛けか、それともガス室行きか、あるいは本当に病人収容所行きなのか。もう、誰にも判断できなかった。私は仲のいい友人オットーに妻宛ての遺言を一語一語、無理やり暗記させ、翌日、移送団と共に出発した。

リルケは「やり尽くす」と言うように、「苦しみ尽くす」と言っている。私たちにとって、「どれだけでも苦しみ尽くさねばならない」ことはあった。気持ちが萎え、時には涙することもあった。が、涙を恥じることはない。この涙は、苦しむ勇気を持っていることの証だからだ。けれども、号泣したことがあると折に触れて告白する時、人は決まってばつが悪そうなのだ。ある時、私が一人の仲間に、「なぜ貴方の飢餓浮腫は消えたのでしょう？」と尋ねると、仲間はおどけて打ち明けた。「そのことで涙が涸れるほど泣いたからですよ……」。

監視兵の中には、厳密に臨床的な意味での強度のサディストがいた。この世には二つの人間の種族がいる。いや、二つの種族しかいない。まともな人間と、まともではない人間と。二つの「種族」はどこにでも居、どんな集団にも入り込み、紛れ込んでいる。まともな人間だけの集団、まともではない人間だけの集団もない。看視者の中にも、まともな人間はいた。

解放

既述した極度の精神的な緊張の後を襲ったのは、完全な精神の弛緩だった。私たちが大喜びしただろうと考えるのは間違いだ。疲れた足を引きずるように、仲間たちは収容所のゲートに近づいた。仲間たちはおどおどと辺りを見回し、もの問いたげな眼差しを交わした。そして、収容所のゲートから外の世界へと、おずおずと第一歩を踏み出した。号令も響かない。鉄拳や足蹴りを恐れて身を縮こませることもない。それどころか、監視兵の一人に至っては、煙草を差し出した。手回しよく、いつの間にか彼は平服に着替えていた。

私たちは足を引きずって、ゲートから続く道をのろのろと進んだ。収容所の周りの景色を見てみたい。いや、自由人として初めて見てみたい。私たちは足を引きずって、ゆっくり自然の中へと、自由へと踏み出していった。「自由になったのだ」と何度も自分に言い聞かせるが、おいそれとは腑に落ちない。自由と言う言葉は、何年もの間、憧れの夢の中ですっかり手垢が付き、色褪せてしまっていた。私たちは、現実を未だそう簡単には掴めないでいた。

牧草地にまでやって来た。色鮮やかな見事な尻尾の雄鶏を見た時、歓喜の最初の小さな火花が飛び散った。が、一瞬で消えた。私たちは未だにこの世界に参入を果たしていなかった。夜、仲間は元の剥き出しの土間の居住棟に戻って来た。一人がもう一人に近づき、こっそり尋ねる。「今日は嬉しかったか？」。訊かれた方は、ばつが悪そうに答える。「はっきり言って、嬉しいというんではなかったな」。私たちは、嬉しいとはどういうことか、忘れていた。

解放された仲間たちが経験したのは、心理学の立場から言えば、強度の離人症だった。全ては非現実で、不確かで、唯の夢のように感じられる。俄かには信じることが出来ないのだ。ここ数年、自分の身に何が起こったのか、そして再び家族と会える今日その日が本当にやって来たのだということを、何度夢で先取りしたことか。すると、「起床」を告げる号笛が三度、耳をつんざき、つかの間の自由を味わわせてくれた夢から無理やり引き離された。そして今、さあ信じろ、と言われているのだ。今この自由は、果たして本当に現実なのだろうか。

だが、その日は来たのだ。体は精神ほどにはがんじがらめになっていなかった。私たちはがつがつと貪り食った。何時間も、何日も。人はどれだけ食べることができるか、信じ難いほどだった。解放された被収容者の誰彼が近くの親切な農家に招かれると、彼はまず満足に食事をし、ようやく舌が滑らかになり、やおら語り出すのだった。何年もの間、重くのしかかっていた抑圧から解放されたのだ。彼は語らずにはいられず、話さずにはいられないのだ。数日が経過し、さらに何日も過ぎ、内面で何かが起こる。突然、それまで感情を堰き止めていた奇妙な柵を突き破り、感情が迸るのだ。あなたは雲雀が上がり、空高く飛びながら歌う賛歌が、歓喜の歌が空一面に響き渡るのを聞く。この瞬間、貴方は我を忘れ、世界を忘れる。たった一つの言葉が頭の中に響く。何度も何度も、繰り返し響く。

――この狭きより我れ主を呼べり、主は自由なる広がりの中、我れに答へ給へり。

解放後

強制収容所から解放された被収容者は、もう精神的なケアを必要としないと考えたら、誤りだ。彼らは、突然抑圧から解放されたために、ある種の精神的危険に脅かされる。この（精神衛生の観点から見た）危険とは、いわば精神的な潜水病と言っていい。潜函労働者が（異常に高い気圧の）潜函から急に出ると健康を害するように、精神的圧迫から急に解放された人間も、場合によっては精神の健康を損ねるのだ。

精神的な抑圧から急に解放された人間を脅かすこの心の変形と並んで、人格を損ない、傷つけ、歪める恐れのある深刻な体験が後二つある。自由を得て元の暮らしに戻った人間の不満と失意だ。不満の原因は、収容所から解放された者が、元の生活圏で世間と接触して引き起こされる様々なことにある。失意という深刻な体験には、また別の事情が絡んでいる。

収容所に居た全ての人びとは、私たちが苦しんだことを帳消しにするような幸せはこの世にはないことを知っていたし、そんなことを交々言い合った。私たちは幸せなど意に介さなかった。私たちを支え、私たちの苦悩と犠牲と死に意味を与えることができるのは、幸せではなかった。故郷に戻った人びとの全ての経験は、あれほど苦悩した後では、もはやこの世には神より他に恐れるものはないという、高い代償であがなった感慨によって完成するのだ。

ヴィクトール・フランクルの横顔

『夜と霧』（新版、二〇〇二年刊）の巻末に故・霜山徳爾上智大名誉教授（臨床心理学者）の〈『夜と霧』と私〉と題する一文がある。彼は本書（旧版）の訳者で、フランクルとは一方ならぬ交誼を結んだ人物だ。

――フランクルはウィーンに生まれ、フロイトやアドラーに師事して精神医学を学ぶ。ウィーン大学医学部神経科教授であり、同時にウィーン市立病院神経科教授を兼任。臨床家として識見を高く買われ、同時に理論家としてドイツ語圏では知られていた人物である。

少壮の精神医学者として嘱目され、ウィーンで研究をしていた彼は最愛の妻にも恵まれ、平和な生活が続いていた。が、この平和はナチスのオーストリア併合以来破れてしまう。なぜなら、彼はユダヤ人だったから。彼の一家は他のユダヤ人と共に逮捕され、あの恐るべき手段、殺人の組織と機構を持つアウシュヴィッツ等に送られた。そして、ここで彼の両親と妻は、ガスで殺され、あるいは餓死した。彼だけが凄惨な生活を経て、生き延びた。

私はウィーンに彼を訪ねた時のことを想起する。彼は温かな心からの親切で、極東の無名の一心理学者をもてなしてくれた。ヒューマニスティックな温かい良識で、全ての人を包んでいた。従って医師というよりは一人の思想家として、キリスト教的世界から大きな親和性を以て迎えられていた。快活率直な人柄に魅かれ、私は彼と一〇年の知己の如く親密になった。

最も印象的だったのは、ある夜、彼に招かれ、ウィーン郊外の有名な旗亭で同席した折のこと。ワインの盃を傾けながら、彼からアウシュヴィッツでの語られざる話を聞いた。謙遜で飾らない話の中で、私を感動させたのは、アウシュヴィッツでの他の多くの苦悩の事実ばかりでなく、彼がこの地上の地獄の内ですら失わなかった、堅い良心と優しい人間愛であった。それは良質のワインの味すらも、全く消し去るほどのものだった。

私の一言

「ユダヤ人弾圧」は私に即ヒトラーを想起させる。第二次大戦でナチス・ドイツに命を奪われたユダヤ人は五七〇万人にも上る、とされる。人類史上まれに見る蛮行と言えよう。犠牲者の多くはナチ体制下の「絶滅政策」によって、貴重な生命を奪われた。ヒトラーは

「ドイツ民族至上主義」という偏狭な人種主義に凝り固まり、この蛮行を推進した。

フランクルによる『夜と霧』を読むと、その蛮行の委細が知れ、唯々暗然として言葉を失う。

だが、そうした惨状を肌身で痛切に知る筈のユダヤ人たちが戦後すぐ英米などの後押しで中東にイスラエルを建国。今度はパレスチナの民衆を一方的に抑圧——不幸な境遇に追いやっている。これまた、私は暗然となるほかなく、人類に対する希望を見失ってしまう。

母が子のために書いた強い感動の記録
藤原ていの『流れる星は生きている』

藤原てい（一九一八～二〇一六）は作家新田次郎（本名・藤原寛人）の夫人。夫と共に三九年に旧満州の首都・新京（現・長春）の気象台に赴き、四五年のあの敗戦の日を迎える。未曾有の大混乱の中で夫を現地に一時残し、三人の子どもを引き連れ、命がけの引き揚げ行へ旅立つ。その文字通り辛苦の一部始終の記録がベストセラーとなり、諸々の読者に強い感動を呼んだ。

本書の概要

涙の丘

昭和二〇年八月九日夜一〇時半頃、夫は役所から非常招集を受け、（緊急避難の）心構えを説いて外出。私は非常持ち出しのトランクを点検した。冬支度用などの子どもや大人の衣類に、非常食糧（若干の砂糖・乾パン・缶詰など）が少々。寝室で寝ている正広は六歳、正彦が三歳、そして咲子は生後一カ月だった。私は急に淋しくなって涙ぐんできた。

夫が帰って来て、蒼白な顔で告げた。一時半までに新京駅に集合～逃げるように、と。夫は仕事があり、後始末を付けないと動けない、と言う。泣き崩れた私は気を取り直し、母としての責任を意識した。新京駅前はごった返していた。私たちの団体は五〇名ばかり。出発は翌朝九時と決定。夫は「疎開団の団長は戸野さん」と怒鳴った。最後まで見栄と体裁のため家族を犠牲にしようとする夫に、人並みの妻として涙を流すより仕方がなかった。

無蓋貨車の外枠に体を持たせかけていると、独りになった淋しさが大波のように押し寄せてきた。発車と同時に降り注いでくる石炭がらをどうして防ごうかと考えた。急に私は泣けてきた。私の乳は昨夜からちっとも張って来ない。乳が出なかったら、この子は死ぬに決まっている。私はまた涙ぐんでしまった。

宣川農学校、私たちの収容されたこの校舎には三〇〇名ばかりの女子どもが避難して来ていた。学校の裏に炊事場が作られ、急ごしらえの竈を築き、協同炊事が始められた。大豆と白米を半々位に炊いた握り飯が一日二回配給された。大豆が悪かったらしい。子どもはほとんど全部お腹をこわし、大人も大部分の人が嫌な下痢に見舞われた。

八月一五日は、よく晴れ上がっていた。ベルが鳴り響き、農学校の生徒約四、五〇〇名が校庭へ集合。校長先生の挨拶～生徒たちの泣き声が、妙に遠見の私の神経を刺激した。何か起こったに違いない。部屋に帰った私は、青い顔をした戸野さんから戦争は終わったのだ、と知らされた。神経が細く細く尖っていた私たちは、みんな泣き出した。

別の不安がすぐ湧き上がった。日本は負けた、すぐその後に何か起こるに違いない。私たちはすぐ逃げられるように用意をして、一五日の夜を迎えた。朝が待ち遠しかった。私たちは自分の影に脅えていたのだ。外出を禁止されたまま、不安な日を過ごしていった。

私たちは日本人と呼ばれた。なのに、私たちが朝鮮人と言うと、彼らは非常に腹を立てた。今朝、西側の窓が物凄い音で破れた。続けてまた割れた。ワァッーと子どもの声がし、十四、五歳の子どもが五、六人、両手に石を握って、窓を目がけて投げている。新田さんが北側の雨戸をそっと閉めた。私たちは全てに対して無抵抗主義に馴らされていった（この後、一家四人は平壌に遷る）。

三八度線（上）

翌年五月一五日、日本人解放のニュースと共に、一日一人当たり米二合の無料配給が停止。四人家族がどうやって食べていけばいいのか。内職は大抵断られ、駅で煙草を売り（四円で買ったのを五円で）、一日二〇個売らないと家中餓死してしまう有様に。夫用の下着が玉蜀黍二升に代った。石鹸売りの行商をし、早朝の市場での屑野菜拾いまでやった。現地の人にも、温飯屋の朴老人のような気のいい親切な人たちがいた。

生き抜くには日本へ帰るほかないと思い定め、同じ思いの日本人の有志の人びとと共に八月一日、鉄道を利用して南下を決行する。平壌から有蓋貨車で新幕〔注：平釜線の現「瑞興」駅〕へ。馬糞だらけの貨車内は臭気芬芬。地獄のような暗闇の中に直立したまま、何時間走ったか判らなかった。貨車から降りると外は暗闇。リーダーらしき人が言った。

――これから最も危険の場所を夜中歩きます。できるだけ荷物を軽くし、前の人を見失わないように急いで歩くのです。すぐ出発します！　落伍したら、おしまいですよ！

ここで私は缶詰は全部捨て、炒ってない大豆を捨て、荷物を半分ほどにした。真っ暗い街の裏通りを小走りに駆け抜け、山道にかかる。赤土の泥道である。「逃げるんだ、逃げるんだ。逃げ遅れると、私たちは殺される」。私は三八度線まで、こう心を叱咤しながら歩いた。正広はまもなく、めそめそ泣き出した。「おかあちゃん、歩けない」。

正広のことなんか構っていられない。正彦を一〇歩は抱いて歩き、一〇歩は手を持ち引きずって行った。背中の咲子と首に吊った荷物が雨に濡れて重くなる。肩に食い込む重みと、首をもぎ取ろうとするリュックが私の体を何遍も土にまみれさせた。前進するという思いだけが激しく私を支配し、歯を食いしばり、正広と正彦を怒鳴りつけていた。

「正広！　何をぐずぐずしている！」「正彦！　泣いたら、置いて行くぞ！」

私はこの時初めて男言葉を使っていた。自覚しないで口をついて出てくるものは、激しい男性の言葉であった。やっと坂を登り切った頃、夜は明けてきた。私は元より、二人の子どもの姿はひどかった。赤土の泥を頭から被り、上着もズボンも一晩のうちに赤土の壁のように汚れている。二人とも、辛うじて眼だけが光っていた。

山に向かっている道は途中から狭い狭い道になり、やがて無くなる。泥濘の帯のようなものが緩やかに傾斜してどこまでも続く山蔭をいつまでも登っていった。足のくるぶしまで吸い込んだ赤土の泥は、いったん入った足を決して放そうとはしない。時には膝まで入る泥沼に出る。二人の子どもを連れて先に行ってくれた一行の人たちのことを死ぬほど感謝しながら、ひたすら後を追った。

もし昨夜のように二人の子どもを連れていたら、一歩だって歩けはしない。泥沼にはまって死ぬより仕方がないことは明白。前を行く人の姿が雨の中に遠く消え、最後の一人となって後で行ける私の希望は、二人の子どもが前に生きているということだけだった。

切り立つように崖が両方から迫る処を通り抜け、見たものは一人の気の狂った女だった。「う……あ……坊やが死んだ!」。絶叫している女が狭い道に倒れていた。真っ青になって死んでいる幼児を抱いて泥の中に苦しみもがいている女は、顔見知りの保坂団の人であった。その女は髪を引きむしり、死んだ子どもにすがり付き、慟哭するのであった。

私はその女のことはどうでもよい。早く自分が救われたかった。頭の中が痺れるように痛い。腰から下が感覚を失ってきた。およそ半日近くも歩いた頃、遂に私は前方に休んでいる日本人の群れに追いつくことが出来た。こうもり傘の下に小さいものの姿があり、それは正広と正彦の哀れな姿だった。

藁小屋の中で思案する中、ゴトゴトという音がし、牛車に日本人が十数名乗っている。〈そうだ、牛車がある。金を惜しんではいけない〉。雨の中を探し回り、一軒探し当てたが、新渓まで千円かかるという。その辺の民家などにごろごろしている人を誘い、やっと一〇名の寄せ集めの一団を作り、牛車に乗ることにした。藁小屋に飛んで帰り、子どもたちを起こす。「新田さん、どうしますか」。私は新田さん夫婦にも誘いかけてみたが、奥さんの反応は良くない。半眼に開いた瞳は、あらぬ方を指し、反応はなかった。立派な天文学者の最期がどうしてこのような暗い雨の晩であったのか、今の私には何もできない。

牛車の心棒の上に乗り、私は左に正彦、右に正広を両手で抱き寄せる。四人が頭から一枚の風呂敷座布団を被って小さく寄り合うと、ごとりと牛車が出発した。〈よかった、危機が脱せるかも知れない〉。今夜一晩、また頑張ろうと私は決心した。子どもたちは牛車が動き出すと眠ろうとする。危なくて危なくて仕様がない。「眠ったら落ちて死ぬぞ！」。必死に叫んで注意するが、とても口では駄目。処構わずひっぱ叩いては目を覚まさせた。

午後の三時頃、第一目標地点・新渓の郊外に到着した。私は牛車に金を払った。後は一〇〇円と少々だけ。旅程は三分の一に未だ達していない。金は何とかして作らねばならない。私は昨夜、雨の牛車の上でその計画を立てていた。まず自分たちの団を探すこと。それは訳がなく、佐藤さんの洋傘が開いてあり、その下で彼女は顔に泥を付けて眠っていた。

私は目覚めた佐藤さんを引っ張ってリンゴ畑の土手の下へ行き、談じ込んだ。「お願い、五百円貸して頂けないかしら。貴方が今いくらお持ちか、ちゃんと知っています。一文無しの私を殺すも生かすも貴方一人の決心よ。お願い、五百円貸して下さい」。私は泣き伏してしまった。初めは言を左右にしていた佐藤さんも、終いには承諾。私は借金の証文と引き換えに、五〇〇円の金を数えて受け取った。〈これで、子どもを牛車で運ぶことができる！〉

三八度線（下）

南へ南へと牛車は動いていく。私は牛車の傍を歩いている。太陽が昇ると人も牛も暑さの中にうだりながら前進を続ける。新渓で買った四円の草鞋は一晩で擦り切れ、私は裸足になった。足の裏が焼け付くように痛く、石でも踏むとずんと頭に沁みるように辛かった。行く手に大きな山が幾つも見え、三八度線が近いことが判り、嬉しい。二人の子どもは昨夜よく眠れたのか元気。咲子に乳を含ませたが、どうしても乳が出ず、甜瓜の汁を注いで飲ます。

八月七日夜、夕立でずぶ濡れになった侭、小学校の板の間に寝た。〈また明日もこうして歩かねばならないと思うと、この侭静かに死んでしまいたい〉。翌日、案外山の近いのに驚く。山を幾つも幾つも越え、最後に小さい三つの川を続けて渡り、牛車はここまで。四〇〇円を牛車に払って、私は心細くなった。もう、金を借りる当てはない。子どもを歩かせて三八度線まで頑張らねば。そこを越えればアメリカ軍がいて、助かると聞いている。

八月九日朝、とある集落の外れに日本人の落伍者が五〇〇人ばかり三々五々と集まってきた。全然統制がない雑把な集団の中で、眉間に鋭い気魄の溢れる白髪の老人が目立った。一時間もたつと、この老人が指導者として団を指揮するようになっていた。老人の指揮により牛車が四、五台用意され、前の山を迂回して越える計画が立てられた。

私は五〇〇円の持ち金は牛車賃にほとんど費消している。集団の後に従い、付いていこうとすると、事情を察した老人は正彦を牛車の中に無理に割り込ませてくれた。大きな山を遠く迂回している山道には大きな石が多かった。私の裸足の足は昨日から腫れ上がり、足の裏が破れて出血。化膿したのか、奥の方が疼くように痛んだ。

半日ほど経ち、峠を下った先に大きな川が行く手を遮っている。一番深い処が私の胸位。咲子〜正彦〜正広と一人ずつ順に抱いて、なんとか渡り切る。途中で飲んだ水が妙に渋くて胃の中に溜まっていた。小さい川、深い川、浅い川……幾つ越えたか覚えていない。

日本人の群れに合流すると、私は土手の上につんのめってしまった。呼吸をするのさえ困難。頭が痺れるように痛く、意識がぼうっとした。私が貧血を起こして倒れていても、誰も言葉をかけてくれる者はなかった。

私は野薔薇の上に倒れたまま一晩過ごしていた。日本人はあちらこちらに固まって眠っていた。やがて出発用意の声が聞こえてきた。立ち上がると頭にずきんとするほど足が痛かった。破れた足の裏の肉の中に小砂利がめり込み、血と泥で固まっていた。その内側で化膿しているに違いない。正彦の小さい足は私よりひどく傷ついていた。

行進が開始された。私は例の通り一番後。「痛い、痛い」と泣く正彦を、蹴飛ばし、突き飛ばし、引っぱ叩き、私は狂気のように山の上を目指して登っていった。新渓出発以来、今日で六日目。山道の途中、私は初めて顔見知りの崎山さんと出会った。期せずして手を握り合い、「もうすぐ三八度線。しっかり行きましょう」と誓い合った。

平坦な道は急に下り坂になり、あっという間に広い処へ出た。久しく見たことのない田んぼがあった。走って行って、泥臭い水を腹一杯飲んだ。私たちは田んぼの土手に休んで大豆を食べ、飯盒の蓋に味噌を溶かして咽喉へ流し込んだ。

田んぼ道を出ると、前に立派な大道があった。人家も立派だし、道は一本道に真っ直ぐ続いていて、前方に何か白い物――三八度線の木戸があった。数名のソ連兵が早口で何か話し合い、やがてガラガラと音を立ててウィンチが巻かれ、遮断棒は静かに持ち上がる。ああ、この時の感激！　一人の兵隊が子どもたちの頭を一人ずつ撫でてくれた。私たちは子どもを引きずって、やっと屯所の見えない処まで来て、ほっとした。

やがて日は全く暮れてしまった。「おーい！　日本人はどこかあ！」と声を限りに叫ぶと、遠くの方で「こっちだあ！」と答える。その方向へ向かって狭い田んぼ道を小走りに走って行った。子どもたちも、私たちの身に重大な危険が迫っていると直感したのか、泣いていなかった。やがて、私たちは滔々と流れる大河の畔に立った。月も星もない、今にも雨が降りそうな夜だった。私たちは叫んだ。「日本人はどこか！　おーい！」

しかし、木霊も返って来なかった。私はもう一歩も進めない。「崎山さん、先に行って下さい」そう言って、川の黒い面を見詰めた。崎山さんは、いきなり平手でぴしゃりと私の頬を叩いた。そして、噛み付くように言った。「気違い女！　死にたけりゃ、さあ川へ入って見ろ、目の前に開城を控えて死ぬ馬鹿があるか！」崎山さんはぱらぱら涙をこぼしながら、私の腕を取った。「川に沿って上れば必ず橋がある」。神様のような自信を持って河原を上流へ歩いて行った。私は歯を食いしばって後に付いて行った。

アメリカ軍に救助される

何か頭の中でじんじん鳴り、はっと目覚めたら、正広と正彦が私に取りすがって呼んでいた。私はトラックの上に乗っていることを知り、アメリカ軍に救助されたのを知った。私は両手をついて、何度も何度も頭を下げて泣いた。辺りには女や子どもばかりが乗っていて、崎山さん一家も無事に乗っていた。

トラックはまもなくテントが林立する開城の避難民収容所に到着。テントは百個ほども立ち並び、一つのテントが七〇人位の人びとを収容する。外れの方にあるテントに着くと、私は立派な毛布の上に身を投げ出し、口走った。――もういいんだ、助かったんだ、生きてきたんだ。そんなことを気狂いのように口走りながら、体だけは妙に抵抗のない処に置かれていた。

昭和二一年八月一一日の朝には未だ間のある夜中であった。

目を覚ました。釘を踏んだように足の裏が痛い。D・D・Tの消毒、予防注射、それらに立ち会うために歩く痛さは針の上を歩くようだった。このテント村には素晴らしく完備した医療施設があり、私はこのテントをくぐった。医師は私の足の裏を見て、「これは酷い」と唸った。私を手術台に寝かせ、ピンセットで肉の中に入っている石の摘出を始めた。

小石を摘み出し、金属の容器に捨てる毎にカチン、カチンと音がした。段々奥の方にピンセットが入っていくと、焼け火箸で刺されるように痛かった。ベッドにしがみついて我慢していたが、遂に痛さのために脳貧血を起こしてしまう。足の裏は完全に掘り返され、血液にどす黒く光っている発掘物が、金属の容器の底に固まっていた。悲鳴を上げる正彦は私にかじり付いてきた。泣き喚くのを無理に抑え付け、手術はどうにか終わった（正広は丈夫なズック靴のお陰で足の裏はまずまず無事）。

八月二六日夕、釜山の埠頭に貨車は着いた。翌日、私は子どもたちを連れて埠頭に行き、一人ずつ裸にして、痩せ細って腹の突き出た体の垢を落としてやった。私たちはD・D・Tの消毒を受け、大きな貨物船で九月一二日に博多港に着いた。船中では夜半、「うるさいぞ！　なぜ子どもを泣かすんだ！」という罵声にびくびくし通し。正彦と咲子は全身おできだらけ。栄養失調の症状の一つで、おできに瘡蓋ができ、睡眠中の夜半、無意識に体を動かして瘡蓋が取れ、「ぎゃっ」と悲鳴を上げる。私は子どもを抱き寄せ、声を立てさせまいと努めた。

最後の夜、妙に感傷的になり、北鮮の丘の上で歌った「流れる星は生きている」のメロディが唇をついて出た。――いつか貴方にまた逢える／きっと貴方にまた逢える／ご覧なさいね今晩も／流れる星は生きている――

口の中で低く繰り返し繰り返し歌っていると、涙の糸が頬を伝い、耳朶を伝い、船倉の床まで細く細く続いていた。そして自分自身が段々浄化されていくように落ち着いてくると、私は夫が傍に居る時のように久しぶりに安らかに眠りに入っていった。

私は子連れで引き揚げ列車（有蓋貨車）で門司へ。長い時間待たされて、東京行きの深夜の普通列車に乗車。座席は取れず、通路にべったり座った。名古屋で中央線に乗り換え、塩尻に朝四時頃到着。新宿行きの汽車で岡谷を通過すると、車窓に諏訪湖が一杯に見える。薄い朝霧の中に沈んだように美しい。汽車は上諏訪に到着。待合室の大きな鏡に映った私の姿は、我ながら恐ろしいばかり。墓場から抜け出して来た、幽霊そのままの姿だった。

駅前から電話をかけ、家族が出迎えに来る。二人の弟の孝平と良平、そして妹のれい子。（あっ！）と声を上げ、体当たりするような勢いで飛びついてきて、激しく泣き出した。大声で泣くれい子の力強い抱擁に、私の張りつめていた感情はどっと崩れてしまった。「おう、てい子」――両親の声が聞こえたが、もう涙で前は見えなかった。

私の一言

本編を通読し、巻末の辺り、弟妹たちや両親との再会場面に及んで、グッと熱いものがこみ上げた。「ああ本当に良かった！」と安堵の思いだろう。読む者に涙を流させずには置かない強い感銘が全編を貫く。筆者の藤原ていさんは帰国後、体調を崩し、発熱が続いた。この一編は「三人の子どもたちに遺書のつもりで書き出した」という。旧軍部と官僚が犯した無責任と非人道ゆえに日本の開拓民・居留民三二万人は筆舌に尽くせぬ塗炭の苦しみをなめさせられた。「ヒロシマ」「ナガサキ」に準ずる悲劇と言っても良かろう。それにしても、「母は強し！」。母性愛の気高さには、改めて敬服～脱帽するほかない。翻って、現下のガザの惨状。唯々茫然とし、己の無力さ加減にひたすら胸が痛むばかりだ。

生と死を劇的に捉えた写真家の第二次大戦従軍記録
ロバート・キャパの『ちょっとピンボケ』

ハンガリー生まれのR・キャパ（一九一三〜五四：本名フリードマン・エンドレ）は二〇世紀を代表する戦場カメラマンだ。スペイン内戦〜日中戦争〜第二次大戦の欧州戦線〜第一次中東戦争〜第一次インドシナ戦争（取材中に不慮の死を遂げる）の五つの戦争を精力的に取材。本編は彼の人間味豊かな個性が随所に滲み、彼が文才にも恵まれていたことを証す。

本書の概要

運命に起こされて

私のスタジオはニューヨーク九番街にある小さな三階建てビルの屋根裏。この三週間、私の処へ来る郵便は、電話と電気の会社からの二種の料金催促と決まっていた。が、今朝の不思議な三通目が、私をベッドから離れさせた。週刊誌コリヤーズの編集部より以下のような通知があったのだ。

〈二カ月間にわたり、貴方のスクラップ・ブックを種々検討の結果、貴方が偉大なる戦争報道写真家たるを認め、緊急に特派員として契約致したく、貴方の船室を英国向けの輸送船に既に予約済みにて、ここに前渡金一五〇〇ドルの小切手封入の次第〉

早速、私は必要な書類の全てを手に入れ、大西洋を海路イギリスへ向かった。米国商船の中年の船長はアイルランド人で大のハリウッド好き。（一見派手なマスクと言動の）私を芸能界関係者と早とちりし、下にも置かぬＶＩＰ扱い。お陰で長い航海を退屈しないで済み、北アイルランドのベルファスト港へ無事に到着。翌日、特別機でロンドンに向かった。

われ君を待つ

アメリカ陸軍から手紙が届き、〈軍属証明書は作成中だが、とりあえずシェルヴェストンの飛行場を基地とする〝空飛ぶ要塞〟の一群を撮影に行ってもらいたい〉という趣旨だった。その飛行場は厳重に警備されたイギリスの飛行場で、至極張り切っているアメリカ空軍の第三〇一爆撃機隊が進駐していた。

五日目の朝、爆撃機二四機が出撃し、六時間後に一七機となって帰還した。そのうちの一機は着陸装置を撃ち飛ばされ、胴腹を痛めていた。司令塔は、胴体着陸を試みるようにと命令した。私はコンタックスを取り出し、同機が安全に着陸停止をするまでにフィルム一本を使い切った。私は機体に駆け付け、第二のコンタックスで焦点を合わせた。昇降口の扉が開き、乗組員の一人が運び下ろされ、待ち構えた医者に引き渡された。彼は呻いていた。次に下ろされた二人はもはや呻きもしなかった。最後に降り立ったのはパイロットだった。彼は額に受けた裂傷以外は、大丈夫そうに見えた。私は彼のクローズ・アップを撮ろうと思って近寄った。すると、彼は叫んだ。

——写真屋！　どんな気で、写真が撮れるんだ！

砂漠の夢——一九四三年春

正規の輸送船に乗って、私はアルジェに着いた。その船は新鋭のスコットランド部隊を、チュニス奪還の増援のため北アフリカへ運ぶものだった。戦争はチュニジアの丘から数百マイル彼方で、我々の機甲部隊はガフサに進出していた。私は運転手付きのジープ一台をあてがわれ、一日中走行してガフサの村に着き、戦争の尻尾の端を掴んだ。

ドイツ軍は最初、この丘の頂上を大砲で薙いできた。次いで五〇の戦車と歩兵二個連隊で、我々の居る丘のすぐ麓から進撃してきた。味方の対戦車砲は今や活動を開始し、眼前の開けた視界の中で、激しい反撃を加え始めた。午後遅く、ドイツ軍は後退した。二四の焼けた戦車と無数の戦死したドイツ兵とを残して。私はあらゆる角度から写真を撮った。だが、私の感じた、あの緊張や劇的な場面を、真に撮し得たものは一つとしてなかった。

シシリアの空中に浮かぶ

白いアルジェの町は、空から見ると殊更に真っ白く、青い港は黒味がかって見え、あらゆる種類と大きさの船が密集していた。私は米軍情報部の手ずるで第八二空挺部隊司令官リッジウェイ少将に面会。同部隊のシシリア攻略作戦に同行する運びになる。飛行機の中には一八人の落下傘兵がいた。機は地中海の上を低く飛び、シシリアの上空へ。ドイツ軍は夜空を一面に、色の付いた曳光弾で埋め尽くし、我が一八人が降下した。私はたった一人、地獄の惨めさにも優る寂寥を感じた。

飛行場に帰還し、急ごしらえの小さなテントの中の暗室でフィルムを現像する。先刻の（機内の）写真は「ちょっとピンぼけ」で、ちょっと露出不足。でも、それらはシシリア攻略を扱った限り、唯一の写真だった。

ローマへの道はるかなり

一九四三年秋、シシリア作戦終結。私は船でアルジェへ送り返された。ホテル「アレッティ」には有名な新聞寄稿家ら一五〇人の記者たちが集結した。差し迫った欧州本土上陸と急速に展開するシシリアの攻略が、彼らをここへ運んだのだ。

到着翌日の夜、一〇機以上のドイツ機が来襲。低空飛行をしながら、ホテルから数百ヤードの処へ爆弾を落とした。翌日午後、ジョン・スタインベックが連れ一人と三本の地元産焼酎を持って現れた。この飲み物は地獄の味がし、我々はせっせと瓶を空けにかかった。
バルコニーからは港が手に取るように見え、毎日沢山の船に次から次へと軍隊、火砲、飛行機が積み込まれる。大きな船と船の間は、何十艘もの上陸用舟艇で次第に埋められていった。大作戦の開始が近づいていたのである。

二日後、私はリッジウェイ将軍に呼ばれ、イタリア行きを勧められた。第五軍がサレルノ（ナポリがあるカンパーニャ州の州都）に上陸するのに私は同行した。黒焦げになって沈みかけた沢山の船や艀、欧州本土に初めて建つアメリカ墓地、白い十字架の群れ、そこに翻る星条旗。全てはサレルノの戦いがどんなだったかを物語っている。

私たちは戦況図を見て、最前線は海岸から僅か四～六マイルの地点にあり、ナポリには未だ二〇マイル以上あることを知った。私は最前線に出て、ナポリ一番乗りのチャンスを掴みたかった。遊撃隊司令部のダービー中佐が最前線キウンツィ峠行きの便宜を図ってくれ、私はシャスター堡塁に入った。峠の頂上で道が急カーブする陰にあり、数百年来の古い居酒屋がその正体。敵の砲弾は至る処に落下したが、砦は低く切れ込んだカーブに囲われ、命中し難い場所にあった。

山腹の〝タコツボ〟陣地にいる兵は段々痛めつけられ、真夜中までに砦は一杯になった。戸口の近くは戦死者、真ん中には負傷兵、そして離れた片隅――そこには酒樽と一緒に写真家がいた。独軍は山腹の友軍陣地を的確に標定し、各中隊からは着弾の度に死傷報告が入って来る。迫撃砲弾は堡塁の関門の辺りにも命中し、破片が窓を塞いでいたマットを貫いた。私は馬鹿でかい二つのワインの樽という援護物のお陰で何とか落ち着いていられた。

我が方は夜明けに七五ミリ砲を搭載した弾痕だらけの小型装甲車（乗員五名）が夜明けに到着。装甲板にはアフリカのオランなど四つの有名な激戦地の名前が記されてあり、二一歳の指揮官オブライエン大尉はシャツに銀の一つ星を帯び、派手に口髭を生やしていた。

大尉は秘匿された敵迫撃砲陣地を発見する任務を与えられ、装甲車は正面へ約七五フィート前進。敵は御座んなれとばかり全火力を集中する。私は最長距離の望遠レンズが付いたカメラを選び、堡塁の出口からその全行動を撮ろうとした。双方の撃ち合いが激しさを増し、私は弾丸の合間を縫って駆け戻らねばならなかった。が、華々しい戦闘場面を三六枚のフィルムに収めることはできた。

装甲車は約一二分間で全弾を射ち尽くし、岩陰へ引き下がった。オブライエン以下の乗員は無事で、彼は「敵の火線は峠の真下、森林中の小部落にある」と報告。私は夜のうちに堡塁を抜け出し、村を見下ろせる小藪の中に身を潜めた。

最初の発煙弾が村の中央に落下。迫撃砲と巡洋艦と装甲車がその白煙の目標に数百の砲弾を降らせ始めた。私はやっと三インチばかり地上から頭をもたげ、写真を撮り始めた。村から砲煙は空へ舞い上がっていった。背景のヴェスヴィアス（火山）はその兄貴分といったところだった。日没には全てが再び静かになった。堡塁にはリッジウェイ少将らが到着し、ナポリの最後の攻撃は翌朝と定められた。

一〇月二二日、私は三〇歳の誕生日を迎えた。私はイタリアの山から山へ、タコツボからタコツボへとうろつき回って、泥土と悲惨と死を写真に撮った。私は戦場から帰った翌日、〝これが戦場だ〟とタイトルを付け、ネガ全部をライフ社へ送った。二週間後、私の写真は雑誌の巻頭七頁にわたって掲載される予定、と電報が届いた。

D・デイの前夜

私たちの飛行機は飛び立って、ナポリの上空を旋回した。空から見るシシリアの町の戦禍の跡は、二千年を経たローマ時代の遺跡と大差がなかった。僅か半年前に新聞雑誌をにぎわしたそれらの場所は、弾痕ももはや深い草に覆われて牧場となっていた。我々は北アフリカの海岸を後にして去った。

一九四四年のロンドンは、対ドイツの上陸作戦話でもちきっていた。噂が広がり、重要人物の英国到着が日毎に増えてきた。ものすごい白髪交じりの茶色の髭もじゃのアーネスト・ヘミングウェイは、赤くただれたような目をして、酷い様子だった。彼との再会は私には全く嬉しかった。未だ駆け出しのフリーの写真家だった私は、既に著名の作家だった彼と一九三七年、スペインで初めて知り合った。

どこへ行っても彼はパパ（親爺）と呼ばれ、私はすぐに養子縁組した。以後数年間、色んな場合に、彼は養父の義理を果たしてくれたが、今大して金に困っていそうでもないこの養子と再会して、大変喜んだ。私は彼への孝心と景気のいいところを見せるため、私の至極豪勢なアパートで彼のためにパーティを開くことを決心した。

女友達ピンキーが配給分を貯めていたスカッチ一〇本とジン八本を基に、私はシャンパン一ダース、ブランディ数本、新鮮な桃六個などを購入。この無料の大酒宴と、ヘミングウェイとの取り合わせの魅力は文句なしだった。（連合軍の）上陸作戦のために待機中の皆がこのパーティに現れ、アルコール類をとことん呑み尽くした。

新聞は「連合軍上陸作戦」の観測記事で持ち切りだった。数百人の従軍記者から、最初の侵攻部隊に付いて行けるのはわずか二、三〇人で、そのうち報道写真家は唯の四人、私はその中の一人だった。軍報道部の事務所に、その選ばれた数名が待機した。

その時、キャパの手は震えていた

記念すべき四四年六月六日、我々はイギリス海峡を渡り、水だらけの足でフランスのノルマンディの海辺に上陸した。私の〝麗しのフランス〟の光景は不愛想で殺風景なものだった。ドイツの機関銃が舟艇めがけて弾丸を浴びせ、フランスへの懐かしの帰還は全く酷いものであった。舟から降りた兵隊たちは水の中を腰まで漬かって、銃を構えて進んで行った。

海水は冷たく、海岸までは未だ一〇〇ヤード以上もあった。私の周囲の海面に銃弾は飛沫を上げて飛び散った。私が急いで一番近い障害物の陰に飛び込んだら、そこにもう一人の兵隊も一緒に飛び込んできた。彼は銃の防水布を取り除くと、あまり狙いも定めず、煙に包まれた海岸めがけて撃ち始めた。自分の銃声に励まされてか、彼は前進して行った。未だ夜は明けたばかり。辺りの光景はカメラに非常に効果的なシーンであった。

数枚の写真を撮り終えたが、敵弾は絶え間なく私を追いかけてきた。私の次の援護物は、五〇ヤードばかり前方に半ば燃え残って水中に座礁している水陸両用戦車だった。その残骸の合間から数ショットを写すと、私は勇気を奮って海岸へ突入して行った。潮が満ちてきて、海水は今や胸まで濡らし始めた。私は突進する二人の陰に隠れながら、やっと海岸へたどり着くと、砂の上に打ち伏した。

今朝、ここは世界一憎むべき海岸だった。海水の冷たさと恐怖に憔悴し切ったまま、我々は海と鉄条網との間の、狭い、湿った砂浜に伏せていた。砂浜の傾斜のお陰で敵の機関銃や鉄砲の弾から自分の身を守れた。私はやおら第二のコンタックスを取り出すと、頭を地べたに着けたまま、再び戦いの場を撮り始めた。

臼砲の弾が鉄条網と海との間に炸裂し、凄まじい破片が兵隊の頭上から降りかかった。第二弾は更に身近に迫ってきた。構わず私はコンタックスのファインダーから目を離さずに、気違いのように次から次にシャッターを切った。周りの死んだ兵隊たちは、今は身動き一つせずに横たわっている。

その時、一隻の上陸用装甲艇が砲火を物ともせず岸に突っ込んで来、赤十字のマークの入った鉄帽の軍医たちが一斉に飛び出して来た。私はとっさに立ち上がり、舟艇の方へ駆け出し、海に飛び込んだ。ただ濡れないようにと、頭上高くカメラを差し上げ、舟艇によじ上った。その瞬間、舟の船橋が敵弾で吹っ飛ばされ、指揮官はやられた部下の肉片をまともに浴び、血塗れになって喚きちらしていた。

その舟艇は、半日前に下船したばかりの米国汽船チェイス号へ我々を連れ戻した。甲板は収容された負傷者と死者で溢れていた。翌朝、舟はフェイマス港に入った。上陸作戦に参加の許可が取れなかった新聞記者たちが群れを成し、海峡の対岸に達し、しかも還って来れた人間の最初の体験談を記事にすべく、我々を埠頭に待ち構えていた。

私はすっかり英雄扱いされた。ロンドンで私の体験を放送するために、飛行機の提供の申し込みを受けた。しかし、あの惨事を忘れ切れなかったので、その申し出は拒絶した。一週間後、私はあの海岸で自分が撮ったのが、上陸作戦についての最も優れた写真だったと知った。が、残念ながら、暗室の助手は興奮の余り、ネガを乾かす際、過熱のためフィルムを台無しにしてしまった。一〇六枚写した私の写真のうち、救われたのはたった八枚。熱気でボケた写真には〝キャパの手は震えていた〟と説明してあった。

パリよ、俺だよ

私は再びフランス海岸へ舞い戻った。我が師団はトーチカからトーチカへ攻略した。私は元気を取り戻して戦火の間近に接近し、沢山の写真を撮った。シェルブール市への最後の攻撃の朝、私は一部隊に参加した。一緒だった仲間はアーニー・パイルとタイム・ライフの欧州総局長で私の尊敬すべきボス、C・ワーテンベーカーだった。

我々は嫌と言うほど銃火を浴びたが、壁にぴったりへばり付き、戸口から戸口へと身を隠して飛び進んだ。チャーリーが言うには「いい年をして、インディアンごっこでもあるまいぜ」。アーニーは「俺も歳が歳。ちょっと、おっかないよ」。私はドイツ軍最初の最高級捕虜、シェルブールのドイツ軍司令官フォン・シュリーベン将軍を策を用いてわざと怒らせ、激怒した表情をカメラにキャッチ。この写真は最上のものとなった。

パリへの道は坦々と開けていた。私は自由フランス軍所属のタンクに同乗し、パリ市街に入城。パリジャンは街頭に飛び出し、この最初のタンクに手を触れ、接吻し、喜び、歌い、泣いた。こんなに朝早く、こんなにも沢山な人たちが、こんなに幸福だったことが嘗てあったろうか！　私のカメラのファインダーの中の数千の顔、顔、顔は段々ぼやけていって、そのファインダーは私の涙で濡れ放題になった。

戦争の最後の春——一九四五年春

写真誌ライフのパリ支局にニューヨークの本社から電報が届いた。私のバストーニュの写真が素晴らしかったから、報酬としてベルリンへ進撃中の四つの米軍のどれに従軍するかは私の自由な選択に任せる、という。私はある情報を耳にしていた。連合軍最初の混成空挺隊が編成中で、噂では戦争終結はこの空挺部隊がベルリンへ降下する時だ、とか。

米軍の第一七空挺師団は長い列車に詰め込まれ、丸二日フランス内をあちこちと揺られ通しだった。敵のスパイの目を晦ますためだった。降下の前日、我々はこう指令を受けた。「英国の落下傘部隊と共にライン川の対岸、ドイツの主要防御線の真ん中に降下すべし」

私は戦隊指揮官と先導機で飛んだ。私は彼に続いて飛び降りる二番目の男になっていた。一〇時一五分、「用意」の赤いランプが点灯。大佐の後に付いて開いた扉口に立っていた。六〇〇フィートの眼下にライン川が流れている。私は一〇〇〇、二〇〇〇、三〇〇〇と数えた〔注：時間待ちの意か?〕。まもなく、我々の頭上にパラシュートが美しく開いた。カメラを解きほごす十分な余裕が私にはあった。——そして、幾枚かの写真を撮った。それから多少の時が経ち、五月八日の新聞の第一ページには、異常に太い活字で大見出しが躍っていた。

——ヨーロッパ戦争終焉!!

私の一言

この自伝の主人公キャパは戦後、日本にもやって来て、ヒロシマや第五福竜丸の写真を撮って、多くの日本人に衝撃的な印象を与えた。そして、その直後、当時連日死闘を繰り返していたベトナムのディエンビエンフー戦線で劇的な死（行軍に同行し、誤って地雷を踏む）を遂げる。キャパの存在は、その耳慣れぬ名前と共に、当時成人間際だった私にも今なお鮮やかに記憶に残っている。かつて新聞記者だった私は、戦場カメラマンに幾ばくかの気後れを覚える。記者は概ね戦闘の最前線からは身を避け、安全な場所に居ながら、「見てきたように」記事を綴ることが可能だ。だが、カメラマンの方はそうはいかない。その苛烈な場面に身を挺さねば、仕事にならない。たった今、ウクライナやガザの最前線で命がけでカメラを構える諸兄姉には、心からの敬意と慰労の思いを捧げたい。

波乱に富む反ナチ闘争の自伝
ウィリー・ブラントの『ナイフの夜は終わった』

ウィリー・ブラント（一九一三～一九九二）は東西冷戦期での東方外交（対ソ連）の功績でノーベル平和賞（七一年）を受けた人物だ。一〇代で社会主義運動に身を投じ、北欧へ転進～辛苦の連続の反ナチ闘争を展開。第二次大戦後はファシズムに代わる共産主義との闘いに苦闘した。どのような逆境にもめげず、弾圧にも屈しなかった勇気の持主の素顔に触れてみたい。

本書の概要

ニューヨークにて

一九五九年二月一〇日正午、私はオープンカーに立って、シティホールを指しブロードウェイを走っていた。街角には四列にも五列にも重なり、人びとは両側の歩道に立ち尽くし、歓声を上げ、拍手し、小旗を振った。ビルの窓という窓から紙吹雪が降り、歓声が上がった。「西ベルリン万歳！」。赤の独裁に対して自由と人間的権威の第一線となって闘っているベルリンに対して、ニューヨークはその同情を示そうとした。アメリカ人は西ドイツを廃墟から立ち上がらせるために大きな犠牲を払った。ベルリンは戦後の最も深刻な危機の源の一つである。ソ連は政治攻勢の口実に使うために、危機を作り出してきた。

彼らは共産圏の内部に自由なベルリンが存在することは邪魔だった。西ベルリンの復興、脈動する経済的、知的生活と、東ベルリンの灰色の廃墟との対照は余りにも大き過ぎる。連日、西ベルリンへ逃亡してくる男女の数――この一〇年間にそれは二〇〇万以上にもなった――は、明白に事実を物語っている。私はベルリン市長であって、ドイツ連邦の外相ではない。私が望んだのは、ベルリンは決して降伏しない、ベルリン市民は頼りにできるのだということを自由諸国の人びとにできるだけ、はっきりと認識させることだった。

自由への脱出

ヘルバート・エルンスト・カール・フラール（ウィリー・ブラントの本名）という少年は一九一三年一二月、リューベック（バルト海沿岸の港湾都市）で生まれた。母は非常に若く、協同組合の売店の売り子だった。父がどんな人かは不明〔注：然るべき市民だったが、事情あって婚姻には至らず〕で、私は母方の姓を名乗った。

家は居間と台所が一つずつの労働者住宅。四、五歳の頃、兵隊帰りの母方の祖父が同居するようになり、私は彼を〝パパ〟と呼んだ。汗臭く、軍服の臭いがした彼は私を非常に可愛がった。正直一途な男で、素晴らしく話上手。どんな質問にも答えることができた。

彼は社会党の信奉者で、郷里の村の最初の党員の一人だった。八つ、九つの頃、私は忘れ難い経験をした。リューベックの労働者が一斉ストに入り、全面的な工場閉鎖へ。苦しい日々が続き、飢餓が悪地主のように台所に立っていた。私はパン屋の店先でロール巻きをもの欲しげに見つめた。たまたま居合わせた工場の支配人が、私にパンを二塊買ってくれた。息せき切って家へたどり着いた私に、祖父は怖い顔でパンを返しに行くよう指示。「敵から買収されてはならんのだ。乞食じゃないんだから」と叱った。

ヘルバートはよくでき、学級で一番だった。呑み込みが早く、本も貪るように読んだ。祖父から、今後は戦争なんかなくなるとか、(理想の政治が)永久に全ての不幸をなくさせるか、という話を好んで聞いた。彼は新しい社会民主党の領袖の面々を英雄視していた。

一九二三年、インフレは頂点に達し、一〇歳の少年にはその原因は理解不能。その具体的な意味は、給料をもらったらすぐ食料品を買いに走らねばならなかった時によく判った。その翌朝には、その金はとっくに値打ちを失ってしまっていたから。新マルクが実施された時、旧紙幣の一〇兆マルクは新マルクでなら一ペニヒ(一〇〇分の一マルク)の価しかなかったから。

一三歳になった時、私は成績優秀ゆえに高校進学の奨学金が賦与され、翌年、土地の有名な上級高校に入学する。その高校で送った四年間は、私の人生で重要な期間だった。そこで受けた立派な教育だけでなく、私は生まれて初めて異質の世界に入ったからだ。労働者階級出身の少年は、ほんの二、三人。若い共和国に同情を持つ教師もまた少なかった。

高校を卒業後、私はいわば必然的に社会民主党青年部に入った。祖父も、私の母も、社民党の活発な党員であり、労働組合の組合員だった。言うならば、私は社会主義の中に生まれて来たようなものだった。だが、私が党組織の中で、何の苦労も失敗もしなかった訳ではない。青年運動は、基本的にはロマンチックな点が多かったので、私は惹きつけられた。ハイキング、親しい仲間、キャンプ生活などがあった。私は大自然が好きだった。北海やバルト海を訪れ、ライン河の一つの島で一夏を過ごしたことがある。私は、美しい丘、古城や廃墟、それらにまつわる神秘的な伝説の虜になってしまった。

熱心に読書し、夜遅くまで人生の意義を論じ、宇宙の謎を解こうとした。もっと重要なことは、共同生活から学んだ実際の民主主義であった。社会主義青年運動は良い訓練となった。私は弁が立った。そのため一六歳で既に責任のある地位に付けられ、一時は地区支部長になったこともある。一九三〇年、私は正式の党員として社会民主党に入党を許された。

党員となるには一八歳以上でなければならなかったが、例外的措置が認められたのだ。ユリウス・レーバーが私の保証人となってくれた。リューベック社会民主党の指導者で、ドイツ議会の議員。演壇での豊富な言葉や表現力に満ちた身振りは、ローマ帝国の護民官もかくやと思わせた。彼はインテリではあったが、一般大衆や労働者は仲間扱いにした。彼らの胸底にあるものを表現し、その願望や希望を嗅ぎ取る的確な本能を持っていた。

私は父親無しに大きくなり、私の生活にはどこか空虚な所があったが、レーバーはそれを充たしてくれた。彼は私にとって、教師や旧友以上のものであった。レーバーは私に自信と励ましを与えてくれ、その一方、私の若者らしい性急さをすかさず批判してくれた。

一九三〇年という年は、決定的な変化をもたらした。社会民主党は連邦政府から外れ、その影響力の多くを失っていた。我々は公私の集会でヒトラー青年団員と衝突し、言葉の弾丸で、あるいは拳を振るって闘った。九月、ナチは帝国議会に入った。百七人という強力なもので、第二の強力政党となった。その勝利は、左派政党の失敗に対する失望をより深くした。社民党青年部の間では党指導部に対する反感が高まった。

失業者の数は月ごとに増えた。そのうちの何百万人は全く就職の当てもなかった。彼らは職を求めたが、政府は「生きるには少な過ぎ、死ぬには多過ぎた」補助金で彼らを追い払った。危機は革命手段を必要としていたが、社会民主党は決議以外には何一つ手を打とうとしなかった。青年と市民とを問わず、逆マンジ卍の襟章を付けた失業者の数が増えた。

これまでは公衆便所の隅っこにしか書かれていなかったナチのスローガンが、今や公然と多くのビルの壁に、大きな幟に現れてきた。「ドイツよ起て！　ユダヤ人に死を！」。ナチの突撃隊は、ナチに反対する者を倒し、殺すことによってドイツの〝若返り〟のために働いた。多くの街路が戦場となった。一方、社会民主党左派の急進化は、ナチの挑発と高まる経済危機によって、なお酷くなった。それは、青年と党指導部との亀裂を更に大きくした。

三一年夏、私は一人の友人とノルウェーへ旅行した。私はコペンハーゲンへ行き、そこから貨物船でベルゲンへ向かった。私はノルウェーの風光美や峡湾や氷河に夢中になった。ここには人工に損なわれない野生のままの自然があった。ノルウェーの国民はもっと強い印象を与えた。素朴な農夫は自然の威厳を具えており、自分の価値を知り、教養もあった。

私が政治問題を議論した人びとは滅多に「民主主義」という言葉を使わず、「フォルケスチーレ」という語句を使った。それは「人民の政府」という意味だ。近代的意味での民主主義は、欧州の各国家ほど古いものではない。が、公共の問題を処理〜統制することに個人が実際に参画するという意味では、この語句は人びとの良心に深く根差している。

ヨーロッパの多くの国々に比べ、スカンジナビアの農民は決して自由を失っていなかった。封建制は存在していなかった。今度の旅行で私が最も感銘を受けたのは、階級や地位についての誇りが全くないという一事を知ったことだった。

デンマークの社会民主主義者はベルリンでドイツ議会を見学〜ドイツの民主主義の将来に対し、極めて悲観的だった。議会の食堂で、それぞれのテーブルが「中央党専用」とか「ドイツ国家主義者党専用」とか表記された札を見た。議員が一緒に食事もできない国では、民主主義を打ち立てることは極めて難しい話だ、とこのデンマークの友人は言った。

コペンハーゲンでは議員たちは議会から食堂へ移ると、大抵は家庭や子どもたちの話に興ずるか、一緒に二、三杯の酒を楽しむのが常だった。ノルウェーの議会では、同じ地区から選出された議員は、一緒に座ることになっていた（万事に和気あいあい……）。

一九三一年秋、ヒトラーの部下たちは、大嫌いな社会民主党政権の打倒を望んだ。その時、同党の左派が党と分裂した。私を含む多くの青年部員が新党に参加し、私はレーバーと激しく口論し、二人は苦い気持ちで喧嘩別れした。仲違いに苦しみ、私は社民党を去った。

新党は、未だ若い私を政治問題の指導者の一人としたが、仕事は一切無給。私はリューベックの船舶ブローカーの会社に仕事を見つけ、後には私のために役立った船員、漁夫、沖仲仕といった人びとと密接な関係を持つようになった。私はスカンジナビアの顧客とも友達となった。生活は苦しかったが、私はそれを克服できる強さを感じていた。

自由への脱出

三二年七月二〇日夕、私はリューベックの社会主義労働者の集会で演説した。我々は大衆を動員、ヒトラー政権に反対する連合を結成〜彼らのクーデターに抵抗することを期待した。だが、当時の失業者は約五〇〇万人。彼らは絶望の余り、パンや仕事、あるいは制服さえも約束したヒトラーの許に走った者が多かった。

翌年二月二八日、議会大火事件が発生。社民党は既に非合法化されており、私は身元を隠すために変装し、ウィリー・ブラントという名を使って旅行した。カギ十字の旗で粗野に飾られたベルリンの街は俗悪そのものだった。だが、苦労にやつれた婦人、疲れ果てた労働者たちへの深い親近感により、ナチの勝利に対する怒りの感情は消えた。

我がグループの秘密執行委員会はベルリン以外に海外にも拠点を設けるべき、と決定。オスロがそれらの基地の一つに選ばれ、私はオスロの事務局長に決まった。早暁、我々は海路デンマークのロランド島を指して出帆した。

私は鞄一つと百マルクを持ち、自由世界に上陸した。オスロでは、ノルウェー労働党の機関紙の外報部長で経験豊かな政治家のフィン・モーを訪ねた。彼の斡旋で手当てを得、組合書記局の事務も少し引き受け、二、三カ月後には、結構やっていけるようになった。

ノルウェーの青年協会で働いたことは、私の生涯の最も幸福な時期に属す。私はここで、後にノルウェーの各界の責任者となった男女の青年と友達になった。R・セベリーインは議員〜国防相・議会議長となったし、H・ランゲは現在の外相である。

ベルリンの地下運動

毎日長時間、私は机に座って手紙を書き続けた。増大するヒトラーの独裁に対し、我々に何の力もないことを悟るのは辛かった。ドイツ人は、その褐色のテロ政権が第二次大戦へ国民を引きずり込むだろうことを悟らねばならなかった。が、手をこまぬいて傍観してもいられない。力の限り、論文や報告、覚書や決議文を書きまくった。

三六年末、同志たちとの会合がチェコで開催され、私も参加。恐ろしいモスクワの裁判方法が討論の中心に。赤いツアー（皇帝）スターリンは「イワン恐怖帝」を連想させ、両者の性格の酷似性が話題に上る。が、我々左派は、彼をヒトラーのファシズムに反対する信頼すべき仲間と考え、苦い真実を認めようとはしなかった。

三七年二月、私がスペインを訪れた折、内乱は既に八カ月を経過していた。革命の実態は決してロマンチックなものでなく、残酷で混乱していた。私は書いた。「スターリンはフランコの打倒に興味は持っていたが、スペイン人民の将来については、彼ら自らに決定させようとは決して考えてはいなかった」。三九年から翌年冬にかけて、フィンランドがソ連の侵略の犠牲になった時もそうだった。我々はファシズムに対する闘士たちを援助したように、ソ連の侵略に対して立ち上がった闘士たちを扶けた。

ナチの囚人

一二五年間、ノルウェーは完全に平和だった。軍事的伝統というものはなく、戦争が嫌いだった。国の全てのエネルギーを、国民の生活水準の引き上げ、模範的な社会立法の発展、一般教育の拡充のために注いできた。

ヒトラーは公にはスカンジナビアの中立を認めていた。が、彼の命令により、ドイツ潜水艦は中立国の船舶も情け容赦なく攻撃。侵略前の数カ月間に、ノルウェーは船舶五四隻と乗組員三八〇人を失った。殆ど全ての船が警告もなく、いきなり魚雷攻撃を受けた。ノルウェーの抗議も、ベルリンでは蛙の面に水であった。

ドイツ軍の攻撃は大胆極まるものだった。海陸空の共同作戦により、オスロを始め大半の重要な港はその日のうちに占領され、南ノルウェーの空港と軍事補給基地も、二、三時間でドイツ軍の手に落ちた。周到な準備と精力的かつ不敵な行動が決定的役割を演じた。国王と政府は首都を離れ、二、三人の閣僚が、残務整理のため二、三日オスロに居残った。

四月九日に始まった戦闘は北ノルウェーでは六月九日まで続いた。その二日前、国王と側近及び政府は英国へ逃れた。オランダとベルギーが降伏し、フランスの抵抗もたちまち打ち破られ、ヒトラーの大陸支配は既成事実化する。不安な日々にあって、勝利の信念を持ったのはチャーチルだけ。彼とて国民に「血と汗と涙」以外の何物も約束できなかった。

私は非戦闘員だったが、そのことは私がゲシュタポの復讐から逃れる口実とはならない。三八年、ヒトラーは私の市民権を剥奪。翌年、私はノルウェー帰化を申請〜半年後の国籍取得が見込まれていた。当時、私はノルウェー北方の谷間に住んでおり、出口は封鎖されていた。私はノルウェー軍の制服を着込み、数人の兵士と一緒に捕虜収容所に連行された。重苦しい日々が続き、私は徒に日を送った。暗黒の日々は四週間に及んだ。六月初め、我々は収容所から釈放され、私は無事にオスロへ帰った。

ベルリンの地下運動

増大するヒトラーの独裁に対し、我々が無力であるのを悟るのは辛かった。毎日長時間、私はヨーロッパやアメリカに居る友人や同志に沢山の手紙を書いた。三六年夏、私はベルリンの「メトロ」（地下組織）の責任者となった。同年の友人の学生から旅券を借り受け、写真を取り換え、個人的データを記憶し、本物そっくりに見えるように署名を練習した。

ベルリンには、わが党員はまだ二〇〇人もいて、五つのグループに編成されていた。我々はドイツの地下運動の抵抗グループの一つだった。毎朝、私は真面目な学生を装い、大学の図書館へ出かけ、誇張した泥くさいナチの文学を読み漁った。『わが闘争』も苦にならず、ローゼンベルグやその他のナチの「理論家」の関門をくぐって行かねばならなかった。

ベルリンは独裁者の誇大妄想的症状を反映。オリンピックは何十万という外国人を集めた。ゲッペルスの宣伝に圧倒されないのは難しいことだった。私は「違法」の人物の生活にすっかりはまり込んでいた。絶えず、ごまかし、扮装する生活で、恐れおののく暮らしだった。私の頭は数字や暗号で一杯になり、それらは眠っている間も私を追い続けた。

三六年末、ドイツや各亡命地に居る同志の会合が、チェコで開かれた。私はここで初めてオットー・バウアーと出会った。彼はいわばこの会議の舞台裏の助言者で、その著作や論文は社会主義理論の素晴らしい入門書だった。三四年、彼はオーストリアでファシズムに抵抗して武力闘争に決起。成功はしなかったが、勇敢に闘った現地社民党のリーダーだった。

私は亡命中のバウアーのやり方に、非常な感銘を受けた。彼は熱心に敗北の原因を検討しようとした。私はベルリンでの経験を報告した。討論の中心になったのは、恐ろしいモスクワの裁判方法だった。告発・告白・執行のやり方は、我々の希望を消えさせてしまった。プロレタリアの独裁は、事実上ソ連人民の全てに対するスターリンの独裁となっていた。それでも我々は、未だ苦い真実を認めようとはしなかった。

四四年八月、パリが解放された。私は涙を流し、ヨーロッパが戦争と隷従のムチから救われるのを期待した。翌年四月、ヒトラー自殺。五月七日、ヨーロッパ戦争終結の報せに、冷静で控えめなスウェーデン人も、たちまち熱狂的な騒ぎに爆発した。

四五年一〇月、私は初めてドイツへ帰った。ニュルンベルクの戦犯裁判の報道のために、記者として派遣されたのだ。翌年一二月には、ノルウェーの外交官としてベルリンに赴任。運命は私をベルリンへ引き戻してくれた。

私の一言

西独社民党党首のブラントが西独首相に就任する直前の一九六九年夏、当時朝日新聞社会部記者だった私は、夏休みを利用して西ヨーロッパを〝駆け足〟訪問。秘密っぽかった東ベルリン市内も一日だけだが、肉眼で観察している。貸し切りバスでの市内周遊だったが、「百聞は一見に如かず」。ソ連式の共産主義は、決して人びとを幸せにはしない、という心証を固めた。街並みは西ベルリンと比べ格段に見劣りがし、行き交う人びとは生気と笑顔に乏しく、一様に表情が硬かった。ブラント同様、実は私も学生当時は社会主義の側に夢を託した一人だった。しかし、東ベルリン街頭におけるこの観察は、私の胸の奥底に確かな波紋を広げ、己の従来の思い込みに対する強い「?」をしっかり提起したと思う。

沖縄から日本全土に広がる戦雲の予兆に警鐘

三上智恵の『戦雲——要塞化する沖縄、島々の記録』

三上智恵（一九六四〜）は沖縄のテレビ局出身の女性ジャーナリスト。この一〇年、南西諸島を訪ね歩き、本土メディアが殆ど伝えない戦力配備が続く実態を取材してきた。二〇二二年末の安保三文書は「南西諸島にミサイルを並べ、最悪の場合、報復攻撃の戦場になるもやむなし」と記す。アメリカと日本政府が主導する、予断を許さぬ危険な実態の全容とは？

本書の概要

「シェルター」建設報道の衝撃

二〇二二年九月一六日、沖縄の二つの新聞には衝撃的な見出しが躍った。〈「先島に住民避難シェルター」／「政府検討　有事を想定」／「石垣市など複数候補地」〉政府は二〇二三年度予算案の概算要求で、武力攻撃に耐えうるシェルターの調査費を計上した。台湾情勢が緊迫しているとして、避難が困難な離島に地上型・地下型、共に検討するという。

私は青ざめた。アメリカ下院議長のペロシ議員の台湾訪問以降、アメリカの挑発に乗って中国の軍事威嚇行動も過熱。さらにアメリカは原子力空母を韓国に入れたり、カナダの戦艦と台湾海峡を航行したりして、台湾有事は近いという報道が日毎に増えている。そんな中で、「シェルター」に予算が付いたと報道されれば人びとは一気に不安に陥り、あらぬ方向に空気が動きかねない、と懸念するからだ。

シェルターは各戸に造られるのか？　何人入れるのか？　食糧は備蓄したとして、水道や下水はどう維持するのか？　放射性物質には耐えられるのか？　予算が足りず、シェルターが行き渡らないとか、案外早く戦場化すると、結局ガマに再び駆け込むことにならないか？　こんな妄想と不安で瞬時に頭がパンパンになる。シェルターの議論は「どうやって助かろう？」という思考に流れてしまう。

人はみな、何とか家族だけでも助けたいと思うものだ。だからシェルター工事の順番の取り合いや、食糧や水の備蓄合戦に乗り出してしまったら、もう収拾が付かない。しかし、本来はまだ冷静にこう考えるべきだ。「今本当に危機が迫っていますか？」「なぜ私たちの島が攻撃されないといけなくなったのですか？」「それは未だ止められますよね？」と。

私たち「ノーモア沖縄戦　命どぅ宝の会」は連絡を取り合い、県庁で記者会見を設定。シェルターや戦争準備に予算をかける前に、南西諸島の軍事要塞化中止を求めることにした。多分、沖縄のこの危機感は、本土にはほとんど共有されていないだろう。

島から出て行くべきは軍事組織

「ノーモア沖縄戦　命どぅ宝の会」の共同代表、具志堅隆松さんは、ずっと（沖縄戦での）遺骨収集のボランティア活動に取り組んできた人。次の戦争犠牲者が出そうな情勢に居たたまれず、国連にも出向いて訴え、精力的に動いてきた。あろうことか、「沖縄には避難に適した自然壕（ガマを指す）がある」などと発言する国会議員まで出現。世も末、と憤っている。シェルターもガマも、沖縄に居る一五〇万人全員の命を守り切れる筈もない。シェルターは最後の議論、その前に戦争をさせないことを優先して取り組まねば、と彼は訴える。

――沖縄から、日米の軍隊が中国を攻撃する。それをするから、ここで戦争が始まる。しなければ始まらない。その危機を取り除き、その後に、危険要因である軍隊は全部撤去させるところまで行くべき。それが日本軍であろうと……。

集会では、先ず山城博治共同代表がマイクを握り、昼休みの県庁職員やサラリーマンたちに訴えた。「避難シェルターは、沖縄が戦場になると認めたようなもの。シェルターを造る前に外交をやれ！　北京に行け！　アメリカに行け！」。

登壇者は口々に、なぜ沖縄県民が戦争に脅えなければならないのか、一五〇万県民の命はシェルターなどでは到底救えないと、怒りと危機感を顕わにしていた。でも、この問題は実はとても難しく、既に新たな分断を呼んでしまっている。命の危険が迫っているのに、「シェルターは要らない」とは何事か、と同じ反戦平和を目指す陣営からも非難の声がある。

自衛隊配備の問題と闘ってきた宮古島や石垣島の人びとからも困惑の声。「私たちは安全に避難できる方法を確立してくれ、保護計画も不十分なうちはミサイルを配備するな、と訴えてきた。シェルターは要らないという闘い方はできない」と言う。それも当然だろう。ミサイルが飛んで来る恐怖をよりリアルに感じている地域の人にしてみたら、沖縄本島でとんでもない主張を始めたと誤解されるかもしれない。

だが、だからこそ共通認識と主張する順序が大事なのだ。「入れる人はシェルターに入ろう」「逃げれる人は逃げ場を確保しよう」という「逃げ勝負、隠れ勝負」が始まってしまうと、シェルター需要にたかる業者が島を闊歩。不安を煽り、出て行く先がある人は出て行く。余裕のある人とそうでない人が分断される、という具合に共同体が崩れていくだろう。

そんな末期の段階に至る何歩も手前に居る今だからこそ、無意識に戦争への道をゾロゾロと歩いて行く人たちの群れに、あちこちからブレーキをかけなければならない。

全国紙にもキナ臭い記事が増えているが、最近特に「産経新聞」の論調に恐怖を禁じえない。「南西有事」という言葉を使い、ここが戦場になるのは既定路線のように記事を展開している。そして、今の弾薬保有量では戦闘継続力がない。二〇倍以上にしないと中国の侵攻に対抗できないという見方を繰り返し報じている。

この議論は、南西諸島に生活する人間からすると、恐怖でしかない。「南西有事」に備えて二〇倍に増やす弾薬というのは、占領された後に、島にいる敵を殲滅〜逆上陸する離島奪還作戦の中で、私たちの島に向けて撃ち込まれるものとして使われる可能性が高い。自分たちを焼くための火薬を増やせ、持ち込ませろという議論には怒り心頭だ。

すると、すぐに「じゃあ日本が侵略されてもいいの？」という反論が来る。だが、この沖縄の平和運動を敵視する人たちは、同じ国民の命や暮らしを犠牲にしてでも、自分の安全だけは確保したいと公言しているようなものだ。自分は絶対に現地に近寄らず、助かる側に入りたいという見っともないまでの利己的な発言だ、と気づかないのだろうか。

〝台湾有事〟になればその辺りが戦争に巻き込まれるだろう、という被害者面した政府の言い回しを漠然と信じている人びとは「足りないなら、もっと弾薬を用意しないと！　南西諸島に備蓄しないと！」と思うかも知れない。

でも、軍事武装している島はどうなるか。仮にミサイル発射基地となった宮古島が中国軍に占領された場合には、周辺の島々に日米共同で設置していく新たな拠点からミサイルを撃ち込み、その後に日本版の海兵隊と言われる水陸機動団が、九州や辺野古から逆上陸して敵を殲滅する作戦となっている。つまり、今のところ外国を攻撃することは出来ない自衛隊のミサイルは、自国の領土が敵に占領された場合に奪還のために「国内に」撃ち込まれる想定なのだ。

占領された島に住民が沢山残っていても、国土奪還のために弾が撃ち込まれる可能性は大である。ということは、今後この地域に大量に運び込まれようとしている弾薬は、私たちの島を焼き、沖縄に生きる命に撃ち込まれるミサイルなのだ。用途をきちんと理解していれば、私たち沖縄県民は「弾薬はあればあるほど安心」などと思える筈がない。

最後にもう一度言う。私たち全員がシェルターに入ることは出来ません。沖縄県民約一五〇万人が避難する術もなく、受け入れ態勢の構築も非現実的。病気や高齢で移動不可能な三万人を置いて逃げるつもりもありません。それを考えるよりは、軍事作戦にここを使うのを止めてもらう方がずっと現実的です。この島から出て行くべきは軍事組織の方。どうやって「戦争に向かう流れを止めるか」に全力を尽くしましょう！

二〇二一年一一月一四日、遂に宮古島にミサイル搬入。元ゴルフ場だった千代田地区で宮古島駐屯地が二年前に動き出し、島の南東端に造られた大規模な弾薬庫を擁する「保良訓練場」がほぼ完成。住宅地から二〇〇メートル余りという距離に大量の弾薬が置かれる保良や七又という集落は、一貫して（搬入を）拒否してきた。島の活性化や安全などの理由で賛成する人たちが人口の密集する中心部に多く居ようとも「島の人は賛成している」と言うのは暴論だ。

この日早朝、未だ暗いうちにミサイルを積んだ戦車揚陸艦「しもきた」が、平良港の沖合に出現。港のゲートではミサイル積載車を市街地に入れまいと抗議する市民たちが既に集まっている。警察車両も待機している。

突堤の先では、いつも石垣島で自衛隊基地を監視している男性が、黒く巨大な自衛艦が迫って来る様子を撮影していた。近寄っていくと、眼に涙を滲ませていたので、しばし言葉を失う。「覚悟して来たけど、悔しい。私たちの暮らしは、何故こんなにないがしろにされるのか?」。絞り出すような声で言った。

宮古島でも石垣島でも、この六年、必死に反対して来た人びとの存在がある。踏ん張っている石垣島が最も工事を遅らせているが、石垣駐屯地の造成工事もかなり進んできた。基地が完成し、弾薬が運び込まれる今日の宮古島の姿は、明日の石垣島なのだ。

九時前、接岸した「しもきた」から火薬類搭載を示す「火」のマークを付けたトレーラーが姿を現す。ミサイル積載車一五台と、前後の自衛隊車両併せて凡そ四〇台の車列が整い、港のゲートが開く。自衛隊の車列の先頭は桜のマークを付けたジープで、中に居る若い隊員がマイクを握り、のっぺりとした声で警告した。「通行の妨げになっています。危ないので、道を空けて下さーい」。

これには既視感がある。辺野古で、高江で、抵抗する県民に向かって防衛省の役人がメガホンで、「道路に座り込む行為は、大変危険でーす」と壊れたレコーダーのように繰り返す光景。実際に人びとを排除するのは機動隊だ。しかし、一瞬見慣れた構図のようだが、これは全然違う局面を迎えたのだと気付いた。

警察でもなく防衛局員でもなく、迷彩服を着てミサイルを携えた軍人が、直接島の人たちに「そこをどけ」と言っているのだ。かつて国防の名の下に島々に有無を言わせず乗り込んできた日本の軍隊が、島民の生活を破壊し、命の危機に陥れた。それと同じ構図が今、再現されているのだ。

今回、座り込む人びとに直接手をかけて排除したのは沖縄県警だが、今後自衛隊員はミサイルを発射するキャニスターを備えた車両で島内を走り回り、撃っては移動するという形の訓練を繰り返すことになる。そんな島の道路の先々に、もし抵抗する住民がいたら、毎回毎回警察に頼んで排除してもらう訳にはいかないだろう。その次は、自衛隊員が抵抗する住民を引きずって道を空けさせるしかない。有事には、作戦を優先する自衛隊員と足手まといになる住民という、沖縄戦と何ら変わらない構図になってしまう。

――せめてどれだけの火薬を持ち込むのか説明して下さい。お願いしているんです！

――警察の皆さん、私たちは島の平和を守りたいだけ。暮らしを守りたいだけ！

港に身を投げ出した人びとは口々に訴えるが、機動隊が一人ずつ排除していく。そこには、お母さん（楚南有香子さん）と小学生の娘さんの姿もあった。ゲートが開き、排除が始まると、余りの怖さにこの少女が泣き出す場面もあった。

それを見ていた、見物人の男性がヤジを飛ばした。「こんな処に子どもを連れて来て、泣かして。子どもを泣かせるな！」。すると、泣いていた女の子がキッとなり、彼に向かって堂々と言った。「お母さんが私を泣かしたんじゃない！　あれが泣かしたんだ！」。そう言って、その子は自衛隊の車列を指さした。

子どもを政治的な場に連れて来るなという、一見正当に聞こえる批判が沖縄の抵抗の場に何度も投げかけられてきた。批判の主は、立ち上がらねばならない状況に置かれたことも、また人のために切羽詰まった気持ちになったこともない、多数派に抗うことを避けてきた人に違いない。そもそも政治的な場に行かないということ自体が政治的である。

親はいつも判断能力のない子どもを連れて社会を歩いているし、子どもは親の背中を見て育つ。親のすることを理解しようとして社会を学ぶ。この娘さんは私の知る限り、かなりの時間、島の平和や子どもたちの未来を守るために、と街で訴え、ビラを配り、寝る時間を削って資料を作る自分の母の姿を見てきている。だからこそ、街頭での行動は怖くても、お母さんの側に居てあげようとしたのだ、と思う。それが虐待だろうか？

デモには知らん振り、困っている人たちのＳＯＳにも無関心な親は、「社会に関わらない」という姿勢を子どもに植え付けていることになる。いつか守りたいものが出来た時、状況に怯まず闘う大人の姿を知っているか否かが、その若者の未来を左右するだろう。沖縄の子どもたちは周りで頑張る大人たちを沢山見てきているという点で、どの地域よりも沢山の財産を既にもらっている。

岸田政権の暴走

岸田政権になり、この国はいきなり「台湾有事ありき」「敵基地攻撃能力保持は急務」の路線を爆走し始めた。故・安倍元総理は「台湾有事は日本有事」と言ったが、「台湾有事」とは一義的に中国と台湾の問題である。即座に日本がアメリカ軍と共に武力で呼応するのが当然であると国民に刷り込むのは止めてもらいたい。それは、現在の日米の作戦上、必ず日本国土を戦場にすることになる。（日本を焦土にするなどとは）とんでもない。

今、沖縄にいる米軍海兵隊は、二二年度までにＥＡＢＯ（遠征前方基地作戦）に対応するＭＬＲ（海兵沿岸連隊）に再編され、「島々に分散型の拠点を配置して中国のミサイル影響下で機動性に富んだ作戦を展開するという方向」にシフトする。つまり、いま南西諸島にある、固定された大型の基地は中国のミサイルによってハチの巣にされかねないので、そこは自衛隊に任せ、米軍は臨機応変に太平洋の島々を拠点に戦うということだ。

自衛隊が沖縄を拠点化する動きは加速している。沖縄本島東側の勝連半島にある米軍のホワイトビーチには、このところ自衛艦が頻繁に出現。近くにある陸自勝連分屯地には南西諸島の四つ目のミサイル部隊が来ることが明らかになり、しかも石垣・宮古・奄美のミサイル部隊を統括する役目を負う。併せて先島有事の際に物資を送り込む兵站拠点として整備される。近くにあるキャンプハンセンや、辺野古のキャンプ・シュワブと軍港と滑走路を備えた新基地と共に、沖縄本島東海岸が自衛隊の一大拠点化することも見えてきた。

この数年で、沖縄を二度と戦場にしないという当たり前の誓いが、崩されようとしている。少なくとも米軍基地問題と自衛隊問題を分けて考えているようでは、私たちは負ける。

今、問題なのは「自衛隊の是非」ではなく、「自衛隊が私たちの住む島々をどう使おうとしているか」の問題。「島々を二度と戦場にしない」ために「今のように自衛隊に、私たちの生活の場である山も、空港も、港も訓練に提供し、やがて拠点に変えていかれたらどうなるのか」という切迫した問題にどう向き合うか、ということなのだ。

二〇二一年一二月二四日の県内の新聞の見出しは「南西諸島に攻撃拠点」「沖縄また戦場に」「米軍、台湾有事で展開」「住民巻き添えの可能性」だった。米軍は、機動力を持った小規模部隊を駆使し、島々を縦横無尽に拠点としながらＥＡＢＯという新たな戦略で中国を抑え込む態勢を構築する。日本もそれを了承した。沖縄はまた、戦場にされるのか？

私の一言

本土のマスコミは沖縄で進行している切迫した事態をちゃんと伝えていない。沖縄のテレビ局出身のこの人は、そんな現況を黙視できず、映像作家として迫力あるドキュメンタリー映画を次々制作し、波紋を広げてきた。私は彼女が撮った『標的の島　風かたか』を二〇一七年春に都内の映画館で見て感銘を受け、新宿で会い、取材させてもらった。〈テレビ局勤務の一九九五年に女児暴行（米兵三人による）事件が起き、「普天間返還」が（代償の如く）口実に使われた。当時その欺瞞を見抜けず、騙され誤った報道をしてしまった自分が腹立たしく、悔しさゆえに頑張っている。〉そんな趣旨の話を聞き、なるほどと納得した。沖縄の問題は「あっちの方の話」と他人事のように受け取る人びとが、本土側には少なくない。私の沖縄行きは「本土返還」がかなった一九七二（昭和四七）年五月一五日の前々日が最初。取材応援のために（朝日新聞）記者として派遣され、「基地の中のオキナワ」を肌で体感し、沖縄の人びとが抑圧される現実を心の痛む思いで味わった。私はチャンプルーの炒め物や三線の島唄にテンポの速いカチャーシーの踊り、そして何より結縄の人びとの明るい気質が大好きだ。沖縄が置かれている危険な状況に、本土の人間はもっと親身になり、しっかり眼と耳を敏感にしてほしい。一言のつもりがつい、長くなった。

第二章

こうした珍しい生き方がある

アラスカの荒野で孤独死したエリート米国青年の数奇な運命

ジョン・クラカワーの『荒野へ』

一九九二年四月、アメリカ東海岸の裕福な家庭に育った一人の若者が、ヒッチハイクでアラスカへ来着。マッキンレー山の北の荒野に単身徒歩で分け入っていった。四カ月後、彼の腐乱死体がヘラジカを追っていたハンターの一団に発見された。

著者のジョン・クラカワー（一九五四〜：米国のジャーナリスト）は雑誌の編集長から、謎めいた若者の死の周辺について記事を書くよう依頼される。若者の名前はクリストファー（略称クリス）・ジョンソン・マッカンドレスと判明。ワシントンDC郊外の高級住宅地で育ち、学業優秀でスポーツマンとしてもエリートだったという。

本書の概要

ある青年の死

彼は一九九〇年夏、エモリー大学を優等で卒業し、その直後に姿を消す。名前を変え、二万四〇〇〇ドルの預金を全額慈善団体に寄付。自分の車と持ち物のほとんどを放棄し、財布にあった現金も全て燃やした。それから、全く新しい人生、社会の末端に身を置き、新鮮な素晴らしい経験を求めて北アメリカを放浪するという生き方に身を投じた。アラスカで遺体が発見されるまで、家族は彼がどこに居るのか、どこへ行ったのかもまるで知らなかった。

著者クラカワーは依頼を受けた雑誌（九三年一月号）に記事を書いた後も、亡くなった青年クリス・マッカンドレスに対する関心を持ち続ける。とりわけ気になったのが、彼が餓死した顛末と、彼と己の人生に幾つか相似点があることだった。クラカワーはさらに一年、青年がアラスカの針葉樹林の中で亡くなるまでの複雑な経緯をたどり直し、強い好奇心に駆られ、彼の遍歴を細かく調べ上げていく。

クリス・マッカンドレスは非常に情熱的な若者で、頑固な理想主義者のようなところがあった。そのために、現代の生活には中々なじめなかった。トルストイの著作に心酔していた彼は、大学当時から極めて禁欲主義的だった。アラスカの森へ分け行った時、彼が求めていたのは正しく危険であり、逆境であり、トルストイ的な克己だった。

年配の電気工ジム・ガーリエンはフェアバンクス市内でヒッチハイカーの若者を拾い、車で二時間ほどのデナリ国立公園まで送った。若者はアレックスと名乗り、森の奥に入り、「数カ月間、土地が与えてくれるものを食べて生活するつもりだ」と言った。身長は五フィート七、八インチ、逞しい体つきの彼は、歳は二四、サウスダコタの出身だとも言った。

森の住人のガーリエンは、この早春に奥地で数カ月暮らすにしては、荷物の量が信じられないほど僅かだ、と感じた。「奥地での生活に必要な食糧も、用具も携行していなかったんだ」と言う。安物の革のハイキングブーツは防水処理も施されていず、上等な防寒靴でもなかった。ライフルは二二口径一挺だけで、ヘラジカやカリブーのような大物を仕留めるには口径が小さ過ぎて役に立たなかった。斧も、薬も、カンジキも、持っていなかった。

ガーリエンは言う。「奴を説得して、やめさせることはとてもできなかった。決心は固く、まさに本気だった」。出発して三時間を過ぎ、悪路が始まる。ハイウェイから一〇マイルの処で危険を感じ、ガーリエンは車を止め、「無事に戻ったら、電話をくれよ」と、声をかけた。若いヒッチハイカーは明るく笑い、姿を消した。九二年四月二八日のことである。

クリス・マッカンドレスの人生

アレックスことクリス・マッカンドレスはヴァージニア州アナンデール近郊のかなり裕福な中流上層階級で育った。父のウォルトは著名な航空宇宙エンジニアで、六〇年代から七〇年代にかけてNASAとヒューズ航空機に勤務。七八年に自立し、コンサルティング会社を創業。小規模ながら成功を収めた。新規事業の協力者は、クリスの母のビリーだった。一家は大家族で、八人の子どもがいた。クリスと極めて親しかった妹のカリーン、それにウォルトが最初の結婚でもうけた腹違いの兄弟と姉たち各三人である。

九〇年五月、クリスはアトランタのエモリー大学を卒業した。在学中は、学生新聞のコラムニストや論説委員を務め、歴史学と人類学専攻生として平均点三・七二をとり、名を知られていた。最後の二年間の学費は、一家の友人から相続した四万ドルの遺産から支払われ、卒業時にはそれが二万四〇〇〇ドル以上残った。前記したように彼はそれを全額、飢餓と闘っている慈善団体に寄付。両親と妹のカリーンは五月一二日の彼の卒業式に参列した。

アトランタでの最後の年、クリスはキャンパスを出て、家具付きの修道院のような部屋に住んでいた。電話が引かれていなかったから、両親は電話がかけられなかった。それ以後、何の便りもなかったので、秋に両親は車でアトランタへ訪ねていくことにした。アパートに着くと、部屋は空っぽ。管理人によると、六月末に引っ越したとのこと。二人が帰宅すると、夏に息子へ送った手紙が束になってそっくり戻ってきていた。「そんなわけで、息子の身に何があったのか、知る由もなかったのです」と母のビリーは言っている。

当のクリスは五週間前に持ち物を全て中古自動車に積み込み、何の計画も立てずに西へ向かっていた。九月六日にはアトランタから直線距離にして西へ八〇〇キロほど（州にして七つ先）離れた西部ネバダ州のミード湖畔に到着。ここで故障した車を乗り捨て、以後はヒッチハイクか徒歩で、アメリカ西部を二カ月間近く、放浪して回る。

一〇月二八日には長距離トラックに乗せてもらってカリフォルニア州に入り、南部のソールト湖畔でヒッチハイクが縁で八〇歳の退役軍人ロナルド・フランツと知り合った。敬虔なクリスチャンの老人は人生の大半を軍隊で過ごし、沖縄で勤務中の一九五七年、妻と医学部卒業間際の独り息子を酔っ払い運転の車に轢き殺される。

事故後の数年間、寂しさをまぎらすため、彼は個人で沖縄の貧しい子どもたちの「世話」をするようになり、結局、一四人もの面倒をみた。フィラデルフィアの医学校へ進んだ最年長の子どもと日本で医学の勉強をしていたもう一人には学資も出している。

クリスと会った時、長く眠っていたフランツの父性に新たに火がつく。若者のことが忘れられなくなった。礼儀正しく、愛想がよく、身なりがきちんとしていた。「ひどく頭が良さそうな感じだった」。老人はエキゾチックな地方訛りで言った。「あのヌーディストや酔っ払いや麻薬常習者たちが屯する処の近くで暮らすには、彼はまとも過ぎるような気がしたね」。

フランツは「彼の生き方について」話し合おうと決心する。「教育を受けて、就職して、出世をするように、誰かが説教してやる必要があったんだ」。が、キャンプ地に戻り、彼の生き方をどうするかについて話が及ぶと、クリスは急に相手を遮り、はっきり言った。「僕のことは心配要らない。大学教育は受けているし、好きでこういう生き方をしてるんだ」。とげとげしい口調だったが、そのうち若者は老人に好感を抱き、二人は長いこと話し合った。

その後の数週間、クリスとフランツは長い時間、一緒に過ごした。若者の方が定期的にヒッチハイクで老人のアパートへ赴き、洗濯をしたり、ステーキを焼いたりした。春になったら、アラスカへ行き、「最大の冒険」に乗り出すつもりでいたから、彼は春の到来を待っていることを老人に打ち明けた。

そして今度は逆に、活動的ではない生活は良くないと言って、祖父のような相手に説教を始める。財産などはほとんど売り払い、アパートを出て、放浪生活をするよう、八十歳の男を盛んにけしかけた。フランツはその熱弁を冷静に聞き流し、要するに、クリスとの交友を楽しんでいた。老人はこの若者がすっかり気に入り、養子縁組まで真顔で口にする。あいにく、戸惑い顔の相手にうまくはぐらかされてしまうが……。

互いに往来している間に、若者はよく怒り、顔を曇らせ、両親や政治家、大多数のアメリカ人に特有の空疎な生き方を非難していたことを、老人ははっきり覚えている。彼との仲がぎくしゃくするのを恐れ、フランツは相手がそんなふうにひどく腹を立てている時には、ほとんど口を差し挟まなかった。

翌年二月初め、クリスはアラスカ旅行の費用をもっと稼ぐため、サンディエゴへ行くと言い出した。「金が必要なら、私があげよう」と反対するフランツと一悶着あった末、老人の方が折れ、クリスは出発する。老人は言う。「ひどく辛かったよ。別れが悲しくてね」。一カ月後、長い手紙がフランツの私書箱に届く。その便りの末尾には、こうあった。

――あなたが為すべきことは唯一つ。今の住まいを出て、アメリカで神がここ西部で制作した偉大な作品を幾つか見ることから始めて下さい。

驚いたことに、八〇歳の老人は二四歳の生意気な放浪者のアドバイスを真面目に受け止める。フランツは家財道具を倉庫に預け、アパートを出て温泉地の先の砂地にテントを張り、キャンプ生活に入ったのだ。戸外の砂地に座って日々、若い友人の帰りを待っていた。

身長は六《フィート》近く、ひどく元気そうに見えた。作者の私が自己紹介した時、彼はよれよれのジーンズをはき、真っ白いTシャツ姿だった。年齢を感じさせるのは、額の皺と痘痕のような穴がブツブツあいた高い鼻だけ。クリスの死後、一年余りが経っていた。彼は言った。

――クリスがアラスカへ出発した時、私は神に祈ったんだ。あれは特別な若者だって。だけど、神はクリスを死なせてしまった。何が起こったか知り、私は神を捨てた。

クリスの家族関係に話を戻す。彼の父親も彼自身も共に頑固で、カッとなり易い質だった。頭から押さえつけずにいられないのが父ウォルトの生まれつきの性格で、倅クリスの方は人一倍独立心が強かったから、対立は避けられなかった。ハイスクールとカレッジへ通っている間は、厳めしい父親の言うことを驚くほどよく聞いていたが、若者は内心ずっと腹立たしく思っていたのだ。父には精神的な欠陥があり、両親のライフスタイルは偽善的で、厳格なその愛は条件付きであることが知れ、倅の方はそれを気に病んでいた。結局、クリスは反抗した――いよいよ行動を起こした時には、そのやり方はいかにも彼らしく徹底していた。

姿を消す直前に、クリスは妹のカリーンに愚痴をこぼしている。両親の態度が「あまりにも理不尽で、圧制的で、無礼で、侮辱的なので、僕はとうとう堪忍袋の緒が切れたんだ」。愚痴はそれだけで終わらなかった。

——僕のことを本気でわかってくれようとしないから、卒業後数か月間は、両親の言いなりになって、僕が「意見を変え、彼らと同じ物の見方をしている」ふりをし、親子関係も安定しているように思わせるつもりだ。その後、頃合いを見て、いきなり素早い行動に出、僕の人生から二人を一挙に叩き出してやる。僕が生きている限り、もう二度と両親がそうした下らない話ができないように絶縁するつもりだ。これを最後に永久に親子の縁を切るよ。

ハイスクールの最上級生になって間もなく、クリスは大学に進学するつもりがないことを両親に伝えた。出世するには大学の学位が必要だ、と彼らはそれとなく助言した。が、クリスは「出世なんて二十世紀の今では虚構に過ぎなくなっている。長所というより、むしろ足手まといなもので、僕はそんなものがなくても立派にやっていける」と答えた。

両親は多少あわてた。二人ともブルーカラーの出で、学位などどうでもいいとは思えなかったからだ。クリスの性格は複雑で、捉えにくかった。とんでもなく非社交的であるかと思えば、極端に陽気で付き合い上手なところもあった。

クリスの冷たい親子関係は、彼がフランツ老人に示した温かさとは明らかに対照的だった。

その気になれば、彼は社交的で、とても感じがよく、多くの人びとの心を惹きつけた。サウスダコタに帰ると、彼の処には手紙が届いていた。旅の途中で出逢った人びとからの便りで、中には「奴にすっかりのぼせ上がった女の子からの手紙」もあった。が、クリスは女性との関係はほとんど、あるいは全くなく、修道士のように純潔のままだった、と思われる。

「この国で、人びとが飢えているのをどうして放っておくのか、クリスには許せなかったんです」と、妹のビリーは言っている。トルストイの理想主義を信奉するクリスは、富は恥ずべきもの、汚れたもの、本質的に邪悪なものだと信じこんでいた。

が、その若者が天性の資本主義者で、ずば抜けた金儲けの才に恵まれていたのだから、皮肉だ。八歳の時には、自宅裏で野菜を栽培し、近所を一軒一軒回って、売り歩いた。新鮮なインゲン豆・トマト・胡椒を満載したワゴンを可愛い少年が引いていく。「誰が断れることができて?」と妹のカリーン。ワゴンは直に空になり、少年は現金を一杯手にしていた。

一二歳の時には沢山のビラを印刷し、近所の人びとを相手に原稿取りと配達料が無料のコピーの商売「クリス・ファスト・コピーズ」を始めた。両親のオフィスのコピー機を使って、二人にはコピー一枚に付き数《セント》払い、角の小さな店よりも料金を二《セント》安くして、かなりの利益を上げた。ハイスクールの一年度終了後の八五年には、地元の建設業者にセールスマンとして雇われ、地域の家々を訪問。外壁やキッチンのリフォームの注文を取って回り、驚くほどの成績を上げ、トップセールスマンになった。僅か数カ月で、六人の生徒たちが彼の下で働き、銀行口座には七〇〇〇ドルの貯金ができていた。その金の一部で彼は中古の愛用車を買った。
「ハイスクールを卒業したら、愛用車で国内各地をドライブして回るつもりだ」と、クリスは宣言。それが長期にわたる一連の大陸横断冒険旅行の最初の旅になろうとは誰も予想していなかった。この最初の旅行中、彼はたまたまある事実を知って内に閉じこもるようになり、すっかり人変わりしてしまうとは誰一人思ってもいなかった。

クリスは車でカリフォルニアに行った際、六歳まで住んでいたエル・セグンドウ地方に立ち寄った。未だにそこで暮らしている大勢の昔の友人たちの家々を訪ね、いろいろ話を聞いて回り、父の最初の結婚とその後の離婚に関する事実を知るに至る。

先妻マルシアとの破局は、後腐れのない別れでも、円満な別れでもなかった。妻子がありながら現在の妻ビリーと恋におち、クリスが生まれてからも、長い間、父ウォルトは秘かに先妻のマルシアとの関係を継続。二つの家庭、二つの家族という生活をしていたのだった。

「母さん！　助けてくれ！」

嘘をついて、やがてその嘘がばれ、最初のごまかしを言いつくろおうとして、さらに嘘が重ねられた。クリス誕生の二年後に、マルシアとの間にもう一人の息子――クイン・マッカンドレス――ができて、ウォルトはまた父親になった。その二重生活が明るみに出て、それが深い傷となった。当事者全員がひどく傷ついたのだ。

結局、ウォルトはビリーを選び、幼子のクリスとカリーンを連れて東海岸へ引っ越して行った。マルシアとの離婚がようやく成立し、ウォルトとビリーは正式に結婚。ごたごたはなるだけ忘れるようにし、二〇年が過ぎた。嵐は乗り切ることができたように思われた。が、八六年にクリスが車で東海岸まで出かけて行き、古傷が蒸し返される作用をもたらす。

「クリスは何事もくよくよ考え込むタイプだったわ」と、妹カリーンは認めている。「何か悩みがあっても、態度には表さなかったし、打ち明けようともしなかった。胸の中にしまい込んで、恨みをくすぶらせ、悪意をどんどん鬱積させていってね」。両親への憤りが高まるにつれ、社会的な不正に対する怒りも激しさを増していく。

八八年夏、母親ビリーの記憶によれば、「クリスはエモリー大学の裕福な学生たちへの批判を口にし始めた」。受ける講義も、人種差別、世界的飢餓、富の分配の不公平といった差し迫った社会問題を扱ったものが多くなっていった。彼がアトランタを去って二年後の九二年七月、母のビリーは真夜中にむっくりと起き上がり、傍らの夫ウォルトを起こして言った。

――クリスが呼ぶ声が聞こえたような気がするの。夢じゃない、想像でもないわ。必死で頼んでいたのよ。「母さん！　助けてくれ！」って……。

私の一言

「事実は小説よりも奇なり」。この好素材をハリウッドは見逃さず、二〇〇七年に映画化（『Into the Wild』）され、アカデミー賞にもノミネートされた。私が省略した部分、クリスがアラスカ奥地へ分け入って以降の顚末を紹介すると――彼は、荒野にうち捨てられた廃バスを発見～そこを暮らしの拠点とした。日記を記し、トルストイや『ドクトル・ジバゴ』を読みながら、日々を送る。徐々に食糧は減っていき、ヘラジカを撃つも、食べる前に虫が湧いてしまう。野草を食べるが、毒性があり、苦しみ抜く。脱出を図ろうとするが、溶けた氷で川が増水し、帰るに帰れない。衰弱し切ったクリスは「幸福が現実となるのは、それを誰かと分かち合った時だ」と本の扉に書き込み、独り廃バスの中で息絶える。

人生のあるべき姿を深く考察

ヘンリー・D・ソローの『森の生活――ウォールデン』

ヘンリー・D・ソロー（一八一七～一八六二）は一九世紀中葉に活動したアメリカの思想家だ。本書は彼がボストン近郊の田舎町コンコードの近くにあるウォールデン池の畔で二〇代後半の二年二カ月間を過ごした折の生活記録～随想集。現実的体験を通じて人間の在るべき姿を、格調高い文章で明快に論じ、人びとに人生をいかに生きるべきかを教えてくれる。かのトルストイがソローを師と仰ぎ、インドの哲人ガンジーがソローに学んだとされるのも頷ける。

本書の概要

自分で家を建てる

私が本書の大半を著したのは、マサチューセッツ州コンコードにあるウォールデン池の畔に自分で建てた家においてである。近隣から一マイル（約一・六キロ）離れた森の中にあり、私一人が住んでいた。私は自分の手仕事だけで生計を立て、そこで二年二カ月を暮らした。

ほとんどの人びとは、しなくてもいい貧乏な生活をしている原因は、近所の人と同じような住宅を手に入れたいと思っているからだ。だが、皆が知っていることは誰もそんな住宅に金を出せる筈がないということだ。そんなものを手に入れることばかり考えず、時には、もっと質素なもので満足しようと考えたらどうだろうか？

一八四五年三月末頃、私は斧を借り、ウォールデン池畔の森へ行った。真っ直ぐな白松の若木を用材として伐り始め、主な材木を六インチ角に切断。間柱は二面だけを、垂木と床板は片面だけ削り、後は樹皮をそのままに残しておいた。各材木には、付け根の部分に臍穴を慎重に開けて組み合わせた。毎日、バター付きパンを持参し、昼には弁当を包んだ新聞を読んだ。

五月初旬頃、知り合いの助けを借り、小屋の棟上げをした。板を張り、屋根を葺き終わると同時に定住することになった。七月四日（アメリカ独立記念日）のことだ。板はそれぞれ注意深く楔形に切り、重ね合わせたので雨漏りするようなことは絶対になかった。煙突を立てる仕事に入ったのは秋の除草が済んでからで、そろそろ暖をとる季節を迎えたのである。

冬が訪れる前に煙突を建て、雨水が通らないよう前以って四方を板張りにしておいた。漆喰塗りの家は幅一〇フィート（約三メートル）、奥行き一五フィート、柱の高さ八フィート。狭いながら、屋根裏部屋や納戸、西側に大きな窓、二つの引き戸、端の方にドア、反対側に煉瓦造りの暖炉などがある。

この家にかかった経費は板（大半が掘っ立て小屋からの板）代の八ドル余りを始め、屋根材・古煉瓦・釘などの購入費を中心に総計二八ドル余り。こうして私が気づいたことは、家を一軒欲しがっている学究なら、毎年支払っている家賃より少ない費用で一生住めるような家を持つことが十分できるということだ。

自然との共生

五年以上もの間、私は自分の手仕事による労働だけで自活の生活をしてきた。分かったことは、一年のうち六週間ほど働けば全生活費が稼げるということだ。私は冬の全期間と夏の大半を自由に自分の研究生活に丸々充てることができた。

私はかつて、周到な準備を重ねて学校経営をしたことがあったが、気がついてみると、その経費は収入に比べて費り過ぎ、かなりの赤字になってしまった。私は自分の同胞のためを思って教えたのではなく、ただ生計を立てるためであったから、失敗に帰したのだ。それから商売もやってみたが、この方面で軌道に乗せるには一〇年の歳月が必要だろうし、その時は恐らく悪徳の権化への道を辿っているのではないか、と思ったりした。

私が確信していることは、我々が質素で、賢い生き方さえすれば、この地上で自分一人養っていくのは、さして辛いことではなく、楽しいことだという事実である。普通の人が、私より汗かきででもない限り、必要以上に額に汗を流して生活費を稼ぐことはないのだ。

私が初めて森の中に居を構え、昼夜を問わずそこに暮らすようになったのは、偶然にも一八四五年七月四日の独立記念日だった。その頃、私の小屋は十全に完成していず、雨風をしのぐ程度のものだったから、夜は涼しかった。私はすぐに鳥たちの隣人であることに気付いた。森鶫、ビーリチャイロ鶫、紅風琴鳥、野雀、夜鷹その他、多くの鳥たちと親しくなった。

私は小屋の近くの二エーカー半（約一万平方メートル）ばかりの、砂質の多い土地に主として豆を播き、それから馬鈴薯、玉蜀黍、豌豆豆、蕪を蒔いた。畑には肥料を全くやらなかったが、夏の間、豆の収穫は良かった。自分で鋤を持って仕事にかかったが、それでも耕すには二頭の家畜と一人の男を雇わなければならなかった。支出は一四ドル七二セント半、豌豆豆と甘種の玉蜀黍の他に、豆三八四リットル、馬鈴薯五七六リットルの収穫があった。農場分の収支は八ドル余の黒字。

私は小さな池の岸辺に坐っていた。森の中の低地で、半マイル（約〇・八キロ）先の対岸が一番遠方の地平線になって見えた。最初の一週間は池を見渡すたびに、それが山の中腹にある湖水のような感じがした。この小さな湖は、真昼でも夜の静かな佇まいがあった。鶫がその付近で歌い、湖畔のあちこちにまで聞こえてくるのだ。

私が森へ赴いたのは、人生の重要な諸事実に臨むことで、慎重に生きたいと望んだからだ。人生を深く生き、その精髄をことごとく吸収し、スパルタ人のように強靭に生きたかった。そのためには、人生に値しないものは全て放擲し、徹底的に厳しい生き方を己に課し、人生を窮地にまで追い詰めようと考えた。

人生を達観できる人にとって、いわゆる全てのニュース記事などはゴシップに過ぎぬ。それを編集したり、読んだりする連中は、余生を楽しんでいる婆さんみたいなものだ。ニュースが何だというのか！　古くならないものは何か、を知ることの方がもっと大切なのだ！

我々を取り囲む現実を絶えず己の心に浸透させ、徐々に受け入れることによって、初めて崇高にして高貴なるものの全てを理解することができる。宇宙は常に、率直に我々の思索に答えてくれる。人生を思索することに使おうではないか。知性とは大きな包丁である。それは物事の秘密を見分け、その中へと切り込んでゆく。私の頭は穴を掘る器官なのだ。

世界にソルボンヌ大学（一二七四年創立）、オックスフォード大学（一二四九年創立）が永久にその存在を謳歌しているだけで良いのだろうか？　学生たちがこの土地に寄宿し、コンコードの大空の下で一般教育を受けることができないものか？　この国では、ある点で、村こそヨーロッパの貴族に代わって何かをするべきだ。村が芸術の後援者になって然るべきだ。

我々の環境は貴族よりも恵まれており、資力も勝っている。ニューイングランド（米国東北部の六州を指す）が世界の賢人をことごとく雇い入れ、教えに来てもらい、その間はその人びとに宿を提供してやれば、田舎臭い意識から抜け出すことができる。これこそが我々の求めるアンコモン・スクール（特殊な学校）というものだ。貴族の代りに、人民の力で高尚な村づくりをしようではないか。

私はゆとりのある人生が好きだ。ある夏の午前中、陽当たりの良い戸口の処に坐り、物思いに耽っていた。周囲は様々な樹木が静寂そのものの佇まいの中に群生。小鳥たちが囀りながら、音もなく、小屋の中をすいすいと飛び抜けてゆく。やがて夕日が西の窓に落ち、遥かなる街道を往還する旅人の馬車の音で、ふと私は一日が暮れてゆくことに気づくのだった。

家事をすることは楽しい気晴らしだった。床が汚れれば、朝早々と起き、家具をことごとく戸外の芝生の上に並べた。床の上に水をうち、池から運んできた白い砂を上にかけ、箒でごしごし白くなるまで磨いた。小屋は朝日ですっかり乾いているから、家具を再び運び入れる。やおら瞑想を始め、誰にも妨げられることは殆どなかった。

五月の末頃になると池へ通じる小道の両側に、可愛らしい花の短い茎の周りにヒコ桜が咲いていていた。その短い茎は秋になると、見事な大粒の桜んぼうで垂れながら、花輪の重みのために、放射線のように前後左右に倒れかかっていた。桜んぼうの実は美味いとは言えないが、〈自然〉へのご挨拶代りに採って食べてみた。

夏の午後、窓辺に座っていると、数羽の鷹が上空を旋回している。野鴨が二羽、三羽と私の視界をかすめるように飛んで行き、小屋の裏手にあるストロープ松の枝に止まって、不安な様子でクークーと大空に向けて鳴き声を放っている。一羽の鴨が鏡のような池の水面から、小波を立てながら、さっと魚を一尾くわえ上げた。

時々、日曜日ごとに、幾つかの教会の鐘を耳にする。風向きが良いと、軽やかで、快い響きで、私の住む未開地に流れてくるのに相応しい。森から相当隔てた場所から聞こえてくる鐘の音は一つの同じ効果を産み出し、宇宙の竪琴を震動するかのようでもある。

夏のあるひと時、七時半には、決まったように夜鷹たちが玄関の側にある切り株や小屋の棟木に止まって一刻、晩餐の聖歌を唄う。彼らが静まり返っている時に、アメリカオオコノハズクたちが「ウ・ルー・ルー」と唄う。その憂愁を誘う啼き声は、最も荘重な墓場の歌だ。——ホーホー啼く梟のセレナーデも聴いた。近くで聴くと、大自然の中で奏でられる最も憂愁の響きのようだ。その啼き声は、昼間の光が届かない湿地や黄昏の森にはうってつけの美しい歌声であり、広大で未開のままの〈自然〉そのものを暗示している。

私は独りでいるのが好きだ。考え事をしたり、仕事をしている人間はいつも孤独なのだ。時々、私は住まいの西方、ほとんど人跡未踏の地へ足を向けた。

暖かい夕暮れには、よくボートに座って笛を吹いた。その調べに魅せられたかのように鱸が姿を現した。梟と狐がセレナーデを奏でてくれ、名も知れぬ鳥たちもすぐ近くで、時折、楽しい歌を囀っていた。こうした経験は私にとって、忘れ難い、貴重なものだった。

ウォールデン池の近辺の風光は、慎ましいものだ。美しいが、風光明媚とまではいかず、馴染みのない人は全く関心など抱かない。が、特筆すべきは、底無しの水深、明鏡止水の景観だ。長さ約八〇〇メートル、周囲約三キロに及ぶ清澄にして深緑の泉水で、面積は約二・四四平方キロ。松と樫の森の真ん中にあり、四季を通じて水の涸れるのを知らない。

私は食事に変化を付けるため、魚を添えたいと思った。肉食が嫌なのは、不衛生だからだ。僅かなパンと少々の馬鈴薯があれば、結構やっていける。肉食に対する嫌悪感は本能的なものだ。多くの点で地道な生活をし、粗食に甘んじることは、より美しいことのように思えた。

ウォールデンの美しさ

時々、私は松林の方まで散歩に出かけた。松の木立は神殿のように堂々と立ち、完全艤装した海上の艦隊のようでもあり、その枝は波のようにうねり、陽光を受けてキラキラ輝いていた。この松林は柔らかく、緑に溢れ、日陰も十分につくってくれた。

臨機応変の知恵を損なわない程度に質素で清潔な食事を用意したり料理するのは、容易なことではない。適度に果物を食べていれば、自分の食欲を恥じることはない。人間が肉食動物であることは非難されて良いのではないか。肉食を止めた結果、肉体的に衰弱したからといって、そうした成り行きに後悔していると言う者は恐らく一人もいないだろう。

私自身について言えば、人並み外れた気難し屋ではない。必要とあれば、鼠のフライだって美味しく、時には食べることができた。私は酒など飲まず、いつも素面でいたい。思うに、水こそが賢い人間にとって唯一の飲み物なのだ。荒っぽい仕事を長く続けることに反対する最も重大な理由は、いやが上にも飲み食いもまた荒っぽくなるからだ。

「心焉に在らざれば、視れども見えず、聴けども聞こえず、食らえども其の味を知らず」とは曾子（孔子の門人。「大学」からの引用）の言葉だ。私の精神的知覚は、味覚がお粗末であることに依っている。人間を汚すのは、食べ物の質でも量でもなく、味覚への執着だ。

我々は己の心の中に獣的本能があることを知っている。それは爬虫類的、肉欲的なもので、恐らく全く駆逐することは不可能だろう。孟子曰く「人の禽獣と異なる所以のものは、殆ど稀なり。庶民は之を去り、君子は之を存す」。精神は肉体のあらゆる部分と機能の中に入り込み、それを支配し、最も肉欲的なものを純潔と献身的愛に変えさせることができる。知と清潔さは努力に由来し、無知と色欲は怠惰から生まれる。

肉欲について公言することに私は躊躇を覚える。語ることによって、私の汚辱を曝け出さざるをえないからだ。全ての人間は自身のやり方に従い、己の肉体の建造者だ。多少でも高尚な精神を持ち合わせていれば、その人の容貌も直ちに上品なものに変わり始め、多少でも卑陋、肉欲が剥き出しになれば、獣的な容貌に変わり始める。

コンコードのこの地域で、池の氷のざわめく音も私は耳にした。それは寝られずに、そこで寝返りをうち、腹にガスがたまったか、何かの悪夢にうなされているかのような音だった。また、凍結して地面がバリッと割れる音で目を覚ますこともあった。朝になって見ると、長さ四分の一マイルの割れ目が地面に入っていた。

時には、月夜に狐が猟犬さながらに荒々しく、悪霊に憑かれたような声で吠えているのを耳にした。狐たちが獲物を求めて雪面をうろつき回っている時だった。その吠え声は、心配事で苦しんでいるか、すっかり犬に成り切って、自由に路上を走り回りたいというふうにも感じられた。獣たちは、変身する時期をうかがっているのだ。

リスと野鼠の方は、私が貯えていた胡桃を奪い合っていた。家の周囲には直径一インチから四インチの脂松が十数本ほど成長していたが、前年の冬に鼠に齧られてしまっていた。雪が長い期間積もったままで、かつ深かったから、まるでノルウェーの冬と同じだった。そこで彼ら動物たちは、相当量の松の樹皮を他の食糧と混ぜて食べねばならなかった。

一羽の野兎は冬の間、私の家の床下に住み着いた。毎朝、私が動き出すと、野兎はゴッン、ゴッンと頭を床板にぶつけ、急いで逃げ出してしまい、私をびっくりさせた。野兎はまた夕方、玄関付近に姿を見せ、私が捨てた馬鈴薯の皮を齧りに来たものだ。地面の色と非常によく似ていたから、じっとしていると見分けが付かなかった。

早朝、何もかも霜で凍りついている頃、人びとが川鱒や鱸を釣るために雪原に細い釣り糸を垂らす。成長した鱸を餌にして川鱒を釣っている人がいる。その手桶をのぞき込むと、夏の池を覗いた時のような奇観である。鱸が地虫を呑み込み、川鱒が鱸を呑み込む。そして漁師がその川鱒を呑み込む。生き物の生死の間隙は、こうしてその階級によって決められる。

おお、ウォールデンの川鱒よ！　その泳ぐ姿を見ると、類い稀な美しさに私はいつも驚く。この魚は眩いほどの美しさ、並外れた卓越の美しさを身に付け、青ざめた色をした鱈や小鱈とは雲泥の差がある。川鱒は、花とか宝石のような比類なき色彩に輝いている。まるで真珠とでもいうか、ウォールデンの水の水晶のようなものだ。

一八五〇年二月二四日。日の出から一時間ほどたち、日光が丘陵を斜めにさすと、その影響を受けて池はバリッ、バリッと音を立て始めた。池全体が屈伸し、欠伸をし、段々と騒がしい音をたてる。それが三時間か四時間も続いた。蕾が春を迎えて膨らむように、池もその時期が来れば、確かに池そのものが法則を持ち、それに従って轟音を発するのだ。

森に来て暮らす一つの魅力は、春の到来を目の当たりに見る機会があることだ。三月一三日、ウォールデン池の氷も急ぎ足で溶けていく。広大な氷原がバリッと音をたてて池の中央部から割れてしまった。鱸の鱗が銀色に輝いている池全体の姿は、まさしく、それ自身が一尾の生きた魚なのだ。春の訪れは〈混沌〉から〈宇宙〉が創造されたようなものだ。

我々には原生地帯という強壮剤が必要なのだ。〈自然〉と接するのに、これで十分満足したということとは決してない。こうして、森の生活の最初の一年は終わりを告げ、第二年目も、似たようなものだった。私は結局、一八四七年九月六日にウォールデンから立ち去った。

私の一言

一読し、私は二一世紀のアメリカで流行した「マインドフルネス」という東洋起原の瞑想～精神集中法を思い起こした。ソローは「孟子曰く」と書き起こしたり、孔子の門人・曽子の言を引く。トルストイやガンジーが彼に共感したというのも、むべなるかな。二〇代後半と言えば、まだまだ血気盛んな時期なのに、脱俗を志向。人里離れた湖畔の掘っ立て小屋に二年余りも独居し、ひたすら瞑想に耽る。凡人にはかなわぬ芸当である。

私は新聞社を定年後、東伊豆の辺鄙な山奥で「晴耕雨読」の真似事を七年ほどしている。野生の離れ猿と二度ばったり出くわし（幸い被害無し）、薄気味悪い蠍や雀蜂に手とか足を刺される痛い目に遭っている。野生の自然には危険が付きまとうのは常識だが、ソローのこの『森の生活』には一切言及がない。その辺が不思議だし、いささか物足りない感じもする。

専門知識を持たぬ一主婦による犀の孤児の世にも稀な育成記

ユーリン・カーニーの『私のルーファス——犀を育てる』

イギリス系白人のユーリン・カーニー（生・没年不詳）は二〇世紀前半と思しきケニアの、世界最大とされる広大なサヴォ国立公園（四国より広い）の狩猟副監理官の夫人。アフリカの大自然に抱かれた環境で、動物好きな彼女は様々な獣の仔を育て上げる。マングース、子象、水牛、山猫、ジャッカル……。専門家も不可能視していた生後まもない犀の孤児をたまたま救い、立派に育て上げた手記は読む者の胸を強く打つ。

本書の概要

我が家と迷子のルーファス

国立禁猟公園内に住むことができたのは、動物の大好きな私にとって、この上もない幸運だった。大自然の懐に抱かれた、この素晴らしい屈託のない生活は、私の結婚後まもなく始まった。私の夫デニスは、ケニアのサヴォ国立公園の狩猟副監理官だった。

私たちの家の両側には、野獣保護のための特別保留地が広がり、もう一方の側には広大なサヴォ公園が延びている。私たちの住む街は高さ四五六メートルの丘の麓に横たわっている。街にはトタン屋根のあるインド人の商店が五、六軒あるに過ぎない。鉄道駅は、ケニアとタンガニーカ湖の間に所在する主要連絡駅だ。

埃と暑熱の街を見下ろす高台には、木造の小屋が五、六軒建つ。〝サヴォの人喰い鉄道〟という名で知られている鉄道敷設に従事した人びとのために建てられた。付近に棲むライオンの群れは、人間の味を覚えると大部分が人喰いに変じ、無数の労働者が犠牲となった。

現在、当地に住んでいる白人たちは、警官、水道技師、鉄道従業員たちで、ごく少数。私は家の前に庭を造ってみたり、ドレスを仕立てたり、近く生まれてくる赤ん坊の衣類を編んだりして毎日を過ごしていた。

事件の起こった日は、夫のデニスは留守。早朝、小さな唸り声とも、鷲の哀れな叫び声ともつかぬ泣き声が聞こえてきた。泣き声は、引っ切り無しに刻一刻、近づいてくる。その声は、毎日家の周囲で聞こえる象の鳴き声でもなく。バブーン（大型の猿）の叫び声でもないし、また牡鹿の唸り声でもないことが判った。

帰宅した夫に事の次第を話すと、彼も大きな興味を持った。まもなく、私たちのアフリカ人の料理人キアリアが叫び声を上げ、息せき切ってやって来た。興奮し、喚き立て、未だ幼い犀が一頭、彼の家の外に居るということが判った。二〇メートルばかり離れたキアリアの家に行くと、入り口のドアが半開きで、哀れな鳴き声が中から聞こえてくる。忍び足で近づいた私たち三人の目に映じたのは、可愛いチビッ子犀の姿だった。

夫デニスは不憫に思い、この〝坊や〟を両腕で抱え、家へ連れて帰った。巻き尺で測ったところ、肩までが四六センチで、テリア種の犬くらい。体重は多分二キロ半足らず。幼い子象を救おうとした以前の経験から、ミルクを二倍の水で薄めて、二本のビール瓶に注ぐ。チビッ子犀はゴクゴク二本とも平らげ、用意した麻袋の上に寝転がり、スヤスヤ寝入った。

私たちは〝坊や〟をルーファスと名付け、温かい台所で育てることにした。ライオンや豹に襲われる心配もなく、飲み物をあてがうのにも好都合だから。こうしてルーファスは、六カ月に成長するまで、台所が彼の犀舎となったのだ。

肺炎の危機

夫は翌日、この珍客がやって来た原因を突き止めるべく、付近一帯の探索を配下に命じた。喜ばしいことに、罠にかかった母親の姿もなく、ハイエナや野犬に喰い荒らされた屍骸も見当たらないとのことだった。今度の出来事が余りにも変わっているので、私たち二人もアフリカ人の勢子を伴って出かけ、実地に調査することにした。

私たち一行は付近一帯を散々歩き回り、暑熱と興奮で酷い疲労を感じ始めた。その時、勢子が犀の仔の足跡を発見。距離を測ってみると、我が家まで一・六キロ以上の長距離をルーファスが歩いてきたことが判った。が、その地点には大人の犀（母親）の足跡が混じり、母親の足跡は元来た道へ後戻りしている。母親はなぜ〝坊や〟を残して後戻りして行ったのだろう？　子どもの犀が母親の後を追わず、独りで歩き続けたのは何故？　ルーファスの行動は、いよいよ増して不思議でならなかった。

ルーファスが到着して五日目、食事前には跳ね回る彼が、じっと立ったまま動こうとしない。私は鼻水をたらしているのに気づき、風邪を引いたのでは、と疑った。夫は街へ駆けつけ、インド人の腕利きの医師を呼んできた。獣医ではない人間相手の医師だが、彼は「肺炎です」と診断。私は心臓が止まりそうなショックを受けた。

この医師はルーファスのお尻にペニシリンの注射を太い注射針で打ち、ルーファスは悲鳴を上げて酷く震えた。私は彼を抱き締め、懸命にあやし続けた。哀れなルーファスは、私以外に母の味を知らないのだ。その上、今や瀕死の病床にある。今はどんなことをしても、彼の生命は救わなければならない。

桶のような胴体を支える太短い脚は、今は力なく投げ出されている。その夜、私は台所でルーファスの傍で眠ることにした。体に手を当ててみると、胸部以外は氷のように冷たい。病状には変化がなく、ペニシリン注射が二度、三度と打たれた。私は言い知れぬ愛情を彼に感じ、傍に付き添った。生死の境を一週間にわたって彷徨った末に突然、彼は生きていたいという意思表示をし、ミルクを飲みだした。私はミルクにラクトーゲンを混ぜて滋養を与えることにし、ルーファスはめきめき快方へ向かった。

やんちゃっ子

生後三週間になったルーファスは、よくじゃれたり、食事の時間をちゃんと守ったり、とても可愛い存在となった。彼は家の庭を自由に歩き回り、家の中でも我がもの顔に振る舞った。日中の暑い最中は、ベランダで快く昼寝をした。彼が茶の間の入り口に姿を現してベランダへ通り抜けて行く様は、まるでサーカスの道化役者さながら。床板がツルツルで、彼の太短い四つ脚が八方に滑る有様が、私たちを大笑いさせるのだった。

毎日の食事以外では、体にブラシをかけてもらうのを喜んだ。私がブラシを手に取ると、ゴロンと横になり、体の向きを変えて転がり、両目を閉じてうっとりとしている。私が手がだるくなって、止めようとしても、素知らぬふりで何時までも寝そべっているのだった。

毎日、早朝に、私たちが未だベッドに居るうち、ルーファスは「お早う」の挨拶にやって来る。強い頭でドアを押し開け、私のベッド目がけて真っ直ぐに突進。私が頭を撫でてやるまで何回でも頭を上下に擦り付けているのだった。

遊び友達の水牛

ルーファスが漸く六カ月の犀に成長したある日、思いがけなく適当な遊び友達、孤児の二頭の水牛が手に入った。彼らは東サヴォ公園の近くに棄てられていた。一見、家畜の仔牛のように見え、雄の水牛は生後約一カ月位、雌の方は一週間そこそこだった。彼らは新しい住処にすぐ慣れ、瓶でミルクを上手く飲むので、手数がかからなかった。

ルーファスは、この二匹の孤児とすぐ仲良しになった。ルーファスが台所の片隅に眠るには余りに大きく成長したのを気がかりに思っていた矢先のこと。三頭がすぐに親友になったことは、この上もなく有難く感じられた。夜間、これら三頭を、新しい囲いに一緒に眠らせることに何の問題もなかった。

ルーファスは、小さかった頃のように室内に歓迎されないのが不平でならないようだった。しかし、彼は私が与えるものなら何でも不平なく食べた。庭の植物の葉を食べるようになり、夜食に紫ウマゴヤシを与えるようにしたら、大喜びだった。

ルーファスが見栄も外聞も忘れて熱中するのは、泥風呂の支度をすること。余りこれを夢中でやるので、私たちは彼のために庭園の片隅に三〇センチほどの深さの穴を掘らせた。ホースで水を注ぎ、土を柔らかい泥に変えてやると、ルーファスは大喜び。泥の穴を目がけて飛び込んで横になり、仰向けになって繰り返し泥の中を転げ回る。彼には、これ以上素晴らしい陶酔境はないのだった。

犀の皮膚はとても分厚いものだが、驚くほど敏感。普通の蠅が止まってもちゃんと気づいて払いのけるし、ツェツェ病原菌を媒介するツェツェバエには、噛み付くこともできた。

庭の片隅に彼専用の泥風呂穴ができて以来、彼は喜びの余り、体半分に泥を塗りつけただけで飛び出し、庭園を走り回る。乾いた砂風呂を浴びるのも大好きだ。これは象が鼻で自分の体へ砂を吹きかけるのと同じように、やはり蠅を撃退する目的のためなのだ。

成長と変化

ルーファスにとって、園丁のクランダは理想的な世話人だ。庭で静かに草むしりしている彼の背後から激しい鼻息を吹きかける。これは犀の突進の予告なので、彼はルーファスのご機嫌取りのため、仕事の手を休めて立ち上がり、駆け出して見せる。するとルーファスがこれを追っかけて段々追い詰める。クランダが近くの立ち木の一本によじ登る。彼が半分ほどよじ登ったのを見届けると、ルーファスはすっかり満足。負かしてやったとばかり、木の下を激しい鼻息と共にぐるぐる回って見せる。ルーファスは巨体の持主だったが、誰に対しても決して危害など加えたりすることはなかった。

ある日、私は彼の額に赤くなった箇所を見かけ、怪我をしたのかしらと思った。彼はそこに赤土を擦り付けていたが、実はこれは彼の柔らかな角の生え始めを意味していた。ルーファスはその箇所を、赤土で軽く摩擦することで一寸した快感を覚えたようだ。

安全な私たちの家を出てから、距離が遠ざかるにつれ、ルーファスの態度に変化が見えるのは興味深かった。帰り道、余り馴染みのない道を私たちが選んだ場合、ルーファスは丁度利口な番犬がするように、少しでも変わった臭いがしたり、音が聞こえたりすると、彼は耳を振り立て首を傾げ、体全体を目立って緊張させるのだった。

ドライブ道を通って行く時、私たちはよくルーファスと隠れん坊をして遊ぶことがある。私たちが路傍の茂みへ身を隠すと、彼は丘の辺りから大急ぎで駆けつけて来て、先ほどまで私たちが立っていた場所で、ちゃんと立ち止まる。そして首を伸ばしたり、耳を振り立てて、私たちの体臭を嗅ぎ出そうとする。

彼は路上にどっかり座り込み、哀れな鳴き声を上げる。私は可哀そうでたまらなくなり、茂みから姿を現す。すると、彼は大喜びでパッと顔を輝かせて、その場でキリキリ舞いをしてみせる。そして、もう一度駆け出しましょうかと言いたげな身構えをするのだった。

日照りと大水

この当時、ケニアの大部分と、私たちの住んでいた八〇〇〇平方マイルのサヴォ公園地帯では、ケニア始まって以来という、酷い日照りに見舞われていた。過去一年半に降った雨量は僅か二三〇ミリに過ぎず、この年には、この地方での「長雨」なるものは全然降らなかった。近郊の広大な地方が、殆ど半砂漠の状態に成り始めていた。

アテイ河沿岸一帯では、犀が毎週三、四頭ずつも死亡していき、私たちの家の近くでも週七〇頭という驚くべき死亡率を見た。私たちがこの河の堤防にやっと二台のスプレー付きポンプを設置できたのは、「野獣のための飲み水供給」に必要な基金の募集活動が開始されて相当な期間が経ってからだった。

日照りの結果、象の大群は一日に一〇〇〇キロという長距離を水を求めて移動した。しかし、生後まもない幼い子象たちは、到底そんな長距離を付いて歩くのは不可能だったので、後に取り残されて餓死するより仕方がなかった。

至る処、空気には死臭がみなぎり、腐乱した動物の屍骸を見ると心が疼き、胸が悪くなるのだった。デニスが必要な視察に赴く途上、私も同行。ドライブ中に見たのは一ダースを遥かに超える犀の姿であり、不幸にも全部死体となった哀れな姿だった。

ルーファスの新居

ルーファスが満一歳の誕生日を迎えた日、私は彼のために素晴らしいお祝いのケーキを焼いてやった。大きさが直径四五センチもあり、ポショという玉蜀黍のケーキだった。ルーノァスの鼻息が余りに荒いため、ケーキの上のメリケン粉（砂糖の代役）を吹き飛ばし、夫デニスが全身にすっかりこの粉を浴びた。私はルーファスが、大きな口を開けてケーキをぱくつく瞬間の写真を撮った。

ルーファスは今では前額に五センチの高さの角が生え、非常に得意だ。犀の角は硬い毛で出来ていて、時には九〇センチという途方もない長さに伸び、高級ＳＵＶでも突き刺して、滅茶滅茶に破壊できるだけの強い物になる。彼は角の生えたことを喜ぶように、毎日、柔らかい赤土でこれを丹念に磨いている。全ては彼が成長していく証拠なのだ。

問題は、ルーファスの私に対する盲目的な溺愛だった。寝る時以外は、私の傍から一刻も離れようとしない。寝る処へ連れて行くのさえ、彼は牧夫を手こずらせる。私が夫と一日外出する時など、彼は車の姿が消えると泣き出し、留守中ベソをかいているそうだ。

ルーファスが成長したので、新居を設けることになった。新しい小舎は、家から大分離れ、彼は草を新居の付近で食べることになる。この変化に彼はむずがり、世話をする牧夫の手を焼かせた。彼を移転に同意させるには、私が手を貸す以外に方法はなかった。

ナイロビへ転勤

夫から転勤の報せを受け、私の気持ちは悲喜こもごもだった。前任地は非健康地で、娘のモオリーンには無理な土地柄だった。もう一方は、ルーファス。彼の角は、密猟者には十分に誘惑の的になる。毎年、その角のために数百頭の犀が惨殺されている。犀の角はお守りとされたり、また中国人やインド人は薬用に効くと信じている。ライオンに襲われる心配もあり、未だ幼い彼は身を守るだけの術を知らない。こうした不安から、私は終夜まんじりともしなかった。

さよならルーファス

ナイロビに到着した私たちは、新生活へスタートを切った。そして私がルーファスから別れて六カ月の月日が経過し、彼はもう三歳になっている。私はルーファスの動静が気にかかり、女友達二人と車に相乗りし、久しぶりに旧居を訪問することにした。

ルーファスは二頭の水牛スザナーとバスターと一緒に草むらで草を食べていた。『ルーファス！』私は声をかけた。彼は突然、立ち止まった。私は再び呼びかけた。「ルーファス」。瞬間、彼は鼻を突き出し、耳を下げて、駆け足に変わった。私は彼に馴染みのある甲高い声を出して、私の処へ真っ直ぐに来るよう、また声をかけた。

彼はこの半年の間に、随分大きく立派に成長した。そして、駆け寄って来た彼は、物悲しい啼き声を立てて、私に撫でて下さいと言わぬばかりに、その皺の寄った扁平な鼻を突き付けるのだった。私は彼の太短い首に腕を巻き付けて、抱きしめてやった。彼は彼のできる唯一の芸当をして見せてくれた。彼は地面に寝そべって転がって見せたのだった。

私の一言

犀と聞くと「生きた化石」さながらに鈍重な印象が先に立ち、普通お世辞にも愛らしいとは思えない。だが、本編の主人公ルーファスの面差しに限ってはまるで違う。原作には著者夫妻やその三歳の長女がすぐ傍で戯れる、れっきとした「証拠写真」が何枚も添付され、その真実性は疑うべくもない。私は、かのアダムソン夫人著すところの『野生のエルザ』に負けず劣らず、この物語にいたく心を打たれた。それにしても、「哀れな孤児」の犀を救った母性愛のなんと素晴らしいことか！　事この一点では、私は世の女性の方々に脱帽〜降参するほかない。ルーファスのその後の運命については記述が省かれているが、その余生はせめて「動物園であって欲しい」、と心から希った。

波乱万丈、数奇きわまる人生の述懐
高橋是清の『高橋是清自伝』

高橋是清（一八五四〜一九三六）は戦前に日銀総裁〜首相（政友会総裁）を務め、後に二・二六事件（当時は蔵相）で暗殺された知名な人物。幕末から明治初年にかけての明治維新の激動期に、わずか一三歳の身で海外勉学を志した異数の魂の面目（なんと奴隷に売られるという非運も含め）や帰国後の破天荒な活動ぶりが躍如と語られる。一〇代前半で既に酒豪だったという破天荒ぶりには唯々脱帽、恐れ入るほかない。

本書の概要

寺小姓から洋学修業へ

私は、生まれて（安政元年：一八五四）すぐ、生家川村から仙台藩の高橋家に里子にやられた。高橋家は足軽格でも苗字帯刀は許されておった。誕生する前年、嘉永六年（一八五三）六月には、アメリカの黒船が浦賀に渡来し、国内は鼎の沸くが如く動揺し始めた。京洛には志士横行し、尊王攘夷の叫びは、隠然として六十余州の至る処から巻き起こった。

私は芝愛宕下の仙台屋敷で専ら養祖母の撫育の下に成長した。この祖母の仲立ちで、私は子どもの頃、大崎猿町の寿昌寺（仙台藩の菩提所）に寺小姓の見習いとして預けられた。この寺に仙台藩留守居役の大童信太夫という人が来訪。和尚さんと食事を共にしたり、碁を囲んだりした。私は側で給仕をしておったので、自然と馴染みとなった。

大童さんは当時の先覚、かの福沢諭吉先生とも親しく往来。段々と外国の事情を研究するうち、英仏の学問を研究する者を横浜に出さねばならぬ、と考えるようになった。なるべく年少の者をとなり、顔馴染みの私と鈴木六之助（後の日本銀行出納局長）という少年との二人が選ばれ、横浜へ洋学修業に出された。鈴木も私も同年の一二歳の時であった。

時は元治元年（一八六四）、例の桜田事変の直後。幕府は名のみ、威信は地に落ち、尊王攘夷の叫びが四方に高調せられ、騒乱変事が相次ぐ。私の祖母は大いに心配し、大童さんの同意を得て横浜に同行。下宿住まいでの煮炊きなど家事一切を世話してくれた。当初、私と鈴木とは「ドクトル・ヘボン」の夫人について英語の稽古をしておった。次いで横浜在住の「バラー」という宣教師の夫人の宅に出かけては勉強した。

そのうち、英国のある銀行がボーイを一人欲しいと希望。大童さんが同意し、私が雇われることになった。私はここに勤めながら、暇の時に先輩の処を訪ねて訳読を教わったり、自分で勉強したりしていた。その銀行には、馬丁もおればコックもいる。ならず者も混じっており、朝夕酒は飲む、博打は打つという案配。当時私は十三歳の子どもだったが、その時分から老けて見えて、体も大きかった。それで馬丁やコックたちと一緒に、酒を飲んだりなどしておった。私の評判が悪くなっていったのは、自然の成り行きであったろう。

米人の家庭労働者となる

慶応三年（一八六七）七月、アメリカ船コロラド号で出帆。海路二三日を費やし、目指すサンフランシスコに到着する。私は出立前に断髪し、洋服を仕立てていた。私は横浜で斡旋されたヴァンリードという老人の家に行った。初めは歓迎されたが、段々待遇が悪くなる。食物は老人夫婦の食い残し。待ち望んだ学校へやってくれない上、煮炊き料理の手伝いから、部屋の掃除や走り使いまでさせられる。私は非常に憤慨。約束が違う以上もう働かないと言って、何を命ぜられても言うことを聞かなかった。

そのうち、細君が私に見切りをつけたものか、オークランドの知人の家に行かないか、と勧める。「大変親切な若夫婦で、若主人はサンフランシスコの銀行員。昼は暇だし、奥さんが学問を教えてくれる」と言う。ヴァンリードは公証人をしていて、その役場へ誘った。一枚の書付を示しサインしろと言う。勧めに従えば、「望むところの学問もできる」との言質を信じ、私は喜び勇んで署名した。何しろ、人の言う事に疑いを持たぬ年頃だったから。

翌日、オークランドに引っ越した。約束の渡し場に若主人のブラウンが出迎えに来ていた。私はその人に連れられ、ブラウン家の人となった。若主人は朝早くからサンフランシスコへ出かけ、夕方帰る。若い細君はピアノを弾いたり、読書をしたり。また暇があれば、私に英習字を教えたり、読本を復習したりし、非常に私を可愛がってくれた。

この家には中国人のコックと、アイルランド人の夫婦者がいた。だが、どんな行き違いか、若主人とアイルランド人との間に争いが起き、夫婦者は共に去って行ってしまった。中国人と私はとことん性が合わず、ある日、薪割りの雑事を廻って大揉めし、互いに刃物を手に殺気立つ。私は主人に、「暇を下さい。あんな奴と一緒に居るのは嫌だ」と申し出た。

すると、主人は「そうはいかない。お前の体は三年間、買ってあるのだ。書付けにサインしただろう」と言う。私は驚いてしまった。あの公証人役場で署名した書類が身売りの契約書だったとは！　実にけしからぬことだ。何とかして、ここを逃げ出さねばならない。

奴隷より脱離

そんな悶着があった末、機会があり、仙台藩から語学留学している富田鉄之助という人と接触できた。かくかくしかじかで奴隷に売られていると一部始終を打ち明けたところ、富田氏は非常に驚き、助力を約束。当時、幕府からサンフランシスコの名誉領事を嘱託されていたブルークスに先ず相談した。ブルークスは双方の言い分を聞いて、然るべく裁決。金の清算などもちゃんと済ませ、私は天下晴れて自由の身となった。

その頃のハワイ移民

当時、現地の新聞に、「近く日本政府から城山という領事が来る。ハワイに居る日本人を救うために」と、あった。その頃、ハワイには約三〇〇人ばかりの日本人が耕地に雇われていた。いずれも前出のヴァンリードが斡旋し、月給四ドルという安い賃金で、契約労働者として送られたもの。これが非常に酷い目に遭い、病気になれば賃金はくれない。お産をしても始末が付かず、自殺した者さえあるという評判であった。

その城山がサンフランシスコに着いたので、新聞記事の話をすると、驚いて言った。「実は自分も、そのヴァンリードの世話で来たのだ。そんなに悪い奴なら、ここに居てはどんなに酷い目に遭うかも知れぬ。俺は帰る」。そして、彼は我々と同居することとなった。

帰国の船中

富田氏らは帰国したきり、何の音沙汰もない。故国の空が気になり、我々は相談し、一先ず帰国することに決定した。幸いヴァンリードの立て替えを清算した残金が手元にある。その金で城山や私など一行四人分の船賃（一人前五〇ドルずつ）を払い、新しい洋服を一着ずつ買い求めた。それでもなお、手元には幾許かの余裕があった。

船に乗り込んでから、事務員に「中国人と一緒でない部屋にして欲しい」と頼み込んだ。当時は一般に、日本人の渡航者は極めて稀。偶々あっても、学問をしに行く人が多かった。従って、教養もあれば礼儀も正しく、中国人の出稼ぎ人などとは比較にならぬ。船長以下船員らも、我々日本人に対して非常に好感を持っており、然るべく取り計らってくれた。

航海中のある日、我々が船の中を巡回していると、偶々中国人が賭博を打つ処を事務員が発見~打ち壊している。聞くと、「船中では賭博禁止なのに、止めないので困る」と言う。では、僕らが取り締まってやろうと一決。毎日、船内を回っては賭博を取り締まった。

中国人らは、我々を非常に怖がった。ことに城山が大小を差し、時にはそれを抜いて見せたりして脅すから、薬が効いた。我々が賭博場へ行きかけると直ぐに、果物や何かを持って来て、どうぞよろしくとお愛想をする。我々は僅か四人で七百人の中国人を征服したような感を持ち、意気揚々たるものがあった。実に往路とは大変な相違であった。

料理人は中国人であったが、私が大食だと知っているものだから、いつでも大きなビフテキを焼いてくれる。そうして、「お前一人でオランダ三つ」と笑っている。お前一人で西洋人の三人分食べるという意味である。当時は、西洋人のことをオランダと言ったものだ。

森有礼氏の書生から大学南校の教師へ

横浜に着いたのは、明治元年の一二月。伝手があり、私ら帰朝生三人は森有礼さんにお世話を願うことに。当時、森さんは洋行後に外国官権判事に任ぜられ、神田錦町住まい。二三歳、未だ独身で、生活も極めて簡素であった。先生は「忙しいから、皆に英学を一々教えている訳にはゆかぬ。お前らのうち一番覚えの良い者一人にだけ教える。その当人はよく覚え、それを他の者に教えること」。

当の一人に私が選ばれ、森さんから教わったことを、私がさらに一同に教えることになった。翌年正月、大学南校というものができ、森さんの指示で我々三人はこの大学南校の教官三等手伝いというものを仰せつかった。

森先生も我々三人の身の安全を気遣かわれた。当時、仙台屋敷は日比谷見附にあった。先生は田中という公用人に会い、「今後かような間違いがあっては困る。この三人は私が仙台藩から申し受ける」と厳談に及ばれた。公用人も返す言葉もなく、承認。先生は我々三人を自分の附籍とせられ、私は一時「鹿児島県士族、森有礼附籍」の身となった。

当時、森先生は廃刀論を主張され、その急先鋒であった。先生を攻撃する声はいわゆる志士の間に満ち、その身辺が危うくなってきた。先生が夜分、三条公や岩倉公に会いに出かけられる時、鈴木（三人の仲間の一人）と私は馬の両側に付いて護衛して行ったものだ。

森先生攻撃の声は同郷の鹿児島人の間からも湧き、轟轟たる非難の声に、政府は大いに狼狽。岩倉・三条両公の庇護があったにも拘らず、遂に先生の職務を免じ、位記返上を仰せ付けたので、先生は意を決して故山に帰られることになった。

我々は依然として大学南校に奉職。政府は長崎に居たフルベッキ博士を東京に呼んで大学南校の教頭に任命し、我々も博士に付いて歴史の回読をした。傍ら私はバイブルの講義もしばしば聴いて、自然に耶蘇教信者の一人となった次第である。明治三年、森先生は勅命に会って再び鹿児島から出て来られ、小弁務使としてアメリカへ行かれることとなった。

放蕩時代

森先生は、私を日本に残すについて、万事をフルベッキ博士と当時の大学大丞であった加藤弘之さんとに託された。自分も一心不乱に勉強して他日を期さねばと心がけたが、ふとしたことから魔が指してきた。明治三年（一七歳）秋の頃であった。大学南校の下級生徒三人（元越前藩家老職の息子ら）が訪ねてきて、「帰藩命令が来たが、借財が大きく、帰るに帰れない。何とかして貰えまいか」と頭を下げる。

借財はなんと二五〇両という大金。私は遠い親類筋の浅草の商人に頼み込み、用意してもらった。三人は大いに喜び、御礼がしたいと一夕、両国の柏屋という料亭に招待される。私が立派な日本の料理屋に行ったのも、本式の座敷で芸者を見たのも、この時が初めてだった。私は元気に任せ大いに飲んだが、主賓なるにも拘らず、何となく軽蔑せられている風だ。他の三人は美服で、腰の大小は黄金造り。私は木綿の着物に小倉の袴、腰の大小も見劣りがする。私はいたく茶屋女や芸者どもに軽蔑されたという念が起こった。

招ばれた以上、こちらも返礼せねばならぬ。今度は服装も大小も軽蔑されぬようにと、日本橋の商人に依頼。あの三人が着ているような着物や袴に黄金造りの太刀を整え、私が招待した元日の夕刻の席へ。今度は前回とは打って変わってもてなされ、芸妓たちは服装や金離れの如何で人をあしらっているなあ、と合点がいった。

三人は歌を唄ったり、踊ったりするが、私には一向にそんな真似はできぬ。彼らは歌や踊り位は覚えた方が良いではないかと、夜になると私の処へ押しかけて来ては、歌や踊りを教えてくれた。そんな次第でフルベッキ先生の処には居辛くなり、引っ越すことになる。

募る放蕩

そうした事情で、私は懇意な知人の家に引っ越してしまう。もう誰にも遠慮は要らず、放蕩は募るばかり。芸者とも馴染みができ、しぜん学校も欠勤がちになった。放蕩にすさんだ一つの動機は、友人が藩命を帯びて洋行することとなり、送別会が重なり、その都度、芸者家へ行くことが頻繁になったためであった。

ある日、芸者を連れて浅草の芝居を見に行った。幕間に学校の外国人教師三人らとばったり鉢合わせする。向こうも驚いたが、私も驚いた。こうなった以上は、便々として学校にいる訳にはゆかぬと、その日すぐ辞表を提出した。かの加藤弘之さんが心配し、慰留してくれたが、私は良心が許さないからと、たって頼み込み、許してもらった。

多少の貯えは瞬く間に使い果たし、非常に困却した。私は書物も衣服も持っている物は一切売り払ってしまった。そんな窮状を見かねて、馴染みの芸者の東家桝吉（本名お君）というのが「私の家においでなさい」と言って、引き取ってくれた。この女は越前福井の飾り屋の娘で、裕福の出であったから、芸事などもよく出来た。自分より四つばかり年上。いざ桝吉の家に行ってみると、両親も居れば、抱え妓も居る。両親など、とんでもない厄介者がやって来たとばかりにあしらう。とうとう箱屋の手伝いまでしたのもこの時だ。

落ち行く先

男一匹こんなことではいかぬと思う矢先、維新前の知人・小花万司という人と出会う。彼の曰く、肥前の唐津藩で英語教師を探している。月給は向こう賄いで一〇〇円。行ってくれれば顔が立ち有難い、と言う。話はずんずん進み、やがて正式に決まる。

私は城内にある士族邸を修繕～学校に充て、五〇人の生徒を募集し、授業を開始した。私は散切り頭に無腰という姿で乗り込み、未だ攘夷気分濃厚の藩中に少なからず衝動を与えた。たまたま唐津の藩主が東京へ引っ越すことになり、今までの住居の御城が空く。私は御城を解放～英学の学校にするよう意見具申。幸い容れられ、御城の御殿は英学校に変わった。五〇名の生徒は粒揃いで、初歩のＡＢＣから教えて半年たたぬうちに、ほぼ熟達。それらの中には、辰野金吾（後の高名な建築家）、曽根達蔵（同）、天野為之（経済学者）らがいた。学校移転と共に定員も増え、遂に二五〇人まで藩費にて養成することにした。

文部省に入る

唐津の英学校を辞し、再び東京に帰ったのは明治五年（一九歳）の秋。大学南校はその後段々と整備し、法学・理学・工業学などを教える開成学校となる。私も自ら省みて、今のようではいかぬ。もう少し修業せねばと考え、試験を受け開成学校に入学した。即ち、以前の先生が生徒となった訳だ。

ある日、久しぶりに森有礼先生を訪問した。駐米二年有半、帰朝されて明六社というものを創立され、しきりに我が教育の振興を絶叫されていた。先生に近況を尋ねられ、「開成学校に入学し、修業しています」と返答。先生は「お前などはもう生徒の時代ではない」と申され、文部省に入るよう斡旋された。時に明治六年一〇月（二〇歳）であった。

馬場辰猪君と貿易論を闘わす

明治七年より一〇年にかけては、征韓論を中心として、また思想上の見地よりして、硬軟・新旧両派の衝突をきたし、各地に騒乱相次いで起こった。当時、ある会合で、彼の馬場辰猪君（板垣退助先生を扶けて民権自由の運動に熱心奔走した人）が熱弁を揮われた。今後、日本の経済策は自由貿易主義によらねばならぬと、大変に熱を上げておった。

私は別の席で、率直に保護貿易論を主張した。まず外国貿易の必要より最近までの風潮を論じ、嘉永以後における列国の我が国に対する貿易政策に及び、彼は我を知って戦い、我は彼を知らずして闘うものであるから、彼の弾丸は我に当たり、我が弾丸は彼に届かない。かくては毎戦敗をとるは当然。故に毎年八〇〇万円の金貨の流失を見て余るのである。

この時に当たっては先ず防御を第一とし、出でて戦うことは第二とせねばならぬ。後進国たる我が国が産業の発展、輸出の振興を図り、以て貿易の権衡を維持し、自主独立の経済的立場を保有せんと欲するなら、保護貿易主義を採用するより他に途なき所以を演述した。明治一〇年前後と言えば、剣戟相交え政論沸騰して、上下鼎の沸くが如き時勢であった。

私の一言

国難の日露戦争（一九〇四～〇五）に際し、彼は日銀副総裁として英国や米国で戦費調達に奔走。堪能な英会話能力と豊富な人脈を生かし、懸案の公債募集に見事成功する。後に日銀総裁を経て政界入りし、政友会総裁として二一～二二年に首相に就任。福々しい肥満体から「ダルマさん」と親しまれた。一旦政界を引退するが、近代日本を代表する財政家の腕を買われ、蔵相（六度目）に復活。三四年発足の岡田啓介内閣で健全財政維持～軍事予算抑制を図って軍部の恨みを買い、二・二六事件で反乱軍の青年将校らに暗殺された。享年八三。米国では奴隷の身が宰相の座にまで昇り詰める図は驚嘆する他ない。

反戦平和を求め続けた在野のジャーナリストの一〇一年の生涯

北条常久の『評伝むのたけじ』

むのたけじ（一九一五〜二〇一六）は戦前、朝日新聞記者として中国〜東南アジア特派員を経験。一九四五年八月一五日の日本の敗戦当日、自身の戦争報道の責任を感じて退社する。郷里の秋田県横手市で週刊新聞『たいまつ』を創刊〜主筆として三〇年間、健筆を揮う。以後も亡くなる間際まで著述や講演活動を重ね、「戦争絶滅」「世界平和実現」を訴え続けた。

本書の概要

武野武治は大正四年、秋田県南の仙北郡六郷町（現美郷町）の農家に生まれた。漢字書きでは「タケノ」と誤読され易く、そのため生涯、平仮名表記で通した。生家では長男は生後まもなく死んでいて、実質的な長男として育ち、弟と妹が二人ずつついた。

両親は、母の実家から借りた四ヘクタールの水田を耕作。その賃料では生計が立たず、一〇キロほど先の商業町・大曲との間で荷車で品物を配達~集金する駄賃挽きをしていた。父は堅い人物で、駄賃挽きの運送業を生きがいとし、七五歳まで荷車を挽き続けた。

郷里の六郷は冬場の雪が深く、九割が小作人という貧しい処。「荷車の荷物の届け先の地主たちが、ろくに働かないでいい暮らしをしている。親父は汗水垂らして一日中働いて、やっとの暮らし。どうしてだろうと幼心に思っていた。この理不尽さが、私にジャーナリストへの道を進ませたんだろうな」（「おやじの背中」『朝日新聞』二〇一五年七月一〇日）。

少年時代

一九二六（昭和二）年、横手中学（現県立横手高校）入学。六郷町から一〇キロ、徒歩で二時間半はかかる。鉄道がないから朝五時に家を出て、学校の始業時間の八時少し前に到着。帰りは、終業が四時頃で六時半頃に帰宅した。

一五〇センチ足らずの小柄な体だったので、朝夕の通学は身に応えた。冬場は雪が一晩で一〇~二〇センチも積もる。夏場と同じゴム靴だから登校時にはズボンはびしょ濡れ、上着はカチカチに凍っていて、ストーブで乾かすとダラダラと足元に水が垂れた。

オンボロの中古自転車を買ってもらったのは中学四年になってから。往復の暗い道が怖く、大声で英語の単語を叫ぶように声に出して急いだ。自転車を持つまでの三年間、外国語は声を出して学習すれば大丈夫と自信がつく。アルファベットが妖怪じみて映り、初めは英語は苦手だった。が、お化け退治を決意し、親に話して、読み仮名の付いた安価な英和辞典を買ってもらう。通学の行き帰りに声を出して読み、暗誦した。

当時の高等教育の人事は文部省直轄で、横手中学の教師も全国各地から集まっていた。その教員の一人が、むのに大きな影響を与えた作家・石坂洋次郎（一九〇〇〜一九八六：代表作『青い山脈』）だった。石坂は弘前市出身で、慶応大学国文科卒。教員として弘前高女〜横手高女と転職し、むのが入学した年に横手中学に転勤した。むのは石坂から国語・作文・修身の三教科を教わったが、教科指導より、今で言う部活動から強い影響を受けた。

石坂は妻帯していたが、若い紅顔の慶應ボーイだったから、横手高女では女学生に人気があり、彼を中心にした同人誌も発行されていた。石坂が横手中学に転勤してからは、男子の中学生もそこに参加した。同人誌は人気があり、むのも文章を寄せるようになった。

むのの才能を認めていたのは石坂ばかりではなかった。むのが五年生の時、担任だったのは校長の小野袰。東京外国語学校出身で、校長室には世界的に権威のある英語辞書オックスフォード大辞典一二巻が揃っていた。横手中学がいかに英語教育に熱心だったか判る。

当時は昭和六年の「満州事変」の時期。日本は中国を始め諸外国への進出を推し進め、外国の出先機関や商社で働く人間が待望される時節でもあった。むのは、得意の英語で外地で日本のために一働きしようと思うようになる。中学の教師らからの口添えもあり、父は息子の東京外国語学校受験を承諾。むのはめでたく東京外語スペイン語学科に入学する。

美江さんとの出会い

スペイン語を選択したのは日本との交流国の公用語はスペイン語が一番多かったから。苦学生そのものの苦労を四年間散々重ねた末、一九三六（昭和一一）年に同校を卒業。社長・町田忠治（後の民政党総裁）が秋田出身だったのに親しみを感じ、報知新聞社に入社する。

初任地は秋田市で、下宿の細谷家で二年後に妻となる銀行員の娘・美江と知り合う。向学心のある読書好き、いい話相手になり、むのは「(百年に及ぶ）人生の中で一番嬉しかったのは、美江さんと出会ったことでしょう」と述懐している。

同年一一月二〇日未明、秋田県北の鹿角郡三菱鉱山尾去沢鉱業所で、鉱石の製錬残滓の溜池の堤防が豪雨のため決壊。死者三三六人、行方不明四四人を出す大惨事となる。むのの写真は「報知新聞」号外の一面を飾り、「鬼気迫る」と評判を取った。

一九三八年秋、本社社会部に転勤。遊軍記者として企画物を担当。四〇年夏、興亜青年勤労報国隊の学生八二〇人と中国に同行する。同隊は文部省が夏休みを利用し、男子学生らを旧満州などに派遣～見聞・認識を深めさせるのが狙いだった。むのは北京～天津と歩き、現地の日本人の威張りくさった態度を見るのが嫌になった。

彼は学生ら一行と離れた後、一カ月ほど中国各地を転々とする。内蒙古の首都・張家口からトラックで戦場の最前線へ赴く。歩行中の中国人を日本軍が拉致してしまう現場を目撃し、記事には到底できない裏面を見てしまう。軍部から知らされている戦況とはまるで違い、拠点こそ抑えているが、前線では決して優勢ではない。日本は中国には勝つことはできない。が、そんなことは記事にはできない。言いようのない情けない気持ちになった。

報知新聞社は居心地は良かったが、取材に金をかけないので良い記事が書けない。四〇年秋、むのは編集局長に対し取材費の値上げと記者増員を直談判。要望は会社側から拒否されるが、この経緯が評判になり、年末に朝日新聞社社会部への引き抜き～移籍が決まる。

新天地での最初の仕事は投書欄。東京・大阪・西部（九州）に寄せられる投書は一日五百通にも上る。むのは戦時下とあって紙面に載せられなくても胸を打つものは、メモしておいた。それが後年「たいまつ」（六五三号、一九六五年七月三〇日）に「戦時の国民は何を叫んだか――新聞に載らなかった投書に関するメモ」という記事になる。

従軍経験

「記者時代の一番の思い出は従軍経験」と、むのは言う。四一年一二月八日、日本軍がハワイ真珠湾を奇襲攻撃、太平洋戦争が勃発する。朝日新聞社はジャワ上陸作戦に総勢二五名の特派員団を派遣。文化人の阿部知二・武田麟太郎・大宅壮一らが徴用～宣伝班として同行し、むのも特派員として加わった。

インドネシアはオランダが三〇〇年間統治。日本軍は四二年三月、今村中将率いる五万五〇〇〇の兵力でインドネシア全土を制圧した。むのは後年、こう語る。「日本軍はオランダ人捕虜に対して余りにも残酷な酷いことをした。戦後、オランダは〈日本を国連に入らせない〉そう思うのはもっとも。私は当時、現地でそれを見ていました」。

〈アジアと共存共栄をするなら、市長には現地人がなるべき〉だが、軍部は日本の民間出身者を市長に抜擢した。むのはこの事を暗に批判する記事を書いた。軍は執筆者を追求～名乗り出たむのの日本送還をちらつかせた。

当時のジャワ支局長は、後に朝日新聞専務になる信夫韓一郎で、信夫がむのの盾になったのかも知れない。戦後、むのが朝日新聞社を退職～「たいまつ」を創刊した時、古い活字一三〇万本を譲り渡し、後にはむのの選挙資金を援助している。

同年一一月、むのに本社報道部（社会部）への転勤命令が出る。戦時下の新聞は国民の戦意高揚が第一。新聞本来の事実の報道や権力監視などは二の次だった。四四年六月、「学童疎開」が決定。東京・大阪をはじめ一二都市の国民学校（今の小学校）の三年から六年の学童の地方への集団疎開を決定。東京の第一陣は、八月四日に各地に出発した。九月三日の「朝日新聞」紙面には、「たうもろこしをほほ張る児童」という、子どもたちのにこやかな集団写真の入った武野武治の署名入りの記事が掲載されている。

一九四四年六月のマリアナ諸島沖海戦で、日本軍はアメリカ軍に決定的に敗北。一一月には

B29が日本本土を襲撃し、日本の敗北は明白になった。浦和に住んでいた彼は、電車が不通で歩いて通勤する。どこもかしこも死体が転がり、一面焼け野原を前に茫然と立ち尽くした。

一九四五年八月六日、広島に原爆投下。九日には長崎にも原爆が投下され、ソ連参戦のニュースも入る。朝日新聞の社内では、日本がポツダム宣言を受諾～全面降伏に踏み切った、と八月一二日頃には知っていた。報道部長から「日本が降伏することになった。今後どうするか、銘々相談しろ」と指示があったからだ。

一二日から一四日にかけて毎夜、政治部とか社会部とか部毎に、終戦の時の紙面をどうするか、今後の対策について、話し合いが持たれた。が、全く見当が付かないので、誰も発言しなかった。むのは自説を披露した。「こんなことをやったら、同じ過ちを繰り返す。戦争中、真実を報道しないで、大本営発表をそのまま民衆に伝えた。許されないことだ。幸い『朝日』は社屋は減価償却しているというから、建物や全てを社会に寄付し、社員は全部辞める。新時代の新聞づくりにふさわしい人間たちで新しい新聞を作るしかない」

同意する者も一部いたが、家族の存在などを理由に最終的にむのの意見は通らなかった。

『週刊たいまつ』の創刊

一九四七（昭和二二）年の大晦日、むのの一家は大宮駅を発ち、元旦の朝に雪の横手駅に着く。四八年二月二日、『週刊たいまつ』が創刊された。地元の青年を記者に二人、広告担当に一人、採用し、発行責任者は武野武治。粗悪な紙のタブロイド版で、表裏二頁、定価三円だった。

創刊号は表の面に社説に当たるむのの主張「ダルマさん、足を出せ」と農業時評「農村の景気は下り坂へ」。石坂洋次郎の「東北の人びとへ」と題する餞の評論もあった。裏面は、「村長闇討ち事件」という地方記事や秋田県南の青年会の活動レポートなど。むのは主張の中で「(立ち遅れている)東北の暗闇を切り開く松明となって進みたい」と呼びかけた。

当初は『たいまつ』は地元では見向きもされず、悲観したむのは発作的に自殺さえ思ったという。が、駅の売店での販売が当たり、県外から注文が増え、じきに経営難から脱却する。半年で発行部数の二千部があらかた売れ、東京や東北一円に読者層が拡大していく。

日本民族は戦争で大きなしくじりをした。その大きな不幸から立ち直る鍵は農業と教育にある、とむのは考えた。『たいまつ』では、農の問題と教育の問題を読者と共に考えていくことを主論とした。むのは講演でこう説いた。

——農地改革が行われたのに、農民は何もしない。小地主になった農民は農協などの組合員にはなったが、ただそれだけで満足。闘う姿勢をなくしてしまった。

彼は紙面でも闘う姿勢を鼓舞していく。「たいまつ」を仲介に、多くの文学者、農民運動家、農民が結び付いて、新しい農村が形成されていった。

むのは「三里塚闘争」(成田国際空港反対運動)に共感し、「秋田県三里塚委員会」を組織。

三里塚の外から精神的な支援をしていく。『たいまつ』七一一号（一九七一年二月二〇日）はこう綴る。「（農民の闘いの）成り行きを知るにつれ、尊敬を強めた」。むのは現地に出かけ、「地下要塞」を見学し、活動家の青年たちと交流。三里塚通いを重ねた。前記記事は記す。「三里塚農民の魂に固く自分を結合し、真剣に学び合って前へ進みたいと思う」。

新聞『たいまつ』の題字の横に「炬火」という小欄がある。この小欄の短文から六〇四編を選んだ『詞集たいまつ——人間に関する断章６０４』が一九六七年、三省堂新書として刊行される。全五章立てで、「第一章　いきる」は「生きるとは、しょせん答えていくこと。創造とは、主体そのもの。内部から問いかけを抱えていないものは、そこに横たわっているに過ぎない」。そして、「人間は生きていく力を全く失ったら、自殺しない。自殺を考えるのは、生きる力がまだ十分に残っている証拠である。失意は発条《ばね》である」と綴る。

三三歳の折に発作的に鉄道自殺を思ったという彼の心情がリアルにうかがわれる。

「ジャーナリストは死んだか」

『たいまつ』は七八〇号（一九七八年一月三〇日号）を以て突然休刊する。むのは心中では表現媒体を新聞『たいまつ』から書籍『詞集たいまつ』に移していた。後年の著述『希望は絶望のど真ん中に』（岩波新書、二〇一一年）は「第三章　学ぶ」に、こう記す。「学ぶことをやめれば、人間であることをやめる。生きることは学ぶこと。学ぶことは育つことである。」「学ぶ営みは一人で始めて、一人へ戻っていく。始めた自分と、戻っていく自分との間に沢山の人が入れば入るほど、学んだものは高くなり深くなる」。なかなか含蓄が深い。

むのたけじは一九八九（平成三）年度の日本ジャーナリスト会議（六月一五日、日仏会館）で「ジャーナリストは死んだか」と題する講演をした。この年一月、米欧軍主体の多国籍軍は前年八月にクウェートを侵略したイラクに戦争を仕掛けている。彼は「この戦争に関する報道は政治権力によって完全に管理・統制されていた」と発言。自分たちが日本の軍部から報道を管理されていた先の世界大戦での苦い体験を重ねた。そして現在の日本のマスコミには当時の反省が生きていない。今回の実相報道は、米国と比べ扱いが非常に小さかった、と指摘。聴講しているジャーナリストたちを睨み付けた。

一九九〇（平成二）年七月、イラク軍三万がクウェートの国境に集結。翌年一月に空爆が始まるまでの半年近く、中東に関する洪水のような情報が新聞紙上に氾濫する。が、それらは情報の薄皮に過ぎず、本当の処は三月に入り、『ニューヨーク・タイムズ』や『ワシントン・ポスト』などが次々と報道し始める。日本のマスコミは、イラク政府・アメリカ政府によって濾過された情報を自前の取材活動によらず、米国の前記二紙がどう伝えたかと報道しているだけ。二重の意味で大本営発表を受け取っているのと同じ、と彼は批判した。

少なくとも昭和一〇年代の半ば頃までは「言論機関」と称していたものが、いつのまにか大本営「報道部」というものが出来、新聞社は自分たちを「報道機関」と言い換え始めた。その時に「批判・評論・主張・思想形成」という部分が弱まったのではないか。主張を失ったのではないか。彼は今こそ、その失ったものを取り戻さねばならないと言う。

そのためには、次の二つが重要だ。一つは、自己点検、自己反省。即ち、その仕事に携わっている人たちの己の姿を、歴史の節目、節目で立ち止まって点検し、確認を積み重ねることだ。新聞は「部数の神話」に溺れてしまった。読者を増やすためには与党と野党を足して二で割ったような社説しか書けない。

もう一つは、民衆との距離が離れてしまったこと。何百万部も売れているから、大衆に支持されていると勘違いしてはいないか。その例として、一九八七（昭和六二）年の朝日新聞襲撃事件を例に引く。むのは二〇一二（平成二四）年三月五日、朝日新聞襲撃事件の現場である神戸支局での朝日新聞入社直後の新人記者研修会の講師として招かれ、こう述べている。

――未だ犯人が捕まらない。もし、民衆が報道に携わっている人びとを仲間として温かく抱き留めてくれていたなら、犯人は捕まっていた筈。証拠物件いっぱい残しているのに。

憲法改正が議論されるようになると、出番が増えた。朝日新聞の外岡秀俊編集委員（後に編集局長）は二〇一一（平成二三）年春、九六歳のむのをインタビューし、こう記した。

――今も現役のジャーナリスト。一九四〇年二月、むのさんは衆議院本会議の記者席で、民政党斎藤隆夫が政府と軍部を糾弾する演説を聞いた。歴史に残る「反軍演説」である。だが衆議院は斎藤を懲罰委員会にかけ、議会から除名した。（中略）「警鐘」だった筈の「反軍演説」

は、政党政治への「弔鐘」となった。翌年、日本は太平洋戦争に突入する。

外岡は「最近ようやく、物事の本質が見えてくるようになった」という言辞も伝えた。むのから戦争の時代を直接に聞くことができるならと、他社の記者も殺到するようになる。彼は時代の生き証人として引く手あまたの人気になっていく。「東京新聞」の「こちら報道部」は「戦前・戦中の統制強化の歴史」という特集を組み、「戦争は人をケダモノにする……」という彼の証言で記事を構成。特報「秘密保護法案　むのさんに聞く」も掲載している。

むのは戦争時の証言者として脚光を浴び出す。集団的自衛権について、朝日新聞（二〇一四年七月一日付）は彼のインタビュー記事（聞き手・木瀬公二）を掲載。むのは戦争を知らない世代に対し、こう呼びかけた。「戦後まもなく出来た保安隊（自衛隊の前身）は、（戦争放棄の建前上）戦車を「特車」と呼んだ。（その伝で）武器の事を「防衛装備」と言っても実態は変わらない。集団的自衛権だって、〈アメリカと一緒に戦争をします〉でしょ。戦争を放棄した日本が許される筈がない」。九〇代後半で矍鑠とし、体制側に対してはっきり物申す姿は、後期高齢者時代の輝けるモデルと映る。全国各地から講演依頼が続いた。

二〇一六（平成二八）年五月三日、憲法記念日に護憲派の市民団体が都内の公園で憲法集会を開催。車椅子で参加したむのは大拍手で迎えられ、こう訴えた。「ここに御出席の七十歳以下の方々は、国内で戦争というものを体験していません。若い皆さんのために、三つの事を申し上げたい。先ず戦地に行けば、正常では居られず、気が狂ってくる。二つ目、戦争は始まったら、終わりません。国に逆らえば、国賊扱い。三つ目、戦後の新憲法のお陰で、七〇年一人の戦死者も出さずに済んだ。国連の加盟国でも、戦争をしない九条のような憲法を持った国はない！」。会場の若者や女性たちから、盛んな拍手と歓声が沸いた。

翌日から、テレビの番組打ち合わせが数々あり、忙しかった。六日後、都内の病院での定期健診で即入院の指示。翌月やや元気を取り戻し、七月中旬に次男の家（埼玉）に帰宅する。八月二一日、微笑みながら穏やかに息を引き取った。

私の一言

武野さんは遺著『日本で百年生きてきて』（二〇一五年、朝日新書）に、こう記している。「ドイツは歴史に学ぶ能力を持っていたから、戦争犯罪すべてをドイツ国民みんなの責任として詫びた。日本は戦後処理を誤り、今なお近隣諸国との間に軋轢を続けている」。全く同感だ。本稿の中の『戦雲』で紹介したように、沖縄南西諸島では中国との不時の衝突に備える「戦時態勢」が着々と進行している。我が国の誇るべき「平和憲法」は一体全体、どうなってしまったのか。世界ではウクライナとガザで、悲惨な戦禍が一向に止む気配がなく、気持ちは晴ればれとはしない。

〈番外編〉
稀代の文章家の自由闊達で躍動感あふれる才筆
市河晴子の『エジプトの驚異——ピラミッドに登る』

市河晴子（一八九六〜一九四三）は英語学者・市河三喜の妻で、かの才人・渋沢栄一の孫に当たる人。血筋なのか、才覚に優れ、知る人ぞ知る類稀な名文家だ。夫に同行した欧米視察の旅から『欧米の隅々』（一九三三）が、日中戦争勃発後に民間外交を託され単身渡米した経験からは『米国の旅・日本の旅』（一九四〇）が誕生し、共に英訳もされて評判を呼んだ。稀代の名文なるが故、今回に限り要約は避け、原文そのまま（但し表記は改め、段落を施した）で紹介する。

「エジプトの驚異」(『欧米の隅々』所収)

それから郊外のピラミッド見物に行く。まずナイルの本流を渡るが、音にのみ聞いて想像していたのから見ると、五分の一にも足りぬ濁流だ。橋を越えてギゼーに向って車を走らせる。ちょうど一〇月で、ナイルの毎年定期の洪水は引き口に向ったところで常々は綿や、玉蜀黍の畑だろうと思う土地が、一面に薄濁りした水に被われて、村が一塊りずつ島のように浮かび、鳥毛の槍の形のデート椰子が、見ばえのせぬ泥の家に趣をそえている。

私たちの自動車を飛ばす堤の上の道から、村の方へと水牛の引く車が、轍の半ばまで水に浸って帰って行くのは、その下に道があるのだろう。畑の上はまだ小舟で行来している。やがてナイル河谷の端まで来て、そこから先の台地の上はもう砂漠で草一本ない。そしてクフ王のピラミッドと他の二つが近々と見える。

わずかの距離だが、砂が深くて歩きにくいので駱駝に乗る。乗り降りの時は、跪いてくれるので世話がないが、その乗り心地はスッキリしたものではない。駱駝の足の裏には柔かなゴムのような皮が附いているので、踏む度にマシマロでも踏みつけたように、フニャリフニャリと体が沈んで、頭へ響く事のないかわりに、胃の腑を揉まれ、背骨が尺取り虫の歩く形に揺れる。

ピラミッドはもう目の前だ。カイロから遠望すると、薄藍色の正しい三角が三つスッキリと並んで、人工の雄大の極というよりも、非常に大きな結晶体、例えば水晶などの類のような端正さだ。近よった所が一番見ざめがする。その肌は、上層の光沢ある石をムハメッド・アリーが引っぺがしてモスクを作ったために、いかにも一皮剥かれた跡らしくザラザラと凸凹している。

四八〇尺という、相当な小山位ある高さ大きさも、この茫漠たる砂原では、視覚にはさほどに威圧的でもない。ただ仰むいてながめる首根っ子のだるさに、その偉大を知る。しかしその位のことでは、ピラミッドがわかったとは云えぬ。その偉大を全身もて味うべく、頂上めがけて走り上るのは世にも豪快な遊びだ。

ピラミッドは丈尺に近い大石を積んで作ったものだから、段々といっても一足ずつ上るような、たやすい訳にはいかない。案内者が上から手を引いてくれるのにつれて、弾みをつけて跳ね上るか、両手を掛けて、器械体操のように一段ずつ登るのだが、そのかわり一〇段上れば、もう三〇尺、二〇段で六〇尺と、ドンドン高さを足の下へ蹴落として行ける。気の早い江戸っ子向きの登攀だ。

登りかけてみると、その急なのに驚く。五十二度という傾斜と石の一つ一つが大きいために途中では根元も見えず、頂上も見えず、ただ紺碧の空を斜めに横切る灰白色の大石の堆積に、自分がただ一人……（惜しいことにニヤリニヤリ笑う案内者がもう一人）取り附いていて、グングンと上ると、上から上から石段が繰り下して来るようだ。このまま際限なく登り登って、ついに太陽に近づいて、黒焦げになって真逆に落ちるのではないかとさえ思われる。二〇分ほどで頂上に達しる。

西の方一体は平沙万里、漠々たる砂漠は天に連り、午後の太陽がその上に赫々と燃えて君臨している。ふり返るとナイル河谷の沃野が濃い緑を敷く。それを見て老成な者は水の徳を説き、器用な者は写真機を捻って絞りを思い切って引締め、弱虫はフーフー云って自からの鼓動を聞く。

だがその中のどれでもない私たちは、ただ空の色に見とれる。凄じく青い。眉に迫るほど近い。それは北欧の冬の空の、垂れ下がったような近さとは全然違う。碧瑠璃の玻璃盤を頭上二〇尺に張り渡した堅さだ。斧を振って丁と打てばパリパリと電光を飛ばせて銀色の亀裂が入るに違いない。

風が吹く。遮る物なき砂漠の上空を走る風は、鋭いピラミッドの先端に触れて掠り傷を負ってピピピピピと裂巾のような叫び声を立てる。また砂漠の砂を巻いて、地上を征服しつつ押よせて来た風は、このピラミッドにガッキと受け止められて、三〇〇尺四〇〇尺を逆撫でにピラミッドに沿って飛び上がり、上空の風とぶつかって激す。轟々と鳴りまたハタととだえて、その間の静寂はまた妙にひっそりとする。ただ日光ばかり燦々と降り注ぐ中に、五〇〇尺の三角の、とっ先につっ立っているのは、甚だ晴れがましいものだ。

今度は下りだ。しゃがんで、お尻をついて、足をぶら下げて、ポンと下の段へ飛び下りる。

それだけのことを、一五〇回以上続けるのだから、個性とか人間性とかいう、ややこしい物を没却して、弾条仕掛けのリズムを楽しむ茶目気が、我がうちに甦って私を若々しくする。（ピラミッドの）下りは一二、三分もあれば足りる。下へ達しると、折り返して今度はピラミッドの中へ入って、薄暗い桟道の段々を、中心に向かってまた二〇〇尺上る。澱んだ空気に喘ごうとも、ピラミッドの体臭を嗅ぐと観念して、直立出来ぬ穴の中を海老のように屈んで登り、中央の昔クフ王の棺を置いた石の空室に達して一言「なるほど」と云って、また二〇〇尺を、後むきに屈んだまま足探りに下って、入口で外の光に目をパチパチさせる。

さあこれでピラミッドとはお近づきになったぞと、今度はスフィンクスの方へ駱駝を走らせる。私が走らせるのではない、馬子が「バクシーシ、バクシーシ（チップ：イスラム圏で「喜捨」を指す）と言って酒手をねだるために、案内者の驢馬と引離そうと鞭を鳴らすのだ。

スフィンクスは、砂漠の中に沈んでいるのを、廻りを掘り下げて露出してあるので、上から覗く位置のために、湯舟の中にでもいるようで甚だはえない。写真の方がよほど神秘的だ。駱駝に乗った写真を撮らせろとガヤガヤ云うが、あんまり月並だし、こんな素戔嗚尊に逆むきにされた天の斑駒のような駱駝を写したって始まらない。

ギゼからずっと上流にサッカラの段形ピラミッドがある。第三王朝といって第十二王朝のクフ王などからみるとまた一〇〇〇年近く古い物。エジプトの大建造物としては最古のものだ。その近くにはマスタバといってやはりその頃の墓がある。中に幾つも室のある石造の廟だが、ここらは本式の砂漠で、砂に埋れて地下室のようになっている。

その中でチィのマスタバという大官の墓に入って、はじめてエジプトの壁画を見る。犠牲を屠っているところ、供物用の畑を耕作しているところ、それを頭に乗せて祭壇に運ぶところ。ある時は太陽の神アモン・ラーが、甲虫スカラベ・サクレの神頭神々しく（エジプトに少しなじむと、そういう気持になるから妙だ）出現ましまして供物を納受し、またあるものはマスタバの奥深く息う大官の魂が、守護神が左右を守る狭い戸口から立ち現れてお食事なさる図もある。

昔の王様は死ぬと、オシリスの国に迎えられ、冥府の王と自分の食料を耕作しなければならなかったが、そのためにウシャブチという人形を墓に入れて代理させる事も出来、家具等一さいはこの世から御持参だし、大きな船などはモデルを作っておけば、呪文一つで実物大になるのだそうな。

この呪文は私たちは是非覚えたい。そうして寝巻も何も雛型で間に合せられれば、旅行の面倒は半減されるのだが……。だから例のパピルスの紙に残る死者の文の絵にも、魂は、二度肉体に立戻り宿るの時を待つ間、冥界でチェス（西洋将棋）などやってござる。その呑気さは、理髪店で順番を待つ若い衆に異らずの、ほほえましい。

次にセラペウムを見る。これは、この辺がメンフィスといって第四、五、王朝の首府として栄えた時代に、守護の生神様として礼拝された神聖な牝牛アピスの墓で、地下道の両側に二一、三〇の室があっていちいち石棺を置く。高さ五尺で、一間半に一間位の黒花崗岩を磨き上げた棺で、蓋も同じ黒御影石の厚さ七八寸の一枚石だが、それを人一人だけ入れる位ずらして、皆中味を掠奪してしまってある。真っ暗なエジプトの地下で、この石棺の中へ一番乗りに潜り込んで行った者の不敵さは、底が知れない。

古都メンフィスは跡も微かに、椰子の林や、土人の家の下になっているが、ただ二つのラムセス二世の大石像がゴロンと寝ている。一つは丈四丈二尺。一つは二丈六尺。また小さな……と云っても一丈五尺はあるが、スフィンクスが蹲っているが、非常に器量がよくて、ほれぼれとする。これはアラバスター（寒水石）だが、この辺の砂漠の砂にも上流から流れて来たこの石の破片が、白隠元の煮豆のような、半透明の白さに赤味を帯びた丸い小石になって混っている。

帰路、ナイルの中島ローダ島に渡って、島の突角でナイロメーターという河水の高低を測定する器を見る。毎秋高まる水につれて年に一度上下して、上下する事すでに二〇〇〇回という古い物だ。モーゼは嬰児の頃、籠に入れてナイルに流され、この島の西岸に流れついたという。その岸には柳めいた木が枝を垂れて、氾濫期の濁流は、タプッタプッと石垣に音を立てていた。

折柄、夕日が砂漠に落ちて、チョコレート色の河水が赤るみ、羞いを含んだエジプト美人の頰はこんなかと思う色になる。遠くのモスクの夕べの祈りの歌が、坊さんがミナレットの回廊を巡るにつれて、回転灯台の灯火が消え、また明らかになるように、聞えたり、微かになったりする。

その夜、私たちは休息する間もなく、ナイルの上流へと旅立った。上部エジプトを見るためには、別に写真を張ったパスポートをもらって一八円納めなければならない。あの立派な丸柱の一本でもを、大地から起して昔の姿に復するために使われると思えば、五〇円積んでも惜しくはない光栄な献金だが、その中間にたんまり上前をはねるエジプトの役人の、赤いフェズを冠って薄墨色の顔に白い歯を出してニヤリと笑う顔が見えるような邪推が起ってならぬ。

汽車は、ナイル河畔を内地内地へとひた走る。右手にピラミッドの列が、夜目にもしるく地平線の水平を破って聳える。太陽の威力の前に、物皆のへたばり伏す暑い国に、よくぞ、スッキリした鋭角に天を突いたものと、ファラオの意匠をうれしく見る。いかにも快い角度だ。その段々を登るために草臥れた足を撫でながらも、月明に乗じてあの天辺からツルツルと一息に滑り下ったら、胸がスーッとするだろうなど思わせせられる。

ピラミッドに馳け上る事は単なるお転婆ではない。人類の形成し得た極度の雄大を、我が体験の一部に加える事は、今のせせこましい世相に処して行く者にとっては最もよい清涼剤である……最もよく利く発汗剤であった事も、たしかだけれども。

私の一言

一九三七（昭和一二）年一月にロンドンの一流書肆から著書『欧米の隅々』（英訳）が出版され、七月には米国版・日本版も上梓される。市河晴子の文名は一躍、高まった。三〇〇近い新聞切り抜きが著者の手許に寄せられ、日本女性の感受性と知性が欧米の文化にいかに刺激を触発し得るかを体現する著述、と喧伝された。その証として、同書の一部「米国の旅」の書き出し部分を添えよう。

「サンフランシスコの第一印象は、かの限りなく雄大でまた限りなく軽快な、ゴールデン・ゲート・ブリッジであった。ヨーロッパで大寺院等も多く見たが、実用のために作った物が、風景と切離し難いまでに調和して、造物主の芸術に貢献している物は、東洋で万里の長城、ヨーロッパではニームの近くのローマ時代の水道、そして米国でこの金門橋であろう」

折しも同年七月、盧溝橋で日中両軍衝突〜日中戦争が始まる。これを機に盛り上がった反日世論を鎮め日米親善を図る目的で、一二月に彼女は外務省の依頼で「国民使節」として渡米〜各地（並びに放送で）で講演して回る。この年は晴子には大きな収穫の年で、『欧米の隅々』の英訳三種が刊行された。著者の人気は英語圏諸国で一気に高まり、アメリカ文壇の一彗星と化す。数多の新聞に写真が載り、ペンクラブ晩餐会の主賓として歓迎される。ニューヨークでは放送もされ、「世界的名声」とさえ喧伝された。

　みなぎる生命力と理知的な眼差し、深い思索に鋭い観察力。冷静公平で皮肉な人間観察から生まれるユーモアに私は感嘆。その博覧強記ぶりに目を瞠り、潤いに満ちた繊細な描写や優しい情感に胸を打たれた。たまさかに溢れる激情に息を呑み、共感を覚えた。

　しかし、その輝かしい運命は突如、暗転する。最愛の長男・三栄が一九四三年一〇月、舞鶴の海軍機関学校の英語教師として赴任～激しい頭痛と重篤な不眠症に陥り、服毒自殺(三日)を遂げる。晴子は母親としての自責の念から悲嘆と絶望に陥り、後追い自殺(一二月五日)した。

第三章

これぞという人びとの伝記

天才の素顔を生き生きと伝える
デニス・ブライアンの『アインシュタイン』

ドイツ生まれの物理学者アルバート・アインシュタイン（一八七九〜一九五五）は、その相対性理論などで学界に革命をもたらした。若い頃には不遇の一時期もあったが、天才学者は独自の思考の閃くまま旧来の物理学上の認識を根本から変え、ノーベル賞を授与される。米国のノンフィクション作家は、この天才の愛すべき素顔を精細かつ生き生きと伝える。

本書の概要

青年期の素顔

彼は一八七九年、ドイツ南部の小さな町ウルムに実業家の父ヘルマン、母パウリーネの長男として生まれた。小学生当時は退屈な事は一切無視し、興味を感じたことに集中力を発揮。トランプのカードで一四階の家まで組み立てたのを、妹のマヤは記憶している。

父の事業は浮沈があり、一〇代半ばのアルバート独りを残し、一家はイタリアへ。彼はスイスの州立学校（日本の高校相当）を経てチューリッヒ工大を一九〇〇年に卒業。が、指導教授の覚えが良くなく、すぐには同大学に就職できず、家庭教師などをしながら食いつなぐ。

アインシュタインは、その気質ゆえに仕事を得られなかった。歯に衣着せぬ言動や冷笑的な態度は友人たちを喜ばせたが、権威的な教授のほとんどに嫌われた。おまけに彼はユダヤ人であり、ドイツほど明からさまではないにしろ、排斥の的になり易かった。

貯金も底をつき、翌年に友人の口利きでベルン特許局の三級専門技官試用として就職する。勤務しながら、彼は読書会サークルを結成。勤務終業後、毎晩のように特許局近くのカフェやアインシュタイン宅に集まり、哲学や科学、文学などについて論じ合った。この討論が、後に相対性理論に着手するアインシュタインに多大な影響を与える。

彼はイギリスの哲学者ヒュームを称賛。その「経験と数学のみが科学の道理にかなった唯一の道具である」という主張に共感した。彼は本務を疎かにはせず、一九〇四年本採用になり、高い評価の下に翌々年春には二級専門技官に昇進する。私生活ではチューリヒ工大の同級生ミレヴァと在学中に恋に落ち、彼女は〇二年に女児を出産した。

一九〇五年初春、アインシュタインは親友に対し、「宇宙の混沌とした疑問を解き明かすジグソーパズルがあと数ピースで完成しそうだ」と語る。翌朝、目覚めた彼は解答を見出し、宇宙を解明する基本的な真理を手中にしていた。降ってきた突然の天啓は、電気、磁気、物質についてや、さらには光と空間と時間そのものの性質に関する運動に止まらなかった。創造の秘密にさえ触れていたのだ。

同時性という判断は、空間と時間の測定に深く関わっている。物事が同時に起こるかどうかは、個人の直接的な環境によってのみ判断できる。彼が言ったように「答は突然、わかった。空間や時間に関する我々の概念や法則は、我々の経験と明らかな関係を持つ範囲でのみ、その正当性を主張できる」。これらの概念と法則は、経験に基づいて簡単に置き換えることができる。同時性の概念をより適応性のある形に変えることによって、アインシュタインは特殊相対性理論に到達した、のである。

特殊相対性理論

彼はマッハから多大な影響を受け、D・ヒュームが論理の力についてまとめた論考『人間原理の探求』からはそれ以上の影響を受けた、と言う。これらの哲学的な研究がなければ、特殊相対性理論の答を得られなかったかも知れない、とも言っている。

以後数週間、アインシュタインは取り憑かれたように「運動体の電気力学について」と題する原稿の完成に全精力を傾注。三一頁にわたる論文には、不思議なことに脚注も参考文献もなく、何か別世界から霊感を受けたかのように思える。

後に彼は、崇拝する一九世紀の科学者M・ファラデーに大いに啓発されたと語っている。

ファラデーは電磁力が伝わるには時間がかかると考え、アインシュタインはそれを発展させ、電磁力の相互作用にも時間がかかり、離れた物体の間に働くあらゆる相互作用は時間がかかるという結論に達した。簡単に言えば、これが彼の特殊相対性理論である。

一九〇五年六月、彼は相対性理論の論文を科学専門誌に提出した。非常に革命的な内容で、光は波のような現象だという二〇〇年以上にわたって実験でも確認されていた概念を打ち砕いた。プランクは少し前、物議を醸す仮説を提唱し、疑問を投げかけていた。「物質が光を粒子あるいは量子として放出したり、吸収したりする」と考えたのだ。アインシュタインはこの仮説をさらに発展させ、光そのものが物質とは関係のない、別の粒子として移動すると主張した。即ち、プランクの量子論を光に適用し、量子力学の確立を促したのである。

彼は「光の発生と変換に関する発見的理論」と題する論文を作成。光の量子すなわち光子の衝突により電子が塊になって移動するという光電効果を説明した。この理論を実際に応用したのが「電気の目」だ。侵入者を識別～遠隔操作でドアを開閉したり、商品を数えたり、仕分けしたりできる。この理論はラジオやテレビの発明も可能にした。後に（相対性理論ではなくこの理論によって、アインシュタインはノーベル賞を受賞した。

彼はまたブラウン運動（液体や気体中に浮遊する微粒子が不規則に運動する現象）に興味を持ち、研究を開始。この運動は物質の目に見えない分子と目に見える粒子が実際に衝突している、と考えた。彼は自分の仮説にこだわり、一つの公式を提出。有限の大きさを持つ原子が存在する証拠を見つけ、その運動を見出す統計的な手法を確立した。

フランスの物理学者ジャン・ペランが行った実験によってアインシュタインの仮説が正しいことが証明され、原子が実際に存在することが確認された。彼の四番目の論文「運動体の電気力学について」（相対性に関する論文）は実に画期的なものになった。二百年にわたって受け入れられてきた、ニュートンの宇宙観に挑戦したのである。アインシュタインは直感と数学を使って、ニュートンの「霊感を受けた」推論を訂正し、拡大して、条件を付けた。彼はニュートンの絶対空間の概念を否定した上で、絶対時間も否定した。

「生涯で最も素晴らしい考え」

アインシュタインは二年がかりで考え抜いた相対性理論の概略を専門誌にこう発表した。——宇宙に存在するものは、隠されてはいるが、巨大なエネルギーを内蔵している。そして、あらゆる物質に当てはまるこの神秘を簡潔な方程式で表現した——E=mc²（エネルギーは、質量に光の速度の二乗をかけたものに等しい）。

この方程式は質量が凝縮されたエネルギーであることを示唆し、小さな質量が巨大なエネルギーを放出することを予言。その考えは、やがて原子爆弾として実証されることになった。彼のこの公式に基づいて、太陽や恒星が何十億年も（核反応によって）光と熱を放射している神秘が解明された。一九〇七年にこの公式を発表した彼は、「これは自分の相対性理論の最も重要な結論だ」と語った。遥かな先を見通す並外れた能力は、彼の有名なこの公式が証明されたのが凡そ四半世紀後だったことからもうかがえる。

私生活の転変

アインシュタインは一九〇九年七月、特許局を辞任した。翌日、彼はジュネーヴ大学でマリー・キュリーや化学者W・オストワルトらを始め、多くの国際的著名人と同席していた。彼らは名誉学位を受け、神学者ジャン・カルヴァンが創設した同大学の三五〇周年記念に集まっていた。二カ月後の国際物理学会議では、彼は初めて講演をした。光は波動であると同時に粒子であることが判るだろうと予言。斯界の画期的な出来事と受け取られた。

彼はチューリヒのアパートに引っ越した。ミレヴァは二人目の子どもを身ごもっており、彼は講義や研究だけでなく、事務的な雑務もこなさなければならなかった。ミレヴァは彼の科学的な思索には興味を失っており、家事や家族の世話に追われていた。夫が（かつての学友で女友達の）アンナ・シュミットとの友情を復活させようとした時、ミレヴァは激高した。二人が交わす手紙を隠し、交際が生まれるのを妨害した。

アインシュタインは立腹し、二人の結婚生活に波風が立つ。彼が他の女性に興味を示した最初の兆候だった。研究に没頭するにつれ、妻子と過ごす時間が無くなっていく。結婚後一一年たった一九一四年春、彼がベルリン大学で研究生活を送ることになった時、ミレヴァは夫に従い一〇歳の長男と四歳の次男を連れてベルリンに来た。だが夏にはチューリヒに戻り、別居。二人の仲を教授仲間が何とか取り持とうとしたが、元に戻ることはなかった。

一九一九年六月、アインシュタインは二人目の妻エルザと結婚した。エルザはアインシュタインが少女時代から知っている三歳年上の母方の従姉。エルザとの結婚を考え始めての前々年に胃潰瘍で苦しみ、二カ月で体重が一五キロも減った彼を彼女が献身的に介護したのがきっかけだった。当時、エルザは離婚して二人の娘（二二歳と二〇歳）と一緒にベルリンに住んでいた。彼女は姉さん女房として夫に降りかかる雑事をうまく片付け、快活な性格で料理好きだった。世事に疎く人付き合いの苦手な夫から、難なく心配事を遠ざけた。

ノーベル賞と不確定原理

一九二二年一〇月、アインシュタイン夫妻は外遊に出た。日本では、夫妻は贅を尽くした帝国ホテルのスイートルームに宿泊。部屋のバルコニーは広場に面し、数千人の市民が徹夜で集合し、歓声を上げて科学者の挨拶に応えた。日本の聴衆は信じられないほど我慢強く、通訳を交えて四時間近くも続いた講演を終始礼儀正しく傾聴。アインシュタインは天皇と皇后（フランス語で彼と話した）に謁見し、駐日ドイツ大使と会談した。アインシュタインは日本人の美しい立ち居振る舞い、旺盛な好奇心や知性と感性に魅せられた。

翌年春、東京を離れて数日後、アインシュタインはノーベル物理学賞を受賞したという知らせを受ける。八回も候補に推薦されながら拒まれ続けたあげくの栄誉だった。作家のA・ウォレスは後にスウェーデンに赴き、選考委員のスヴェン・ヘディン博士らに取材。反ユダヤ主義を掲げるドイツの有力な科学者らからの横槍があった事実を明らかにしている。

一九二三年一一月、アインシュタインはオランダの友人宅に滞在中、新聞でヒトラーのクーデタを知った。ミュンヘンのビアホールでの政治集会でヒトラーは卓上に飛び乗り、天井に向けピストルを発射。「国家主義革命は始まった！」と参会者を脅迫し、同意を迫る。翌朝、褐色のシャツ姿のナチ突撃隊員三〇〇〇人が社会民主党の機関紙の印刷機を叩き壊し、陸軍省を占拠。警察は銃撃を開始し、死者一六人と負傷者多数が出る。潜伏したヒトラーは三日後の同月一一日に逮捕され、反逆罪で告発された。

ドイツの物理学者プランクはこの暴力沙汰によりアインシュタインの身を気遣い、破格の条件を提示する。〈年に一回だけベルリンで講義をし、ベルリンを「正式の」居住地とするだけでいい〉。そうすれば、一年に一日を除き、彼の身は安全、というのだ。

アインシュタインは実験が理論を確認するために絶対に欠かせないとしながら、「到底、全てを実験することはできない」とも認めた。彼は自分の結論を要約し、親交のあるドイツの理論物理学者マックス・ボルンにこう手紙を書いた。「量子力学は確かに尊敬に値する。が、未だ本物ではない。〈古い理論〉の秘密には少しも近づかせてくれないから」

友人たちに囲まれている時の彼は快活で人をそらさず、面白かった。彼らの妻の数人とも親密な交際を楽しんだ。最も親密だったのは、マックス・ボルンの妻で脚本家のヘディ・ボルン。彼女はアインシュタインの人生の知識は科学上の業績にも優るとさえ信じ、こう言った。「彼は〈自分は命あるものの全てのものの一部だ〉と感じている」。

一九二九年、彼は「自分の相対性理論は空間、時間及び重力を支配する全ての法則を一つの公式で表している」とし、新しい研究の目的は「これをさらに単純化し、重力の場と電磁気の場の概念を一つの公式にまとめること」。即ち、「統一場理論」への貢献であるとし、「今では、否ようやく、我々は幾つかの力が同じものだと知った」とし、こう述べた。

――電子を動かして原子核の周りに楕円の軌道を描かせる力は、我々の地球を一年間で太陽の周りを一周させる力と同じである。そして、この惑星上に生命を存在させる光と熱の放射をもたらす力と同じなのだ。

アメリカ亡命

アインシュタインのアメリカ訪問は一九二一年が最初で、エルサレムのヘブライ大学設立のための資金集めが目的だった。その際、プリンストン大学で四回講演し、名誉博士号を授与されている。それから九年後の一九三〇年よりカリフォルニア工科大学の客員教授となり、度々アメリカを訪れるようになっていた。

一九三二年一～三月、同大学を訪問。プリンストン高等研究所の完成後には、同所の教授になることを約束する。一度ベルリンに戻るが、同年一二月に妻エルザと共にベルギーを経由して再びアメリカに向かう。この間ヨーロッパは破滅的な事態に陥っていた。翌年一月、ナチスが政権を獲得。ヒトラーが首相になると、ユダヤ人排斥は益々強まり、大規模な迫害・掠奪が進行。遂にはアウシュビッツで知られる大量虐殺まで行われることになる。

ナチスは不在中のアインシュタインから名誉市民権を剥奪～財産を没収。別荘を家宅捜索し、その首に五万マルクの賞金まで懸ける。この時アメリカに居たアインシュタインはドイツ市民権を放棄し、ベルギーやイギリスに妻エルザらと滞在している。同年一〇月、家族共々ニューヨークに到着し、約束していたプリンストン高等研究所教授の職に就く。これが事実上のアメリカへの亡命となった。

第二次大戦と原爆の開発競争

一九三九年八月、時のアメリカ大統領ローズヴェルトはアインシュタインの署名入りの手紙を二通受け取った。「ウランから想像を絶するほど強力な爆弾ができる可能性が極めて高い。核分裂によるエネルギーが放出されるのは人類史上初めて」とあり、「ウラン鉱石の主要産地はベルギー領コンゴで潜在的な敵（ナチを指す）の手に渡らないよう、予防措置をとる必要がある」という趣旨だった。

一一月にはウラン諮問委員会が具体的な報告を発表し、大統領は国家プロジェクトを承認。

コロンビア大学が政府から四万ドルの資金を受けてリーオ・ジラードとエンリコ・フェルミの両学者と契約し、核連鎖反応の実験に取り掛かる。遂に原子爆弾プロジェクトが開始された。ドイツでも核兵器の研究は進行。一九四二年秋、核物理学者たちは（原爆製造には最低三年はかかり、戦争はそれよりずっと以前に終結する）と予想し、製造計画は却下される。

アメリカでは四二年一二月、エンリコ・フェルミが自続式の核連鎖反応に成功。原子核のエネルギー放出を制御した。アインシュタインは、こうした機密情報を知る対象人物とは目されていなかった。ＦＢＩは彼を共産党員あるいはスパイ疑惑の標的と目していた。

原爆投下と戦後の平和運動

一九四五年七月一六日未明、ニューメキシコの砂漠で最初の原子爆弾が炸裂。アインシュタインの有名な方程式 $E=mc^2$ が現実のものとして、爆発と共に姿を現した。ドイツが降伏した後、連合国の攻撃は日本に集中。トルーマン大統領は二つの原爆の使用を命じた——広島に一つ、長崎にもう一つを。アインシュタインは「何ということか！」と頭を抱えた。

彼は原爆に関する機密はそんなに長くは保ってはいられないと予測。当時の三つの軍事大国（米国・ソ連・イギリス）が設立する世界政府が共有すべきだ、という意見だった。彼は「人類は原子力に脅かされて、国際関係に秩序を生み出すかも」とも予測した。

戦後の五〇年代にマッカーシズムの赤狩りを体験したアインシュタインはアメリカの将来を

危惧していた。ソ連に関しては、核戦争を避け、経済を疲弊させないために武器開発の競争を抑えることが、相互の利益になると言った。優秀な頭脳を軍事目的に使うよりも、基準を底上げする方向で研究を進めることが望ましいという意見である。

幻想を抱いていたわけではなく、核戦争を防止するのは難しいことだ、と承知していた。会議の席で、「人間が原子の構造を発見するほどの能力を持っているなら、なぜ原子が人類を滅ぼすことのない政治的手段を考案することができないのか」と問われ、こう答えている。「それは単純なこと。政治の方が物理学よりも難しいからだ」。

私の一言

アインシュタインは一九五五年四月に亡くなる。死の直前、イギリスの哲学者バートランド・ラッセルと書簡をやりとりした。湯川秀樹ら世界の指導的科学者十一人の署名も得て、核戦争の廃絶と紛争の平和的解決を求める「ラッセル＝アインシュタイン宣言」として同年八月、発表される。この宣言を機に、全ての核兵器及び戦争の廃絶を訴える科学者による国際的会合パグウォッシュ会議（九五年にノーベル平和賞受賞）が五七年に創設された。だが、彼は単なる堅物ではない。「相対性とは何か？」と問われ、「自分の膝の上に年寄りの女を乗せていたら、一分間が一時間のような気がするが、乗せているのが若い美人だったら、一時間が一分間みたいに思えるだろう」とジョークで返答している。親しかった科学者アブラハム・パイスはこう言った。「他の偉大な男たちとは全く違い、子どもが子どものままで生きていた。遊びに夢中になる子どもの心が最後まで消えずに残っていた」。

ノーベル賞を二つ受けた世界で唯一人の女性科学者の独白
マリー・キュリーの『自伝』

本編の主人公「キュリー夫人」（マリー・キュリー　一八六七〜一九三四）は一九世紀後半、帝政ロシアの過酷な圧政下で喘ぐ旧ポーランド出身の女性だ。厳しい弾圧下で育ち、長じてパリへ留学。フランス人の夫ピエール・キュリーと結ばれ、学問の真実追求のため協力し、共闘する。その偉大な完成として、ノーベル賞（物理学）を連名で受賞。夫が不慮の事故で亡くなった後は、二人の娘を育てながら単独で再びノーベル賞（化学）を受けるなど稀有な足跡を残した。

本書の概要

生い立ち

私の生まれ故郷はポーランドです。父はペテルブルクの大学を卒業し、ワルシャワの官立や私立の中学で物理学と数学を教え、母はワルシャワでも一流の女学校の校長でした。私は一八六七年に、五人きょうだいの末っ子としてワルシャワで誕生しました。

当時、ワルシャワはロシアの支配下に置かれ、抑圧の深い悲しみによって暗く彩られた少女時代でした。父は文学にも造詣が深く、土曜の晩には母国の詩や散文の傑作を朗読。私たちは祖国に対する愛情が知らず知らずのうちに、身内に培われていきました。

私は学校時代、数学と物理学の勉強には一度も困難を感じませんでした。父はこれらの学問が好きで、よく自分でも教えてくれたものです。父はまた、あらゆる機会を捉えては、様々な自然現象を私たちに判り易く説き明かしてくれました。

私たちきょうだいは皆そろってよくできる子どもたちでした。兄ユゼフは大学で医学を学び、医療の道へ。私と姉たちは、両親の跡を継いで教育事業に身を捧げるつもりでいました。私は一五になって早々に中学を首席で卒業。が、家の財政状態が著しく悪化し、私は一七歳で田舎のある家に家庭教師として住み込み、子どもたちを教えることになります。

村の子どもたちを教える傍ら、私は将来の専門として数学と物理を選択。ゆくゆくはパリへ行って、勉強の仕上げをと貯金を始めます。独学の習慣を身に付け、手当たり次第に集めた参考書の助けを借り、将来役立ちそうな幾らかの知識を得ました。

村で家庭教師を三年半やり、いったんワルシャワに戻って一年、私は私立学校で教えて貯金しました。従兄弟が主宰する私立の研究所で物理や化学の実験を試み、研究生活に対する私の愛着は一層強いものとなりました。一八九一年一一月、二四歳の時に久しい夢が実現。結婚してパリに先着していた姉夫婦の許へ赴きます。程なく下宿に移り、大学生時代の四年間をずっとそこで過ごします。

私の部屋は屋根裏にあり、冬の寒さは非常なものでした。食事もパンとココア一杯、それに卵と果物だけ。でも、それは言い知れぬ魅力を持ち、何物にも代え難かったのは自由と独立の感じでした。私は勉強に全力を傾け、九三年には首席で物理学の学士試験に、そして翌年には二番で数学の学士試験に合格します。

ピエールとの出会いと別れ

一八九四年春、コヴァルスキ教授の仲立ちで初めてピエール・キュリーと対面します。栗色の髪と大きな明るい瞳の長身の人で、真面目な好意に満ちた表情が印象的で、夢想家タイプにありがちの、どこか無頓着なところも。素朴で誠実な態度は、非常に好ましいものに思われました。私たちは打ち解けて交際するようになり、翌年夏に挙式しました。

夫ピエールはその少し前に博士号を取り、パリ市立物理化学学校の教授に。当時三六歳で、物理学者として国内外で名を知られていました。研究に打ち込んで、栄達は度外視し、収入はごくわずか。パリ近郊の家に年老いた両親と共に居住。父親は年配の医師で母は善良な婦人で、私は幸福にも、立派な一家に温かく迎え入れられたのです。

夫と私は愛情と共通の仕事とによって緊密に結ばれ、大部分の時間を一緒に過ごすことになりました。夫は講義のない時は決まって学校の実験室に閉じ籠ることにしていましたが、私自身も許可を得てその実験室で仕事をしていました。

経済的に余り恵まれていず、家事はほとんど私がやり、学問上の仕事との両立は難問でしたが、なんとかやって行きました。また、私は女学校で教える資格を得るため数カ月の準備後、一八九六年八月、首席でこの試験に合格しました。

一番の楽しい気晴らしは郊外の散策でした。夫は戸外で時を過ごすのが大好きで、休暇が来ると、自転車で遠征に出かけました。が、私たちの生活の中で一番重要だったのは学問上の仕事です。二人が時間の大部分を振り向けていたのは、実験室での仕事でした。

当時、夫は結晶体の研究に従事し、私自身は九七年に鋼鉄の磁性についての仕事を完成します。同じ年、長女イレーヌが誕生。私が実験室へ行っている間は同居する夫の父が面倒を見て下さり、お陰で私はどうにか自分の日々の務めを果たしていくことができました。私たちは翌年七月にポロニウムの発見を、同年一二月にはラジウムの発見を発表します。

私たちの考えでは、新しい諸元素の存在は疑いないが、これを化学者たちに認めさせるには、これらの元素を分離して出して見せなければならない。だが、私たちの得た最も強い放射能を持つ分離物（ウラニウムの放射能よりも数百倍の強さ）においてさえ、ポロニウムとラジウムは未だほんの痕跡の程度にしか含まれていなかったのです。

当時、私たちは既に、ポロニウムを蒼鉛（ピッチブレンドから抽出される）から、ラジウムをバリウムから分離する方法を知っていました。が、分離するには、多量の原料が必要でした。私たちは（実験する）場所もなければ、お金も人員も足りなかったのです。

ピッチブレンドは高価な鉱石なので、十分な量を買うことはできなかった。当時、この鉱石の主な出処はボヘミアで、そこにはオーストリア政府の経営する鉱山があった。私たちの予想では、ラジウムやポロニウムは鉱石の残物の中に含まれている筈でした。

ウィーンの科学アカデミーの支持のお陰で、私たちは有利な条件でこの残り屑を数トンも入手することができ、これを原料として使った。処理の費用を賄うため、私たちは先ず自費に頼らねばならなかったが、やがて幾らかの補助金と外部からの協力を得ました。

特に重大な問題は場所でした。私たちは化学的処理を空き家の納屋の中でやらねばならなかった。この納屋は、私たちの電気計装置のある作業室から中庭一つ隔たった一隅にあり、板張りのバラック建てで雨は漏り放題、内部はごった返していました。

この在り合わせの実験室で、私たちは二年間ほとんど助手なしで仕事をしました。化学上の仕事も、段々放射能の強くなっていく精製物の放射の検査も、みんな二人して一緒にやった。そのうちに、二人の仕事を区分せねばならなくなります。夫はラジウムの性質の研究を続ける一方、私は純粋ラジウム塩を作り出す目的で化学的処理に当たりました。

納屋の中は沈殿物と液体を一杯入れた大きな容器で動きが取れなくなった。実験のための一連の作業は、骨の折れる仕事でした。私は放射性物質を含んだバリウムを原鉱から抽出し、これを塩化物の状態に於いて分別結晶させた。ポロニウムの分離よりラジウムの分離の方が易しく、後者の方に努力を集中。こうして得られたラジウム塩は、その作用を調べるために、種々の研究に用いられました。

一九〇三年、私は学位論文を書き上げ、理学博士の称号を受けます。同年末には、ベクレルと夫と私は、放射能と放射性元素の発見に対して、ノーベル賞を授与されました。翌年、私たちの二番目の娘エーヴが誕生します。この年、ノーベル賞のお陰で実力を認められた結果、夫はソルボンヌで特に彼のために設けられた講座を担任することに。私はその講座に付設される実験室の指導者に任命されました。

一九〇六年、私たちが幸福な日々を過ごした納屋の実験室を最終的に引き払った直後、痛ましい惨劇が一瞬のうちに、夫の命を奪い去りました（注：この『自伝』は夫の死について、衝撃の余りの大きさ故か、詳しい記述を避けている。以下は長女イレーヌ・キュリーの『わが母マリー・キュリーの思い出』からの該当する箇所の抜粋）。

〈四月一九日、ピエールはダントン街の科学会館で同僚たちと話し合った後、（所用で）二時半頃どしゃ降りの雨の中を出かけて行った。彼は車道を横切って向こう側の歩道に渡ろうとした。ぼんやりしていた人がよくやるように、慌てて彼は辻馬車の陰から脇に出た。が、彼の靴の底が湿った土の上で滑った。一つの叫び声が起こり、それが二〇もの恐怖の叫びとなる。

……六トンの重さで引っ張られた巨大な質量が進み、左の後輪が何かを引き砕いていった。一つの額、人間の頭だ。〉

ラジウム療法

夫の死は、彼の行なった発見の意義がようやく社会的に認知されるようになった直後のことだったので、特に学界から国民的な損失として受け取られました。パリ大学当局は、夫がソルボンヌで担当していた講座を私に提供することを決議したのは、こういう風潮の影響も大いに手伝っていたのです。私にはかなりの重荷であっても、義務として引き受けようと考え、一九〇六年から講師として働き、二年後には教授に任命されました。

環境が変わると共に、私の生活は前よりも遥かに困難なものに。夫と二人で背負ってきた重荷を、独りで背負って行かねばならないのでしたから。小さな子どもたちには、慎重な配慮と監督が必要で、この仕事は同居して下さった義父が喜んで協力して下さいました。私たちはパリ郊外に庭園付きの家を一軒借り、私は汽車で毎日半時間パリへ通うことに。

一九一〇年、長い患いの後、義父が亡くなります。私は大学の同僚たちと協力し、子どもたちのために、一種の集団教育を組織しました。私たち一人ひとりが、若い生徒たち全員に何かの学科の講義をするというやり方です。私たちは皆他の仕事で忙しい身の上だし、子どもたちの年齢もまちまち。にも拘らず、この実験は興味ある結果をもたらしました。

二年ほど続いたこの授業は、大部分の生徒たちは本より、特に私の長女には非常に有益でした。彼女はパリのある私立中学の上級に入り、平均年齢より若かったのに、楽々と大学入学資格試験にパス。すぐにソルボンヌで勉強を始めました。次女は姉とは少し違うやり方で勉強。よくできる生徒で、どんな学科にもいい成績をとりました。

私の研究方面では、一九〇七年に夫の後任としてソルボンヌの講座を継承します。設備の貧弱な、小さな実験室を一つ与えられ、若い研究員数人と学生たちの援助により、私は研究を前進させ、良い結果へ。この年、米国の著名な実業家A・カーネギー氏が私の研究に絶大な好意を示され、私の実験所に対し、基金を設定。測り知れぬ恩恵を受けました。

私はこの年にラジウムの第二回目の原子量決定を行い、一九一〇年には金属ラジウムの分離に成功します。この実験はラジウムを多量に失う危険があり、異常な注意力を要しました。私はラジウムの含量を、それが放射するガスによって測定する方法を考案。ラジウムの極微量（一ミリグラムの千分の一よりも少ない）が極めて正確に測定可能になりました。

ラジウム療法（フランスではキュリー療法）と呼ばれる新しい医療法は、急速な発展を遂げます。ラジウムの生産とラジウム療法とは並行的に発展。色々な病気、特に癌の治療は次第に好成績を挙げるようになります。私たちの発見がこうして人類の幸福に役立っているという確信が、私にとってどんなに貴重なものか、たやすくご理解頂けるでしょう。

色々な心労が重なり、一九一一年末、私はかなり重い病気に。丁度その時、二度目のノーベル賞を今度は独りだけで授与されます。新しい諸元素の発見と純粋な状態でのラジウムの分離に対するもので、前例のない高い栄誉でした。厳粛な授与式に出るため、私は病を押してストックホルムへ出かけ、二人の娘が同行してくれました。

一九一四年に第一次大戦が勃発。パリが敵の攻撃に晒される危険が増大～政府はラジウムをボルドーへ運ぶよう指示します。鉛で覆いをしたラジウムの入る重い袋を持ち、汽車で私は独りボルドーへ。親切な官吏の計らいで個人の家に泊まることができ、翌朝、大急ぎでラジウムを安全な場所に預け、軍用列車の一隅でやっとの思いでパリへ戻ってきました。

当時は国家に協力するのは、全ての市民の重大な義務。フランスの国防体制には種々の欠陥があり、衛生設備の面における欠陥に私は注目しました。方々の野戦病院にX線検査班ないしX線治療班を急いで組織する必要がありました。他方、それとは全く無関係に新設されたばかりのラジウム研究所で講義をし、特殊研究の遂行もせねばなりませんでした。

X線の助けを借り、体内に入った弾丸を発見～除去を容易にします。X線はまた骨や内臓に生じた種々な変化を明らかにし、様々な病気の経過をたどることを可能にします。X線の応用は、戦時において多くの人命を救い、多くの苦痛や恒久的不具を未然に防止しました。

私は旅行に出る時、よく長女のイレーヌを連れて行きました。当時一七歳で、中学を終えソルボンヌで勉学を始めていた時期。実に熱心に私の仕事を扶けてくれ、前線の野戦病院で働いた功績で褒状やメダルを戴きました。私自身も車の運転を習い、必要な時にはX線検査病院車で旅行する折に自分で運転をしました。

X線検査に従事する人手が足りず、私は婦人たちを訓練することに。軍医部に進言し、一九一六年にエディト・カヴェル病院に新たに付設された看護婦学校に、X線衛生班養成所が設けられます。特別の講習会が開設され、一五〇人の看護婦たちが訓練を受けました。私は実習に重きを置き、私の娘や数人の篤志家たちに講義を依頼しました。

一九一五年、ボルドーに疎開したラジウムがパリへ復帰。私はそのラジウムを患者の治療に応用することを思い立ち、ラジウム発散物の入ったガラス管を自分独りで調整。複雑な操作を必要とする仕事をこなし、軍および民間の多くの負傷者や患者が、これらのガラス管による治療を受けました。ラジウムとの接触は危険を伴い、それに従事する者を放射線の有害な作用から守る措置を軍医部が講じなかったことに、私は度々不安な念を覚えました。

同年、実験所をピエール・キュリー街の新館に移設。研究所の整備は軌道に乗り、一九一九年に完成します。四年余り続いた大戦も前年に休戦が成立し、ほっと安堵しました。一九二一年には貴重な「マリー・キュリー・ラジウム基金」を頂戴します。W・B・メロニー夫人が発意し、米国の婦人の方々が拠金～一グラムのラジウムを私に寄付して下さったのです。

私と娘たちはニューヨークへ招待されます。ホワイトハウスでハーディング大統領から心のこもったお言葉を頂き、方々の大学から数々の栄誉ある称号を授与されました。ナイヤガラ瀑布やグランド・キャニオンを見物し、自然の造り出した奇跡に深く感動しました。

私たち（夫婦）はラジウムの製法の詳細を公開してきました。特許も何一つ取らず、製造者から利潤の分け前を要求するようなことも致しませんでした。ラジウム工業が急速な進歩を遂げたのも、私たちの公表した報告が正確だったから。人類は一定の目的に向かう無私の指向が強烈で、自分の物質的利益など度外視する夢想家を必要としています。

私の一言

放射能研究のパイオニア「キュリー夫人」として知られる本編の主人公は、「初」尽くしの人物だ。曰く、フランスの大学で博士号を取得した初めての女性。パリ大学教授となった初の女性で、ノーベル賞を受賞した初の女性でもある。二つの科学分野（物理学と化学）でノーベル賞を受けた初（男女を問わず）の存在だ。二〇一八年にイギリスの歴史専門誌『ＢＢＣヒストリー』が発表した「世界を変えた女性百人」の第一位に彼女が輝いたのも当然、と言えよう。その母と亡き父のＤＮＡを受け継いだ長女イレーヌは、母親から独特の英才教育を受けた。このイレーヌが長じ、夫フレデリク（母マリーの元助手）と共に「人工放射性元素の研究」でノーベル化学賞（一九三五年）を受ける輝かしい成果を挙げたのも必然の成り行きだった、と思えてくる。

「最も変化に対応できるものが生き残る」

レベッカ・ステフォフの『ダーウィン——世界を揺るがした進化の革命』

イギリスの哲学者H・スペンサーはダーウィン（一八〇九～一八八二）の進化論を支持し、「適者生存」という概念を産み出した。これが極端化すると、人種差別主義者の正当化に利用され、ナチスのユダヤ人迫害に利用されたりもする。そうした危険性を承知しつつ、本書に即してダーウィニズムの真骨頂を改めて振り返ってみたい。

本書の概要

第一章　進化論の原点

一八三五年九月一五日、小さな帆船ビーグル号が南米の西岸沖約一〇〇キロに浮かぶ島に接近。若き科学者チャールズ・ダーウィンは日誌に「一目見た時、何の魅力も感じられなかった」と記す。荒れた漆黒の溶岩が一面に広がり、急峻な峰には深いクレバスが幾つも口を開けている。

生命の兆しと言えば、葉のない貧弱な低木だけ。荒涼とした島は地獄を思わせた。が、これらの島々が、やがてダーウィンの研究にこの上なく重要な役割を果たすことになる。その研究は、地球上の生命に対する人びとの考え方を、根本から覆すものとなった。

ビーグル号の世界一周は、イギリス海軍が使う海図を整備するために政府の命令で開始。遠く離れたガラパゴス諸島もそうした調査区域の一つだった。が、最後には二六歳のダーウィンが手掛けた非公式のガラパゴス調査が広く世に知られるようになり、肝心の公式の測量の成果は、すっかり影が薄くなってしまった。

ダーウィンが情熱を傾けていたのは、地球と地球上に住むあらゆる生き物の研究、博物学だった。彼は島々の植物と動物を調べ続けた。この時、観察したり集めたりした標本には、当時の科学に全く新しい知見をもたらしたものが多い。実のところ、それまで博物学者によく知られていたガラパゴスの生き物といえばゾウガメだけだった。

一行が最初に探検したのはチャタム島（現在のサンクリストバル島）。辺りを調べると、遠見の印象ほど不毛の地ではないことが分かってきた。発育の悪い低木や茂みにはちらほらと葉っぱが見え、花が満開の木もある。但し、葉も花もそれまで見たことがないほど小さかった。海岸線では、ところ狭しと這い回る黒い大トカゲが岩の周りを悠々と歩き、真っ赤な小蟹が餌になるダニを求めてトカゲたちの間を忙しく走り回っていた。

散策しながら島の奥に進んでいったダーウィンと助手は、巨体のゾウガメ二頭と出会う。人間の姿を見て唸り声をあげ、二人掛かりでも裏返せないほど大きかった。ダーウィンは日誌に記した。「巨大な爬虫類が、黒い溶岩、葉のない低木、背の高いサボテンに囲まれている風景を目にすると、まるで古代に迷い込んだような不思議な感じがする」と。

このチャタム島に約一週間を費やした後、ビーグル号は付近のチャールズ島（現サンタマリア島）など三つの島々を巡った。ジェームズ島（現サンサルバドル島）では、一週間ずっと野営しながら探検を続行。海岸に棲む黒くて大きなトカゲのウミイグアナを観察した。世界で唯一の海洋性のトカゲで、浜辺の岩から海草を食べに海に入り、中々出て来ない。仲間の黄色と茶色のリクイグアナも同じ位大きく、行動も変わっていた。

高いサボテンに登って水分の多い葉を食べ、長い爪で地面に巣穴を掘って、地中で暮らす。ガラパゴスの動物は、鳥も含め、不思議なことに少しも人を怖がらなかった。ダーウィンはライフル銃で触れる距離まで鷹に近づき、銃の先で突いて枝から飛び立たせたことさえある。ほとんどの島が無人島で、動物たちは人間を怖いと感じないらしい。

標本集めに没頭したダーウィンは、陸上の動物や魚、鳥、昆虫、植物、貝をできる限り採集し、イギリスに持ち帰って詳しく研究できるようていねいに荷造りした。作業するうち気づく。ほとんどの動植物がガラパゴス諸島に特有で、他の地域には居ないものばかりだった。また三つの島には、それぞれ違う種類のゾウガメが居て、甲羅の形と模様が異なっていた。こうした観察結果は、地球上の多様な動植物の種がどのように出現したかについて、大胆な新説を生み出すのに大きく役立つことになる。

ダーウィンは以後、長年にわたってガラパゴス諸島で目にした動植物のユニークさの理由を考え続けた。あれほど多くの種がなぜガラパゴスにだけ棲み、他のどこにも居ないのだろうか？　なぜ動物や植物の種が島ごとに違うのだろうか？　この疑問がダーウィンのライフワークの土台を築いていった。

イギリスに戻ったダーウィンは、長い生涯を神秘に満ちた地球の生命史の探求に捧げた。そしてその過程で、私たちの世界観と人類の位置づけを劇的に変化させた。ビーグル号でガラパゴス諸島を訪れてから二〇数年後、彼は種の誕生についての革命的な新説で一九世紀の社会を揺るがす。進化論、即ち時が経つにつれて種がどのように変化していくかに関する理論は、彼を激しい議論の渦に巻き込んでいく。

第二章　飽くなき探求者

彼は一八〇九年、英国中部の都市チュールズベリーに裕福な医師の次男として生まれた（父方の祖父は高名な博物学者）。エジンバラ大学で医学と博物学を学び、三一年にケンブリッジ大学を優秀な成績で卒業する。決してガリ勉ではなく、植物学者や地質学者らと親交を結び、稀有の知性を科学研究の道に捧げた。

〈絶滅――偉大なる死〉一つの種がすっかり居なくなるという考えは、神学に矛盾すると思われ、中々受け入れられなかった。が、一八世紀も終わりに近づくと、博物学者たちは地球の歴史上に何度も絶滅が起きたという説を認め始める。かつて地球上を闊歩した恐竜などの巨大獣の化石が、人びとを驚かせていた。ダーウィンは南米で恐竜の化石を幾つか発掘したことがあり、「種の起原」にこう書いている。「種の絶滅に関して、私以上に驚嘆した人は居ないと思う」。

専門学者の研究成果から、これまでに少なくとも五回の「大絶滅」が起きたことが化石に記録されている。最大規模の大絶滅は二億四五〇〇〜二億二五〇〇万年前頃にかけて起き、それまでいた種の九六%もが死に絶えた。また凡そ六五〇〇万年前の大絶滅では、最後の恐竜を始め全体の四分の三を占める種が絶滅した。

科学者たちは大絶滅の原因について様々な学説を提唱してきた。巨大な隕石の衝突などによる地球規模の気候の大変動があったせいだとする説などである。地質学者と古生物学者は今なお諸説の証拠を探し続けている。

地球は今、新しい大絶滅の真っ只中にある。現代の大絶滅は、驚くべき成功を遂げたたった一つの種、ホモサピエンスの仕業だ。この種は生息環境の破壊や環境汚染など、近代工業と無謀な人口増加による様々な影響によって、毎日数十という種を絶滅に追いやっている。ダーウィンが書いたように、「一度失われた種は二度と現れない」。今日絶滅する動植物は、地球上から永遠に消え去ってしまうのだ。

第三章　ビーグル号の航海

ダーウィンにとって、この航海は将に発見の旅だった。一八三二年二月、ビーグル号はブラジルに到着。彼は、地球上のどこよりも多くの動植物の種がいるというブラジルの熱帯雨林を探検して有頂天になる。そこは眩いほど、おびただしい数の生命に溢れていた。

ある時は一日で六八種の甲虫を捕まえ、別の日には朝だけで八〇種もの鳥を撃った。飢えた軍隊蟻の大群が通り道にあるものを喰い尽くしながら行進する恐ろしい光景も見た。鸚鵡から椰子へ、甲虫から蘭へと、関心の的は次々と移っていった。集めた標本は、その多くが当時も科学にとって未知のもので、木箱に詰められて郷里の家に送られた。ブラジルでは、初めて熱帯性の熱病にかかった。奴隷制のおぞましさもかいま見た。この地を去る時、「有難いことだ。もう二度と奴隷の国は訪れまい」と書いている。

アルゼンチンのプンタアルタでは、砂利と粘土の小高い丘に埋まった古い骨を発見。オオナマケモノにアルマジロ、トクソドンと呼ばれる犀のような動物、絶滅した南米の象……。ダーウィンはアルゼンチンの平原を「絶滅した四足哺乳動物の広大な墓場」と呼んだ。そして、科学者たちがこの発見を役立てれば、アメリカ大陸に「巨大な怪物たちが群がっていた」遠い過去の世界を再現できるだろう、と感じた。

現代の南米に棲むバク、ナマケモノ、グアナコ、アルマジロは過去の巨大獣の子孫に違いないと確信したダーウィンは、種の間の関係についても思いを巡らせるようになった。「同じ大陸における死者と生者との不思議な関係」から、種がどのように出現し、どのように絶滅するかが明らかになるかも知れない、と思うようになったのだ。

第四章　理論の誕生

〈種とは何か〉種は、生物分類学の基本単位だ。近代分類学の基礎を築いたスウェーデンのC・リンネはあらゆる生き物を植物界と動物界とに二分した（現代の生物学者は、植物界・動物界・菌界・他に微小な単細胞生物の二つの界と、計五つの界に分類する）。

種とは何なのか。ダーウィンは、互いに交尾または交配して繁殖力のある子孫を産み出せる生き物の集まりを種と定義した。科学者は今日、同じ種の生き物が繁殖できるのは、共通の遺伝物質を持っているからだ、と知っている。一九八〇年代には、類人猿と人間の遺伝物質の研究から、人間とチンパンジーの間柄は、人間とゴリラ、チンパンジーとゴリラの間柄より近いことが発見された。

種の見極めには驚くほどの一貫性がある。かつてニューギニアの熱帯雨林の島で、西欧の動物学者が七〇〇を超える鳥の種を見つけたことがある。中には、鳥の体を詳しく調べてみないと見分けられない種もあった。ところが島の住人たちは、鳥の行動や棲み処などのわずかな手がかりを基に、いとも簡単に鳥を見分ける。科学者たちは度々舌を巻いた。

一八三六年秋、ビーグル号が英国に帰り、ダーウィンは帰宅。長い航海で入手した数々の資料を分類するという長く厳しい作業が始まる。七七〇頁も書き貯めた日誌。地質学と動物学について記録した膨大な量のノート。鳥、植物、昆虫、岩石の数千もの標本。うち動物の標本は、鳥、昆虫……などとグループ分けし、各分野の第一人者に分類と記述を頼むことになった。何年もかけて郷里へ送り続けた化石や標本が大評判になり、科学界はダーウィンに絶大な期待を寄せていた。

父ロバートは息子が博物学に専念できるよう十分な資金を用意。『ビーグル号航海の動物学』の出版費用には政府から助成金をもらうこともできた。ダーウィンの『航海記』はよく売れ、彼は自分がものを書けること、それが受けることを知り、感激した。

一八四三年までに、ダーウィンが注釈などを加えて編集した『ビーグル号の動物学』全五巻を刊行。さらに、『ビーグル号航海の地質学』三巻の執筆にも着手した。この頃、彼の頭の中で、種の変異というテーマが大きく膨らんでいく。

例えば、ダチョウなどの飛べない鳥にある小さくて役に立たない翼。一部の蛇の体内で見つかる脚の骨。ダーウィンはこのような無駄な構造が、これらの鳥や蛇の祖先が、かつては空を飛び、脚で歩いていた標ではないかと思うようになった。

彼は当時、気晴らしにT・マルサスの『人口論』（一七九八年）を読んでいた。マルサスが指摘したのは、ほとんど全ての種が生き延びられる数よりはるかに多くの子を産むという点。彼が説いた「自然淘汰」の考え方にダーウィンは賛同。「一部の生き物が死に、残りが生きて繁殖するよう『選択』する、眼に見えない原則（「自然選択」）が見つかった」とした。

一八三八年末までに、ダーウィンは偉大な業績の核心にたどり着いていた。進化の理論とその仕組みである自然選択だ。が、彼はこの重大な新説をあわてて発表しようとは思わず、沈黙を守って種に関する事実を淡々と集積し、研究を続けていた。

第五章　「悪魔の牧師」

一八四四年、ダーウィンは研究の概要を二部構成にまとめた。第一部では家畜や栽培植物と野生生物に見られる変種を取り上げ、どのように自然選択が進んでいくかを説明。第二部では自然選択に対する賛否両論に検討を加えている。彼は出版をためらった。実際に出版したのは一八五九年で、随分年月が経っている。なぜ、それほど長い間、待ったのだろうか？

生物進化の思想は、聖書に描かれた天地創造と矛盾するだけでなく、ビクトリア朝社会の平和を乱す唯物論に勢いを与えるものでもあった。唯物論では、宇宙の活動は物質と自然の法則によって説明できると考える。そうなると、多くの人びとにとって、神の存在はなくてはならないものでも、疑う余地のないものでもなくなった。

『種の起原』は四〇〇頁を超えるかなりの厚さになった。多彩な話題を取り上げ、鳩の繁殖家、魚の化石、ロシアのゴキブリ、氷山の考察から、猫、鼠、蜂、ムラサキツメクサを繋ぐわずかな生態上の関係までを論じた。地質学、解剖学、植物学、動物学の分野で十年にわたって続けてきた読書、観察、収集、実験を踏まえ、二つの要点を導き出している。

一つ目は、種は進化し、それぞれの環境に合わせて適応するという点。二つ目は、新しい種をゆっくりと形成して来た基本的な仕組みは自然選択であるという点。自然選択では、生き残りと繁殖に最も適した機能を具えた生き物が有利になる。自然選択は世界中の至る処で、どんなに微かな兆しも逃さずに、あらゆる変種を毎日、毎時間ごとに吟味していると言えるだろう。そうやって悪い物を切り棄て、良い物を全て残して積み重ねていく……。

ダーウィンは『種の起原』を、奇跡的な神の創造に反対する「一つの長い議論」と呼んだ。最後の章で議論をまとめ、自然とその法則に感じた驚異の念を描いて結びの文とした。彼にとって、超自然の神秘を創造する必要はなかった。目の前に繰り広げられる地上の世界が、十分に畏敬の念を呼び起こしてくれたからだ。

第六章　ダーウィンの遺産

英国の哲学者・生物学者Ｈ・スペンサーはダーウィンの進化論を早くから支持し、自然選択を一言で表現する「適者生存」という言葉を考え出した。宗教界は最も頑固にダーウィニズムに反対し続けた。ダーウィンの思想は、みんなが持っている信仰心を冒涜する、と考えたから

ダーウィニズムは、科学的な障害にも直面してきた。生物の特徴がどのようにして親から子へと伝わっていくかが、分からなかったのだ。

オーストリアの博物学者G・メンデルの研究が一石を投じる。彼は一八五〇年から一五年に亘って、植物の雑種（異種間）の交配の実験を何千回も繰り返した。実験に使ったのは、背の高いエンドウ豆と背の低いエンドウ豆。両者を交配すると、その子は全て背が高くなることが分かった。ところが、この二世代の子同士を交配すると、三世代目には背の高い豆が三つに対して一つの割合で背の低い豆が現れる。その結果、メンデルは親の特徴が子で「混じり合わないこと」を観察していた。

一九〇〇年頃、遺伝の問題を研究する科学者たちがメンデルの論文の重要性に気付く。新しい細胞生物学が生まれ、遺伝は親から子へと遺伝子を運ぶ特別な細胞によって支配されていることが判明する。一九五三年、J・ワトソンとF・クリックが遺伝物質（DNAの分子から成る）を発見し、遺伝の研究は飛躍的な進歩を遂げた。

私の一言

ダーウィンは一八八二年、郷里で七三歳で亡くなった。友人らの働きかけで一週間後、首都ロンドンのウェストミンスター寺院で国葬に付されている。イギリスで国葬と言えばチャーチルを連想するが、同時代の人びとがいかにダーウィンを重んじていたかが判る。ダーウィンは、こんな名言を残している。「最も強いものが、あるいは最も知的なものが、生き残るわけではない。最も変化に対応できるものが生き残る」。ダーウィンの誕生二〇〇周年と『種の起原』出版一五〇年周年記念の催しが二〇〇八年に世界中で行われ、日本でも東京や大阪などで行われ、関連書籍も多く出された。

数奇な運命をたどった江戸後期の美貌の才媛歌人の心打つ伝記

磯田道史の『大田垣蓮月』

大田垣蓮月（一七九一〜一八七五）は「菩薩尼」と呼ばれた江戸後期の歌人・陶芸家だ。高い身分の血を引く絶世の美人でありながら、数奇な運命に翻弄され、孤独な身の上に。が、剃髪〜出家し、歌人として名を成すと共に、自作の焼き物に自詠の和歌を釘彫りする蓮月流を創始した。手にした金は飢饉の際になげうって貧者を扶けるなど慈善事業に励んだ。

本書の概要

後の大田垣蓮月こと大田垣おのぶ（お誠）は寛政三（一七九一）年、京都で生まれた。父は津藩藤堂家の一門、藤堂新七郎（禄五千石）。母は三本木の花街の芸妓。新七郎は名門の出とされる芸妓に産ませた赤子の始末に窮し、碁友達である知恩院の寺侍・山崎常右衛門を頼った。子細は詳らかでないが、山崎はその赤子を己の養女とした。

彼は因幡国鳥取の百姓の生まれ。都に流れてきて三年、大変な苦労の末、伝手を頼り知恩院門跡の家来となり、郷里から妻子や母を呼び寄せた。赤子は乳母の乳をよく吸い、大層元気で、乳児の頃から筋肉の動きが尋常ではなかった。まもなく、知恩院の本坊から呼び出しがあり、常右衛門は世襲が叶う「御譜代」の身分を仰せつかり、臨時雇いではない本当の武士に昇格する。藤堂の若様が口添えしたに違いなかった。

知恩院は特殊な寺で、徳川の京都での出先機関視されるほど、幕府と密接。家康は天下の権を握ると、浄土宗総本山の知恩院を庇護し、壮大な建造物に仕立て上げた。藤堂家は徳川氏の重要な配下として西国方面で活動し、知恩院にもそれなりの影響力があった。

おのぶを抱きながら、常右衛門は余慶を感じ、妻共々この女児をいとおしんだ。田舎出の情の深い、この夫婦に育てられたことは、おのぶにとって幸運であった。おのぶは成長するにつれ、大人たちを驚かせた。容姿の麗しさが人目を惹きつけるばかりでなく、何をやっても、ずば抜けている。筆を持てば美麗な文字を書き、五歳で文章を書き始め、六歳になると大人顔負けの和歌を詠んだ。

おのぶが居た界隈、知恩院門前町には文人が多く居た。つい先頃まで池大雅が住み、この頃は上田秋成という変わり者の老人が出現。気難しそうだが、子どもには優しい。おのぶが和歌を詠むと知ると、この『雨月物語』を書いた天才文章家はにっこり笑い、本当に丁寧に添削してくれた。これ以上の英才教育はなく、おのぶの詠歌はたちまち上達した。

それだけでなく、美少女のおのぶは驚くべきことに撃剣を好んだ。しかも、恐るべき腕前に達した。兄の千之助に剣術を習わせようとすると、八つも齢下のおのぶが稽古に付いて行き、見よう見まねで棒を振り始めたのだ。常右衛門が千之助に稽古を付けてやっていると、必ず傍らに来て「えい、えい」と愛らしい掛け声で木刀を振った。

おのぶが七つになろうとする時、伊賀上野の実父から対面したいと報せがあったが、羞恥心から幼い彼女は断ってしまう。が、しばらくして実父の訃報が伝わり、おのぶは悔やんだ。(病身の父は、生前に一目会いたかったのだろう。何という酷いことをしてしまったのか)自責の思いが生涯、心の傷となって残った。

実父が死んでしまえば、おのぶの人生も大きく変わらざるを得ない。八歳になった彼女は武芸でも、学問でも、群を抜いていた。養父の常右衛門、改め大田垣光古の唯一つの望みは、おのぶの才を存分に伸ばし、幸せを掴ませることであった。

名門の出とされるおのぶの生母は産後ほどなく、丹波亀山の御家中に嫁いでいた。光古はおのぶを呼び、委細を伝え、大名の奥向きに奉公して諸芸を磨いた方が良い、と懇々と説いた。八歳のおのぶは自分の運命と向き合い、亀山城に入っていった。以後の経緯は全く伝わっていない。母子が出会えたどうかさえも。城中へ奉公に上がったおのぶは、凄まじい勢いで諸芸に励んだ。和歌は勿論のこと、舞い、裁縫など一通りの女の技を身に付け、人に教えられるほどになる。一〇歳、一五歳と長じ、容姿は益々美しくなり、人目を惹いた。

地獄だった結婚生活

ところが、間無しに「あれは駄目じゃ、男勝りに過ぎる」となった。とにかく、武芸修業は凄まじかった。薙刀ばかりか、剣術は基より、鎖鎌まで始めた。やたらに御馬屋へ行きたがると思えば、いつのまにか、馬にまたがって稽古をしている。極め付きは竹竿。それを使い、城の塀を乗り越える稽古をする姿に、城中の女たちは呆れ果てた。

こんなふうでも風雅な歌を詠み、ただ座って黙っていれば、誰よりも気品に満ちているのだから始末に負えない。そして、養家の方でものっぴきならぬ事情が生じていた。おのぶが奉公に出ていた間に、嫡子・仙之助が二〇歳で夭折してしまったのである。最愛の息子を亡くした母は、すっかり憔悴し、三月経たぬうちに後を追った。

跡取りがなくては、大田垣の家は絶えてしまう。伴左衛門は伝手を頼り、遠く但馬の在から同族の少年、天造改め直市を連れて来た。少年の瞳は沈んだままで、ひどく虚無的。おのぶは馴染めず、心が繋がらない。その矢先、養祖母が死に、大田垣家に女手が無くなる。おのぶは亀山の城から連れ戻され、「祝言を挙げよ」と養父に迫られた。

妻子を失った養父がいたわしく、孤独な直市に多少の同情もあった。こうして、おのぶ（蓮月）は祝言を挙げた。本より洛東では評判の美人。花も恥じらう一七の年頃、花嫁衣裳に身を包んだ可憐な美しさは、後々まで語り草になるほどだった。が、当のおのぶの中には、もやもやが残った。ときめくものが少しもなく、先行きの不安ばかりが湧いて出た。

直市との暮らしは地獄であった。彼は「家門の職務を勤めんともせず、世に稀なる才色艶美なる妻女を袖にして、朝夕、放逸、怠惰に身を持ち崩し、悪友に近づいて、博打に耽り、酒色に溺れ、果ては養父と口論し、妻のおのぶに暴力を揮った」と伝わる。

夫の裏切りに、おのぶはひたすら堪えた。が、それも良くなかった。我慢すればするほど、貞婦として振る舞えば振る舞うほど、夫の直市は軽蔑されていると感じ、遊びが激しくなり、遂にはおのぶを殴った。直市は生来、出来が良くなかった。養子先に居たのは都でも名だたる才色兼備の女子で、藤堂家五千石の血筋というから、到底敵わぬ相手だった。

夫が荒んでいく理由が判るだけに、おのぶは心を痛めた。（また、子どもでも産まれれば、少しは落ち着くのでは）淡い期待を込め、時々、求めて来るままに直市に体を委ねたが、結果は同じ。二〇の時に女の子が産まれたが、可愛い盛りの二つで死んだ。二二でまた女子を得たが、四つを数えたところで又、亡くした。その度に、夫の生活が益々荒んだ。

直市の目は一層暗く沈み、体の調子もはかばかしくなく、知恩院の勤めも怠りがちになってきた。さすがに、養父もこうした婿養子を連れてきた己の非を悟り、「離縁せねばなるまい」と言った。だが、おのぶは止め、「後一年半だけ、待って下さい」と取りすがった。しかし、知恩院との関係は待った無し。おのぶはとうとう折れて離縁を承知する。別れた直市は兄の居る大坂に下って行き、ほどなく廃人同様の死を迎えた。

心を支えた和歌

こうした中で、おのぶの心を支えてくれたのは和歌であった。二五歳にして、養父と二人だけの暮らしとなったが、この頃から又、歌学の教養をしっかりと積み始めた。住まう知恩院界隈には学者が多い。中でも気になって仕方がなかったのは、子どもの頃に少しばかり手ほどきを受けた上田秋成。おのぶが祝言を挙げた頃には七〇を過ぎ、両眼は光を失い、手足を不自由にしていた。おのぶはこの老人から、歌について幾つかの言葉を聞いた。

その頃、京師の歌壇で一世を風靡し始めていたのは、香川桂園（景樹）であった。しかし、秋成は「歌の狂なるものじゃ」と偽物視した。「歌はことわりに非ず、調ぶるものなり」。香川の歌は口調の良さに重きを置き、人の思いを陳述することを軽んじている、と断じた。秋成は亡き小沢蘆庵を引き、「わしの魂の友、歌を学ぶなら蘆庵に学べ」と言った。

この蘆庵も変人。世辞を一切使わないから、いつも貧しかった。浪人になってからは、仕方なく人に和歌を教えて暮らした。本居宣長が「当代きっての歌人」と保証し、束脩（月謝）の実入りも多かった。豪商三井家の人びとも入門したが、自分が重篤の病に臥した時、ただの一度も見舞いに来なかったと咎め、この一族を一挙に破門した。世間はそれを変人と見た。そうした逸話を聞くにつれ、おのぶは既にこの世にはいない変人に興味を感じた。

おのぶに再婚話が出たのは、夫と別れて四年目の春のこと。既に二九になっていたが、若々しい美貌を保ち、涼やかな立ち姿は二〇過ぎの娘にしか見えない。が、破鏡の悲しみを知ってしまい、どこの誰とも再び偕老の契りを結ぶ気にはなれなかった。

父は六五歳を迎え、めっきり衰えた。知恩院御譜代の寺侍としての勤仕が、老いの身には辛いらしかった。（私さえ堪忍すれば……）おのぶは思い定め、父の隠居につながる婿養子との縁談を呑む覚悟を決める。父は慎重の上にも慎重を重ね、婿を選んだ。

〈井伊掃部頭御家中、石川重二郎〉が新しい婿。父が見込んだ通り、優しい男だった。慶長元和の「井伊の赤鬼」の荒々しさは微塵もなく、蒲柳の質とも言うべき華奢な体つき。慈愛に満ちた微笑みの美しい青年で、万事に控えめながら卑屈なところはない。

父と重二郎は実の親子の様に仲睦まじく、おのぶも夫婦の幸せというものを初めて知った。が、不幸の翳はどこまでも付いてきた。結婚四年目の春、夫はこほこほと不審な咳をし始め、床に臥す。六月の末に臨終を迎え、三三歳のおのぶは再び寡婦となった。

夫・重二郎を失って後の数カ月、おのぶの有様は無残なものだった。ひがな一日、亡夫の衣服を抱き締め、時々、腸を絞り出さんばかりに嗚咽した。亡き夫の亡骸が荼毘に付された時の思いを後に和歌にこう詠んでいる。「立ちのぼる　煙の末も　かきくれて　末も末なき　心地こそすれ」。彼女には、亡夫との間にできた二人の子の面倒見が残されていた。

蓮月の身体破壊

すっかり老け込んだ父は出家剃髪し、知恩院に連なる真葛庵の住持となった。かの西行ゆかりの庵ゆえ、「父は西心、おのぶは蓮月」という法名を知恩院門主から授かる。おのぶは、父と共に二人の子を連れて、この真葛庵に入った。幸せな日々は長続きはせず、七つになったばかりの娘がまもなく亡くなり、翌々年正月、最後に残った男の子まで死んだ。

父の西心はすっかり傷心。老け込みが甚だしく、天保三（一八三二）年八月一五日、お盆の送り火が焚かれる中、燃え尽きるように静かに逝った。七八であった。そこからは、また悲惨が始まった。真葛庵は尼寺ではないから、住持を継ぐわけにはいかない。尼となったとはいえ、蓮月は美し過ぎた。既に齢は四二を数えていたが、陶器のような白い肌は、男を惹きつけるに十分であった。行き場を失った蓮月尼は、寂しい山中にある大田垣家の墓に辿り着くと、墨染めの衣のまま立ち尽くし、日が沈んでも墓地の闇の中に居続けた。

「不用心過ぎる。手籠めにされたら、どうする」。周りが必死に止め、蓮月は神楽岡の麓、聖護院村の人家の外れに陋屋を借りて住んだ。自活していかねばならず、すぐに出来るのは囲碁の師匠であり、人に教えられる芸事が囲碁を入れれば七つほどあった――薙刀・鎖鎌・剣術・舞・歌・裁縫。が、尼の身では、武芸はいけないし、その他も実入りには無理。

すると、大した実入りにはならないが、和歌の教授しかない。弟子をとることにしたが、これが良くなかった。尼になったものの、蓮月は、美しい匂いをなおも遺していた。それを求め、心を動かされる者が少なくなく、男たちが色香目当てにたかってきた。

妻子ある者までが、後家の尼と見ると、露骨に口説いてくる。仏門に入ってから、決して人を憎むまいと心に誓ったものの、ほとほと男というものの性に呆れ果てた。そのうち、近所の者たちが根も葉もないことを噂する。蓮月の美貌が目当ての男は決まって人のいない時を狙って、庵に上がり込む。直に陰のある目つきになり、淫らな囁きを口にする。

そうされると、恐怖にも似た、例えようのない嫌悪感が体の中から反射的に突いて出てしまう。未だ修行が足りない、自分は未だ女の体なのだと思うと、更に気が滅入った。剥き出しに迫って来る男は、未だよかった。そのうち、心を込めた玉草を認めてくる若い男が現れた。蓮月に還俗を迫り、真っ直ぐに見つめ、真摯な誓いまで口にした。

「私は御仏に仕える身です。貴方に言い寄られるとは、その覚悟が足りないのでしょう」。蓮月はそう言うと、襖の陰に回った。その直後、気味の悪い呻き声がし、男が襖を開けると、蓮月がのたうち、口から血が噴き出し、悪鬼羅刹さながらの面相。蓮月は千金秤から伸びた糸を前歯にくくり付けて引き抜き、別人の如き面相に変化しようとしていたのだ。

男は半狂乱になって、やめてくれ、やめてくれ、と泣き叫んだ。それでも、蓮月はこの身体破壊を続けた。男はとうとう耐え切れず、戸を開け放ち、疾風の如く外へ駆け出した。以後、さすがに言い寄る者はいなくなった。聖護院村の村人も、噂を立てなくなった。

「蓮月焼き」

和歌を教えられなくなった蓮月は口過ぎの道を陶器づくりに求めた。京の外れ、粟田口で粟田焼という陶器を家業とする懇意な老女の陶房に日参。埴細工を習い、土を庵に持ち帰り、寝食を忘れて泥と格闘し始める。美しかった細指は醜く荒れ、老婆のそれに変じた。

蓮月は一心に「きびしょ（急須）」を拵え続けた。宝暦天明の辺りから、津々浦々の豪農豪商は学問に目覚め、漢詩漢文を嗜むようになった。「文人」になるには「煎茶」をせねばならない。煎茶を呑むには急須が要り、「きびしょ」が有難がられたのである。

ひと月に五〇個、一〇〇個と蓮月は急須や茶碗を拵えた。自詠の和歌を釘で彫り付けた品を近在の窯元に持参し、所定の焼き代を払い、焼かせてもらった。が、拵えも焼きも素人業の域を出ず、「手ずさびの　はかなきものを持ち出て　うるまの市に立つぞ　侘しき」という一首が思わず口をついて出た。蓮月はひたすら悪評に耐え、急須造りに日々精を出す。

そのうち、己の心身は人に言われて立腹するほど綺麗なものではない。むしろ穢れている。詰まるところ、自分にとって必要なのは「自他平等の修行」なのでは、と思い定める。その悟りを得てから、蓮月の作風は変わったと言っていい。「蓮《はちす》」を作品にあしらうようになり、急須の蓋を蓮の葉の形に造り、蓋の取っ手は茎の形にした。

蓮は穢れた泥土から出たものであるからこそ、人の心を救ってくれる。埴細工は、それに似ている。汚い泥から出て、急須と成れば、万人の喉を潤してくれる。蓮月は拙くとも、一つずつ丁寧に造った。急須の蓋に四方八方に伸びる蓮の葉脈をこつこつ造形。取っ手の茎には、一つずつ穴を開けた。万人に満遍なく救いが行き渡るように、との願いを込めて。

そのうち、蓮月の陶器は評判を呼び始めた。形は拙いままだが、どこか優しいその温もりが人の心を打つのか、欲しいと言う人が跡を絶たなくなった。ひとたび、人気に火が付けば、後は速い。たちまち品薄になった。蓮月の手が回らないからと、贋作屋が五、六軒も出来、どんどん偽物を売る。伝え聞いた蓮月は「私のようなもんが始めた埴細工で、食べられる方が出来たいうんは、ええことですわ」。一言そう言って、微笑んだという。

蓮月は四〇歳代から八〇過ぎまで約四〇年にわたって「蓮月焼き」を造り続けた。晩年は黒田光良という男と連携して作業していたので、黒田家に蓮月の書状が沢山残っている。

書状によれば、蓮月は高年になっても、ひと月に一〇〇点以上は制作。年に一二〇〇点余で四〇年間通したとすれば、生涯に五万点は作品を遺したと見ていい。当時の日本人口は三五〇〇万人で家数は七百万軒弱。出回った多くの偽物分を含め、蓮月の名は、和歌付きの陶器のせいで日本中に知られるようになった。

そのうち、聖護院村の蓮月の許に、一人の少年が同居するようになった。隣家の内気な子で、そのうち自然に、蓮月の陶器の土運びを手伝い始めた。年の頃は一三、四歳。元来は三条衣棚の大きな法衣商の子だったが、幼時の病いが基で片耳が殆ど聞こえなかった。名は「猷輔」と言い、後の文人画家、富岡鉄斎である。

蓮月はありったけの愛情と、芸術的感性をこの少年に注ぎ込み始めた。少年には、どこかしら翳があった。近所の噂で、耳が聞こえ難いのだとは聞いていたが、それだけではなく母親が居なかった。父親と二人暮らしで、二人して一心不乱に読書している。少年は遠目には惚れ惚れするような美貌ながら、よく見ると斜視で、眼玉が斜めに飛び出していた。

蓮月は不憫に思い、心にかけるようになり、学問好きの父子との深い付き合いが始まる。蓮月は鉄斎少年に、あらゆることを教えた。鉄斎は懸命に学んだ。やがて鉄斎の父の手引きで、蓮月は鉄斎を同伴して北白川村の静かな山寺「心性寺」の一室に引っ越す。

安政の頃になると、蓮月の名声は日本中に轟いた。いろんな来客があり、人目を避けたい蓮月は度々引っ越しを重ね、西賀茂村の神光院を終の棲家として住み着く。質素な暮らしぶりに変わりはなく、終日、土ひねりをして働き、夜は光明真言を唱えた。

幕末の戦乱に蓮月は心を痛めた。鳥羽伏見の戦いで人が大勢死傷したと聞くと、眼は涙で一杯になった。独りになると、和歌を一首こう認めた。「聞くままに　袖こそぬるれ　道のべにさらす屍は　誰にかあるらん」。老女とも思えぬ力強さで、蓮月が動き始め、途方もないことを言い始めた。「西郷に談判する」。（このまま国の中で人が殺し合ってはいけない）。蓮月は直感でそう思った。西郷を諫めるには歌がいい。思いのたけを歌にぶつけた。

――あだ味方　勝つも負くるも　哀れなり　同じ御国の　人と思へば

それを短冊にしたため、西郷への直訴を企てた。伝手はいくらもあった。知人の儒学者・春日潜庵は西郷の指南役といってよかった。そもそも、蓮月の周囲には和歌を好む薩摩藩士が始終出入りしていた。鉄斎にしても、西郷とは顔見知りで、一緒に相撲見物をしたこともある。

西郷はこの和歌を見た。大津の軍議で、諸将にこの和歌を示し、この国内最大の内戦の在り方について、大いに悟るところがあった、という。

私の一言

蓮月は〈越後の貞心尼〉〈加賀の千代女〉と並ぶ江戸期「三大女流歌人」の一人とされる。前半生は不幸な運命に苛まれた。一六歳での最初の結婚では三人の子を授かるが、生後すぐに亡くなり、身持ちの良くない夫とも離別。二八歳で再婚し、幸せな生活に恵まれるものの、夫は四年後に病死。その後まもなく二人の我が子と養父を亡くしている。蓮月の前半生は、人の世の悲しみと無情を生き抜いた人生だったとも言えよう。が、その悲しみと無情は歌心や焼き物造りの源泉と化していく。傷心をほんの少しでも癒やさんがための心ばえが数々の秀句や名器を産んだ。つくづく、良くしたものだ、と思う。

第四章

びっくりする話あれこれ

文献を信じ、古代の筏（複製）で南太平洋横断に成功
トール・ヘイエルダールの『コン・ティキ号探検記』

〈古代ペルーの人びとは太平洋をパルサ材の筏で渡り、ポリネシア人の祖先となったのでは？〉との仮説を自ら実証すべく、ノルウェーの探検家（人類学・海洋生物学者）トール・ヘイエルダール（一九一四〜二〇〇二）は一九四七年、古代の筏を複製した「コン・ティキ号」を建造。五人の仲間と共に太平洋横断の航海に挑み、見事成功する。その『探検記』は世界六二カ国語に翻訳され、二千万部以上の大ベストセラーとなり、その航海を描く長編ドキュメンタリー映画「Kon-tiki」は一九五一年のアカデミー賞長編ドキュメンタリー映画賞を受けている。

本書の概要

「木の筏で太平洋を横断しよう」

南海のポリネシア人は広大な海域の島々に散らばって住む。祖先崇拝者で、「太陽の息子」の祖先神ティキを崇める。私は図書館で、南米の太平洋岸に初めて達した欧州人たちの残した記録を掘り出した。インディアンの大きなパルサ材の筏のスケッチや記述を発見。筏は横帆と垂下竜骨があり、艫の方には長い舵オールがある。そんな仕掛けで、操縦ができたのだ。

筏に乗り組む仲間は注意深く選ばなくてはならない。私は当時ニューヨークの「探検家クラブ」に所属。そこで知り合った若いノルウェー人の技師ヘルマンがまず参加を希望した。私は友人のエリックとクヌートとトルステインに短い手紙を書いた。「南海の島々にペルーから人が渡ったという学説を支持するために、木の筏に乗って太平洋を横断しようと思う。貴兄は航海で技術的な能力を活用できるでしょう」。三人とも、すぐ承諾した。

出発までには後三カ月、しなければならないことが山ほどあった。それはメンバーと木の筏と積み荷がペルーの海岸の一カ所に集まる時に集中していた。我々はニューヨークとワシントンに飛び、大学の研究者や海軍の提督に会った。科学的な測量のための貴重な器具と機械を入手し、太平洋の海図や軍の進んだ装備などを受け取ることができた。

新聞や保険会社は「自殺航海」と見做し、補助金をもらう当てはほとんどなかった。篤志家のある大佐が登場。「困ってるね」と声をかけ、「帰って来られたら、返してくれればいい」と小切手を差し出した。何人かがならい、個人からの借金で何とか乗り切れる目途がつく。

昔のペルーの筏は、ペルーに自生するパルサの木で出来ていた。パルサはコルクより軽い。国連の事務次長でチリ出身のコーエン博士は、有名なアマチュアの考古学者だった。彼が筏による我々の探検に理解を示し、ペルーの大統領宛てに紹介状を書き、援助してくれた。

若いノルウェー人の技師ヘルマンと私は南米へ飛んだ。エクワドルのパルサ王に直談判し、海抜三〇〇〇メートルの高原へ小さな貨物飛行機で着陸。未だ首狩りをしているインディアンたちが少なからずいる現地に入った。エクワドルの工兵大尉が付き添い、ジープでアンデスの山中へ。ジャングルの中をうんと走り、遂にパルサの木々が生い茂る現場に到着する。

毒蛇や巨大なサソリがうじゃうじゃいる山中で、我々は直径が一メートルもあるパルサの巨木を一週間で一二本も伐採。一本一トンはある代物を丈夫な葛でしっかり縛り合わせ、即席の筏を二つ製造。言葉の通じない現地人二人の付き添いの許、河伝いにリマの港へ到着した。

コーエン博士の紹介状を頼りにペルーの大統領と直談判。海軍のリマの工廠内での筏の建造への便宜やドックと仕事を補助してくれる職員の手配、そして出発時に海岸から筏を曳航してくれる船の手配などを頼み込み、承諾を得る。

その日、リマの諸新聞はペルーから出発間際のノルウェーの筏の探検行について記事を掲載。同時に、スウェーデン・フィンランドの科学的な探検隊によるアマゾン地方での研究終了を報道。その隊員の一人がウプサラ（ストックホルム北方の都市）大学から来た、ベングト・ダニエルソンだった。彼は直接、探検隊への参加を申し込み、私は有難く応じた。

筏を造る

まもなく我々六人は皆リマの出発点に集まった。超近代的な工廠が素晴らしい助けを与えてくれた。一番太い丸太九本が、実際の筏を造るために選ばれた。長さ一五メートルの一番長い丸太が真ん中の板に置かれ、この両側に段々短い丸太が対称的に置かれていき、両端は一〇メートルだった。そして、舳先が先の丸い鋤のように突き出していた。

筏の後ろは真っ直ぐに切り落とされた。九本のパルサの丸太が色々な長さの直径三センチの麻の綱でしっかり縛り合わされると、細いパルサの丸太が約一メートルの間隔でその上に横に結び付けられた。筏自体はそれで完成。約三〇〇本の違った長さの綱で入念に縛り合わされた。

筏の真ん中には、艫に寄った処に竹の棒の小さな開けっ放しの小屋を建造。編んだ竹の壁と竹の板の屋根を付け、皮のようなバナナの葉をタイルのように重ね合わせた。小屋の前方に鉄のようなマングローブの木で出来た帆柱を二本並べて立てた。

舳先の低い飛沫避けを除き、全部ペルーとエクアドルの古い筏の忠実な複製だった。視察したペルーの海事関係者は一様にいいことは言わず、中には航海を思い止まるよう懇請する人物さえいた。彼は「筏がもし浮かび続けたとしても、フンボルト海流に運ばれ、太平洋横断には一〜二年はかかるだろう」と予言。別の一人は繋索を見て首を横に振り、「筏は二週間も保たないうちに、綱と言う綱が擦り切れてしまうだろう」と不吉な予言をした。

私は、自分たちは何をしようとしているのか分かっているか、と何度自分に尋ねたか知れない。ただ私は、もし西暦五〇〇年にコン・ティキ（古代ペルーの英雄）のためにパルサの木が浮かび繋索が切れなかったとするなら、我々の筏をコン・ティキの筏の寸分違わぬ複製にすれば今だって同じことをしてくれるだろうという、一般的な結論を引き出したのである。

出航

四月二八日（一九四七年）、波止場は大勢の見物客で真っ黒だった。新聞記者が黒山のように押し掛け、映画のカメラが音を立てていた。竹の帆桁が上げられ、帆が広げられる。曳き船に曳航され、コン・ティキ号はカヤオから北西へ五〇海里の処まで到達。南東からの風に乗り、筏は動き始めた。重くて、どっしりし、飛沫を上げて悠然と進んだ。

二日目の夜、波が高くなり、筏をぐるっと回したり、横向きにさせたりした。（舵オールを握る者二人ずつの）二時間交代制では体がもたず、一時間舵を取っては一時間半休むように変更。次から次へと休みなく押し寄せる混沌たる波との絶え間ない闘争だった。

第三夜。午前四時ごろ、予期しない大波が後ろの暗闇の中から泡立ちながら、襲来。小屋も帆も木っ端みじんにしようとした。六人全員が甲板の上に出て、荷物を縛り直す。暗闇の中で帆に絡まり、二人が海中に落ちそうになった。我々は帆を下ろし、六人全部、小さな竹小屋の中に這い込み、くっつき合って鰯の缶の中のミイラのように眠った。

周りと比べて特別静かな平面というものは、筏の上にはなかった。竹の甲板、二重の帆柱、四枚の編んだ小屋の壁、葉を上に乗せた錣板の屋根――みんな綱で縛られているだけ。綱はあらゆる圧力を受け、一晩中キーキー、ウンウン、ギーギーいう音を聞くことができた。

しかし、綱は保った。二週間経てば綱は全部擦り切れてしまうだろう、と水夫たちは言った。が、そんな徴候は全く見られなかった。パルサの木は柔らかだったので、丸太が綱を擦り減らす代わりに、綱がゆっくりと木の中に喰い込んでいき、守られていたのだった。

一週間ほどして、海は静かになり、海面は緑色から青に変わった。真北西に行く代わりに、西北西へ行き始めた。これは、沿岸の海流の外に出て、海の真ん中へ運び出される希望の出来た最初の微かな徴候ではないか、と思われた。

まもなく、鰯の大群の真ん中に入った。すぐ後、二メートル半の青鮫がやって来て、白い腹を上に向けて引っくり返り、筏の艫に体を擦り付けた。翌日は、鮪・鰹・シイラの訪問を受けた。大きなトビウオが筏の上にドサッと落ちて来、それを餌に一〇から一五キロもあるシイラを二匹引っ張り上げた。これは何日分もの食糧だった。

赤道に近づき、海岸から遠くなるにつれ、トビウオが珍しくなくなる。時々、冷たいのが高速で飛んできて顔にピシャリとぶつかり、甲板の当直者の罵声が聞こえることもあった。トビウオのフライは朝食用に好評で、鱒のフライを思い出させた。夜の間にトビウオは五、六尾も発見され、炊事当番を喜ばせた。

二、三日後の深夜、一メートル以上もある長っ細い魚が飛び込んできた。鰻のようにくねくねし、どんよりとした黒い眼と長くて鋭い歯の一杯生えた貪欲そうな顎のある長い鼻面を持っていた。魚類学者がゲムピュリスあるいはクロタチカマスと呼ぶ深海魚で、骨だけは南米などで発見されていたものの、生きたものの確認は我々が初めてだった。

水面と同じ高さの床を持ってゆっくり静かに漂っていく者にとって、海は沢山の驚異を含んでいる。シイラやブリモドキ（鮫の先頭に立って泳ぎ、食物の豊富な場所へ案内。そのおこぼれに与る変わった習性の魚）のように、あんまり仲良くなってしまい、筏に付いて海を渡り、昼も夜も周りに居続けるものも少々あった。

五月二四日、筏は西経九五度、南緯七度の処をゆったりしたうねりに乗って漂流。我々は正真正銘の海の怪物と遭遇する。頭はだだっ広くて平ら、小さな目が両側に二つ。幅一～二メートルもあるガマのような顎があり、口の両端から長い房毛が垂れ下がる。頭の後ろに巨大な体があり、末端には長くて薄い尾が付き、尖った尾びれがある。怪物はジンベエザメだった。

頭にも体にも小さな白い斑点が細かにある。のんびり泳ぎながら、ブルドッグのように歯を剥き出し、尻尾で水面を叩いた。怪物は平均体長一五メートル、体重一五トン。我々の周りや筏の下を円を描いて泳ぎ出すと、頭が一方の側に見えるのに、尻尾は未だ反対の側から出ていた。もし襲撃されたら、筏は木っ端微塵なのに、我々は声を上げて笑わずにはいられなかった。

怪物は長い間、筏の周りをうろついた。隅の方にいたエリックがたまらなくなり、二メートル半ある手銛を頭上に持ち上げた。奴が広い頭を筏の隅の真下に持ってくるや、大力のエリックは渾身の力をこめ、銛を怪物の軟骨で出来た頭の中に深々と突っ込んだ。その巨大な奴が一〜二秒かかり、やおら薄のろが鋼鉄のような筋肉の山に変わる。銛の綱が突進するシューッという音が聞こえ、巨大な奴が逆さまになって深淵の中に一気に潜ると、滝のような水が見えた。ピンと伸びた太い丈夫な綱がぷっつり切れ、怪物は二度と姿を現さなかった。

航海の記録

出航から二カ月後に、真水が腐って味が悪くなったことに気付いた。が、雨の少ない海域は通り過ぎ、激しい夕立が十分水を供給してくれる地域に到着していた。毎日一人につき、たっぷり一リットルの水が割り当てられ、その配給量がいつも全部消費されるわけではなかった。海流の中には魚が沢山いた。トビウオは自分で筏の上へ飛来する。大きな鰹は艫から来る大量の水と一緒に筏の上に出現した。鰹はとてもおいしかった。時間を決めて海に入り、日陰になった小屋の中で濡れたまま寝ていると、水を飲む必要はずっと減った。

海洋生物学者のバイコフ博士は海中のプランクトンが人間の食糧になると教えてくれた。プランクトンの大部分はちっぽけなエビジャコのような甲殻類か浮流する魚の卵だ。世界最大の動物・白長須鯨はプランクトンを食べて生きている。こういった小さな有機体がカロリーをたっぷり含んでいることが判る。

ある日、泳いでいる馬のように後ろで激しく水を噴くものがあり、びっくり。外海で、鯨の本当の呼吸音を聞くのは余りにも珍しかった。我々は何度も鯨の訪問を受け、大抵は小さいゴトウクジラで大きな群れを成し、我々の周りを跳ね回った。でかいマッコウクジラやその他の巨大な鯨のことも。時には我々を目がけ、まっしぐらに進んで来ることもあった。

我々は危険な衝突に備え、準備をした。大きな、輝く黒い額は、二メートルもない至近距離までやって来ると、水面下に沈んでしまった。巨大な青黒い鯨の背中が筏の下にあった。我々は丸い背中を見下ろし、息を殺していた。

七月二日、強い風と荒れ模様の海がやって来た。私は舵取り当番だった。真夜中ちょっと前、艫の方から巨大な高波が三つ接近。我々は沸騰した泡の逆巻の中を通り、艫から先に波の広い谷に滑り落ちた。筏が天高く投げ上げられ、周りのあらゆる物が轟轟たる泡の渦巻の中に拉し去られた。海底の動揺は、こういった海域ではそう珍しいものではない。

二日後、最初の嵐があった。予期していなかった方向から突風が吹き寄せ、舵取り当番が筏を操るのを不可能にした。周りの波は五《メートル》もの高さに跳ね上がり、我々全員、くの字になって甲板を這い回らなければならなかった。風は竹の壁を揺すぶり、索具という索具の中でひゅうひゅう、轟々鳴った。海水は耳を聾する雷のような音を立てて筏の上に砕けた。

天候が落ち着くと、筏の周りは鮫や鮪、シイラ、少数の鰹で一杯だった。闘っているのは主に鮪とシイラだ。シイラは大群を成してやって来、素早く敏捷に動いた。鮪が攻める方で、七〇～九〇キロ位なのが口の中にシイラの血みどろの頭をくわえて空中高く跳び上がる。時々、鮫もまた、大きな鮪を捕まえ、闘うのが見える。我々は二メートル前後もある鮫を九匹も釣り上げた。鮫は丸一日海水に漬け、切り身からアンモニアを取ると、鱈のような味がした。

七月二一日。毎秒一五メートル以上の突風が吹き、トルステインの寝袋が波に攫われ、ヘルマンが捕まえようとして海中に落ちた。艫で舵オールを握るトルステインと舳先にいた私が気づき、救命具のところへ突っ走った。ヘルマンは素晴らしく水泳が上手かったが、既に舵オールのずっと後ろに流され、必死に泳いでいる。クヌートが片手に救命帯を持ち、海に飛び込む。筏の四人は救命帯の索を握り、ここを先途と引っ張り、二人を筏の上に救出した。

まる五日の間、天候は完全に暴風になったり、軽い強風に変わったり。海は掘り返されて広い谷となり、その谷は泡立つ灰青色の波から出る煙霧で一杯に。それから五日目に天が裂け、青空がちょっと顔を出す。我々は舵オールを折られ、帆を裂かれて、強風の中を切り抜けた。垂下竜骨はだらりとぶら下がっていたが、我々自身と荷物は完全に無疵だった。

二つの暴風の後、コン・ティキ号は繋ぎ目がうんと弱くなった。険しい波浪を乗り越えるため無理をし、全部の綱が伸び切り、絶え間なく動く丸太のために綱がパルサの木に食い込んだ。我々はインカ族のやり方に従ってワイヤ・ロープを使わなかったことを神に感謝した。

我々は舵オールを、鉄のように硬いマングローヴの長い副木を付けて、接ぎ木して縛り付けた。竹の甲板を全部持ち上げると、主な綱のうち三本だけが擦り切れていることが判った。丸太が非常な重さの水を吸い込んでいるのは明らかだったが、荷物は軽くなっていた。だから、これは大雑把に言って、差し引きとんとんだった。

七月三〇日朝、遥か東の水平線に初めて島の姿を認める。エリックの測定ではプ・プカ島で、ツアモツ群島最前線の前哨だという。我々はこの三カ月間、実際に前進していた（平均速度は一日四二・五海里）のだ。我々は現実にポリネシアに着いたのだという満足感で一杯だった。航海一〇二日目の八月七日、コン・ティキ号は環太平洋のツアモツ諸島のラロイア環礁に座礁。ポリネシアの原住民〜フランス太平洋植民地総督府の援助で無事救出される。

三カ月半近くにわたる筏による航海距離は四三〇〇マイル（八〇〇〇キロ弱）に及んだ。現在、学界では色んな知見や遺伝子分析の結果などから、ヘイエルダールが主張したポリネシア人の南米ペルー起源説には否定的な意見が優勢なようだ。

二〇〇二年、彼が八七歳で亡くなると、ノルウェー政府はオスロ大聖堂で国葬で送った。

私の一言

「板子一枚、下は地獄」。ヘイエルダールの命知らずな企画にノルウェー人の友人・知人が四人も、二つ返事で誘いに乗っている。私は反射的に、ヴァイキングの故事を思い起こした。中世のノルウェー、血の気の多い漁民たちは欧州沿岸などへ広く遠征。略奪や侵略を繰り返し、恐れられた。〝向こう見ず〟な点では、ヘイエルダールの一統も先祖の荒くれたちに一向に引けを取らない。翻って、我が日本。中世から近世にかけ、「倭寇」は朝鮮半島や中国大陸の沿岸部などを荒らし回り、存在を知らしめた。そして、当今。かの安倍政権当時、冒険家輩出を希い、「三浦雄一郎記念日本冒険家大賞」なるモノが創設された。だが、今年六月で創設一一年を迎えたというのに、未だ受賞者ゼロ。かつての海民の荒ぶる血は今いずこ!?「前代未聞」（内閣府）の事態に、関係者は頭を抱えているらしい。

航空機で初めて単独大西洋横断に成功したアメリカの国民的英雄の回顧録
チャールズ・リンドバーグの『翼よ、あれがパリの灯だ』

アメリカの飛行家チャールズ・リンドバーグ（一九〇二〜一九七四）は一九二七年、「スピリット・オブ・セントルイス」と名付けた単葉単発のプロペラ機でニューヨーク〜パリ間を飛行。大西洋単独無着陸飛行に史上初めて成功し、世界的名声を得た。その飛行の記録『翼よ、あれがパリの灯だ』は一九五四年にピュリッツァー賞を受け、五七年に映画化（ビリー・ワイルダー監督、ジェームズ・スチュアート主演）されている。

本書の概要

〈注：一九二六年秋、リンドバーグは、セントルイスとシカゴの間に新たに開かれた航空路を、旧式の複葉機で飛ぶ郵便飛行のパイロットだった。〉

私が大西洋を飛べないというのか。私はもう二五歳だ。もう二千時間近く飛んでいる。私は航空士官候補生として陸軍航空隊に勤務し、航空の基礎を学んだ。ミズーリ国防軍第一一〇偵察中隊の大尉だ。飛行家としての私のあらゆる過去の野心、希望、夢は現実となったのだ。今は、もっとそれ以上のことがやりたい。よし、一念発起、パリまで飛ぼう！

最初にニューヨーク〜パリ間無着陸飛行に成功すれば、オーティグ賞（二万五〇〇〇ドルの褒賞）があり、飛行機代と諸経費一切が賄える。私は、私の計画に乗ってくれる人びと――適当な支援者に渡りをつけなければなるまい。私は綴じ込みノートに予定事項を一つ一つ記入。中西部航空界の有力者ランバート少佐に先ず相談。彼は「一枚、加わろう。一〇〇〇ドル持とう」と言った。私の手持ちの二〇〇〇ドルとで計三〇〇〇ドル、幸先いいスタートだった。

〈注：一九二六年夏には、大枚のオーティグ賞を目指し、数人のパイロットたちが秘策を練っており、著名なライバルにはパトロンが付いた。全く無名の青年リンドバーグは一万ドルの資金獲得を目指し、セントルイスの実業家連の説得にかかる。〉

資金集め

セントルイス商業会議所会頭ハロルド・ビスクビイ氏は後援者になることを承知し、約一万ドルの資金捻出を内諾してくれた。私は幾つかの航空機製作会社と折衝を始めた。カンザス州のウィチタにあるトラベル航空会社が見込みのありそうな飛行機を作っている。だが、折衝したところ、「受けかねる」と言う。またカリフォルニア州サンディエゴのライアン社が作った非常に優秀な性能の単葉機に関する情報もあった。

ライアン社の工場は海岸近くの古い荒れ果てた建物だった。背のすらりとした青年ドナルド・ホールが主任技師で、社長のマホニイ氏も三〇前と映る若者だ。工場では六人ほどの職工がスティールのチューブを溶接したり、ケーブルを継ぎ合わせたりしていた。私は「エンジンは新しいJ－5型に」「プロペラは金属にしたい」「旋回計を取り付け、磁気羅針盤も欲しい」等々の希望を述べた。ホール主任技師は機体の安定度と操縦性を考え、「尾翼を後方に移し、エンジンは前方に取りつける」ことを提案した。

マホニイ社長は「早速とりかかります。J－5エンジンに——特別の装具を付けて——一万五八〇ドルでお造りしましょう」と約束。その真剣さに好感が持てたし、ホール主任技師の腕にも信用が置けた。価格の点でも、セントルイスの私の同志が作ってくれた一万五〇〇〇ドル以内で済む。私はセントルイスに電報を打ってライアン社の申し出を概略報せ、取引を結んだ方がよかろうと付け加えた。折り返し返電が来て、話を進めるように言ってきた。

近郊のサンペドロの街で私の欲しかった「メルカトル（ベルギーの地理学者）式投影図」（各方位線が直線で表示される長方形のマスから成る）を入手。ホール技師は私のために製図室のテーブルを片付け、私は図表を広げた。心射図法によって、ニューヨーク～パリ間に直線を引く。その線から一六〇キロごとに、メルカトル式投影図表によって点を移し、これらの点を直線で結ぶ。各点ごとにニューヨークからの距離と次の点までの針路を記入した。距離は正確に五八八キロ。私の曲がった多辺形の線が北にカナダ東部の半島とカナダ東海岸の島から東に大西洋を渡る。南に下ってアイルランドの南端を通過し、イングランドを越え、「パリ」と記した小さな点で終わる。私の生涯は、この黒い曲線の正確度によって決まるのだ。この数字と角度の確証が得られたらいいのだが、と私は感じた。

〈注：ニューヨーク～パリ間の無着陸飛行一番乗り競争で一九二六年末から翌年初めにかけて六人の飛行士が落命した。一九二七年五月九日現在、残っているのはバード中佐とチャンバーリンだけ。リンドバーグはダークホース視されていた。大西洋上を覆う嵐のため、三者は出発を躊躇。気象台は一九日夜、「パリへの大気圏コースは晴れかかっている」と報じる。天気予報は注意深く確言を避けていたが、リンドバーグは明け方離陸する決意を固める。

「セント・ルイス号」の離陸

夜明け前、乗機はロングアイランドの飛行場の滑走路端に引っ張り出された。燃料の重さは莫大だった。リンドバーグ自身も、ちゃんと離陸できるかどうか半信半疑だった。〉

私はスロットル（ガソリンの流量を制御する装置）を絞り、機体の傍らに立つ人びとを見渡した。燃料満載、二トン半もの重量が小さいタイヤの上に乗っかっているのだ。風、天候、馬力、積載量――中西部の牧草地帯で空の旅回りを続けながら、私は何度これらの要素を心の中で考量してみたことだろう。が、こんなに重い荷を積んで離陸した経験は今までにない。ただ飛行の無形の要素——経験と本能と直感——だけが今は私を導く。

愛機「セント・ルイス号」は、まるで荷を積み過ぎたトラックみたいだ。滑走路の一〇〇メートルが過ぎる。滑走路の二分の一の標識が一瞬にして後ろへ。次の瞬間、全馬力でふわっと離陸。機首を抑え気味に一秒一秒速度を付けながら、ゆっくりと上昇していく。

ゴルフリンクだ。人びとは上を仰いでいる。行く手には樹木に覆われた低い丘。「セント・ルイス号」は、針の先で平衡を保っているようなものだ。飛行速度は時速一六〇キロを超過。一分間一七五〇回転までスロットルを絞る。機尾は軽い。操縦の手応えはしっかりしている。

午前八時五二分、ちょうど一時間飛んだ。空は晴れてきた。地平線のように見える直線の下に、それよりも黒い線——あれが大西洋の岸辺だ。北大西洋の海図を引っ張り出す。この図によると、マサチューセッツ海岸を過ぎて三二キロ行き、コンパス七一度に転針、さらに一六〇キロ進んで七四度に変針することになっている。

出発してから三時間目、視界は無限。忽然として後方の視界から消えてしまったのは合衆国の海岸線。私はただ推測航法によって前進する以外に方法はなく、海図の上の黒い線を頼りに飛行することになろう。洋上を羅針盤だけを頼りに飛ぶ私の能力を試すことになる。

機首をぐっと下げ、海面近くにまで降り、何キロかを矢のように滑っていく。海面は漣が立ち、北西の微風。実は昨日の朝起きてから、私はちっとも眠っていない。午後一時近く、空が曇ってきて、風が行く手を真っ向から吹き付け、大強風となった。翼の先端があっという間に撓み、操縦席は上下左右に動揺する。機体は離陸時より五〇〇ポンドほど軽くなっているが、それでも一トンの燃料を持っているので、まだまだ過重で危険だ。

私は目が覚めた。しばらく高く飛び、それから低く飛ぶ。右手で、次に左手で、操縦する。一時間ごとに燃料タンクを調べ、計器類を読むという機械的操作もやる。午後四時五二分、九時間分の燃料を消費し、約八〇〇ポンド積載量が減り、機体はよく浮く感じがする。

地上では谷間や岩陰には、処々に残雪が見える。私は大洋の上六メートルを低く飛ぶ。睡魔が忍び寄り、一分ごとに眠気が強くなってくる。居眠りは僅か数秒のつもりでも、時計の分針が数区分動いている。体全体が心底から睡眠が欲しいと主張している。

眠気がこう酷くては、夜明け、明日、明晩……、一体どうして過ごすことができよう。機体を水面上六〇~九〇メートルに保ち、顔や体を乱暴に揺り動かし、足で床板を地団太踏む。体をミミズのように屈伸してみたりし、私はまた半分眠っていた。

私は下を見おろす。遥か遠くに、紫色に霞んでニューファウンドランドの嵳々たる山々がそそり立っている。薄い層雲が溶けた黄金のように燃えている。アメリカの最後の時間であり、最後の日。鷲のように断崖を滑空し、ニューファウンドランドの最後の山々を低く飛ぶ。

「パリの灯だ」

夜明けはまだまだ先だ。現在の問題は、睡魔と闘い、羅針儀をしっかりと把握することだ。日は殆ど没した。高度は今一五〇〇メートルでなお上昇中だ。もう真っ暗、時計は未だニューヨーク時間で、午後八時三五分。機首を少し上げ、固定装置を入れる。

私は雲の山脈の上にいた。巨大な雲の柱が、普通の雲塊の上へ幾千メートルもくもくと押し上がってくる。機は雲の中に突入。大気は荒れて機をもみくちゃにする。この渦巻く雲の中での目暗飛行には、精神の集中が必要だ。旋回計、傾斜計、飛行速度計、高度計、羅針儀、私の前の全ての計器類をしっかり点検~機体をちゃんと操作しないといけない。

この上空では前より一層寒い。高度計を見ると、三一五〇メートル。寒い――懐中電灯で翼柱を照らしてみる。へりが凸凹になって光っている。――氷だ！　すぐ機首を巡らし、雲のない空に引き返さなければならない。私は旋回計の針が左へ四分の一インチ動くまで、方向舵のペダルを踏み続ける。雷積雲の周りを縫うように飛び、絶えず南の方向を選ぶ。

眠気が麻薬のように私の抵抗を圧倒する。五秒間だけ瞼の閉じるのを許す。私は両足を床板の上でバタバタやり、痛くなるまで頭を振る。時刻午前一時五二分、パリまで半分の処に来た。計器盤の文字はボーッとかすみ、頭はふらふらする。操縦席の片側に寄りかかり、頭を窓の外に出す。プロペラから流れてくる新鮮な強風が両瞼を無理にこじ開けてくれる。

大洋が再び次第に緑色になってくる。計器盤の文字が私を睨みつける。私はいま死の淵に指先でぶら下がっているのだ。だが、気力が回復しかけ、意識が甦ってきた。頭をプロペラの風に当てて深呼吸。遂に睡魔の呪縛を破る。私は重病から回復したかのように感じた。

手を伸ばし、磁気羅針儀を調整する。ほとんど針路は正確だ！　昏睡状態にあった幾時間は無駄ではなかったのかも知れない。私の飛行計画は完全だ。はっきりと意識も甦り、目を海と水平線の両方にやる。太陽は頭上に輝き、操縦室の天窓から差し込んで照りつける。

深夜三時ごろ、最初のスコールに遭う。北東の水平線上に青い帯状のものが見える。ニューファウンドランドを離れて十六時間。アイルランド上空に達したのだ。起伏する山々や、フィヨルドの入り組んだ海岸。野の緑が濃く、古びた山々は円味を帯びている。

私はほとんど間違いなく、自分の針路上にいたのだ。北に向かってじりじり進んだ私の直感の方が、理論的な航空術よりももっと正確に機を導いてくれたのだ。アイルランドの南端を旋回降下し、小さな集落を見下ろす。走り出た人びとが上を見上げ、手を振っている。

散り散りのスコールが靄の間から現れる――空は晴れ、ほとんど水平線の彼方まで見える。すぐ近くにはイギリスのコーンニッツ海岸があり、船が見える。ちらっと見ただけでも、四隻。燃料は十分あるし、力も満ち満ちている。この飛行の大難関はもう通過したのだ。

ニューヨーク時間で午後一時五二分、ここでは大体午後六時半。私はイングランドの南西端コンウォールを通過している。すぐ鼻先にイギリス海峡があり、五、六隻の船が見える。フランスの海岸が、落日の光に燃えながら、迎えの手を差し伸べるように近づいてくる。

上昇にかかると、エンジンがブルルンと痙攣! 進路の行く手に、ほのかな白光が見え始める。パリが大地の端からせり上がってくる。無数のピンの点のような明かりが現れる——パリの灯だ。遥か下方に、点々と伸びる光の柱はエッフェル塔だ。その上空を旋回し、ル・ブールジェ空港を指して針路を北東に転ずる。

五分余り過ぎ、かなり前方に見える沢山の明かりは間違いなく飛行場だ。高度三〇〇メートルから私は左翼を下げ、降下旋回に移る。スロットルを絞り、車輪が柔らかに地面に触れる。「セント・ルイス号」はル・ブールジェ飛行場の中央の固い土の上に停止した。

私は一九二七年五月の夜、ル・ブールジェ飛行場で私を待っている人たちによって歓迎を受けた。「セント・ルイス号」は何万という群衆の圧力でガタガタ震えた。私は扉を開けた。何本もの手が私の手や足を、体を攫んだ。群衆は私を担ぎ上げ、落とすまいとしていることが判った。この後、私はアメリカ大使館へ丁重に案内され、輝かしい栄誉の大歓迎を受けた。

私の一言

リンドバーグの著書の原題は『The Spirit of St.Louis』。和訳本の題名『翼よ、あれがパリの灯だ!』は日本語では広く知られているが、実は英語圏ではこれに対応するセリフは存在しない。リンドバーグが空港に着陸後に発した第一声は「ここはパリですか?」または「トイレはどこですか？」の二説がある。その時、彼はパリに着いたかどうかも実は明確には判っていなかった、というのだ。彼の無着陸による飛行時間は実に三三時間半。出発の前夜も睡眠が十分ではなかったようだから、睡魔との闘いが一番のカギだった。原著の記述には、強い睡魔の余り、幽体分離（自己像幻視――肉体と魂が分離した状態）を思わす記述さえあり、危機一髪よくもそんなに長時間無事だったなと改めて感服する。

隠れ家で逼塞する日々を瑞々しく活写

アンネ・フランクの『アンネの日記』

本作はユダヤ系ドイツ人の少女アンネ・フランクによる日記ふうの文学作品だ。第二次世界大戦中のドイツによる占領下のオランダ・アムステルダムが舞台。ナチスの手によるユダヤ人狩りのホロコーストを避けるため、咳もできないほど息をひそめて隠れ家で暮らす八人のユダヤ人たちの日々を活写する。私は一読、強く胸を打たれた。

執筆は密告（密告者は未だに不明）によりナチスのゲシュタポに捕まるまでの約二年間（一九四二年六月一二日〜四四年八月一日）に及んだ。アンネの死後、生き残った父オットー・フランクの尽力により出版され、世界的ベストセラーとなった。文春文庫（増補新訂版、深町真理子：訳）を基に、五八〇頁余の大冊の核心部分を私なりに紹介したい。

本書の概要

一九四二年六月一二日　あなたになら、これまで誰にも打ち明けられなかったことを、何もかもお話できそう。どうか私のために、大きな心の支えと慰めになって下さいね。

六月一四日（日）　あなたを手に入れるまでの経緯から。一昨一二日は私のお誕生日。居間で贈り物の包みを開けたら、真っ先に出てきたのがあなた（日記帳を指す）でした。

六月一五日（月）　昨日午後、お誕生日パーティーを開きました。みんなから、またブローチを二つと、本に挟む栞、それに本を二冊もらいました。

六月二〇日（土）　私のような女の子が日記をつけるなんて、妙な思いつきです。一三歳の女子中学生なんかが心の内をぶちまけたものに、それほど興味を持つとは思えませんから。でも、構いません。私は心の底に埋もれているものを、洗いざらい曝け出したいんです。

一先ず私の生い立ちから。私のパパ、世界一素晴らしいパパは三六の時にママと結婚し、ママはその時二五。姉のマルゴーは一九二六年に生まれ、三年後に私が誕生。私たちはユダヤ人なので三三年にフランクフルトを離れ、オランダに移住。パパはジャムを製造している商会の社長になりました。四〇年五月からは、事態は悪化の一途。まず戦争、それから降伏、続いてドイツ軍の進駐。私たちユダヤ人にとって、苦難の時代が始まったのはこの時から。

ユダヤ人弾圧のための法令が連発され、私たちの自由はどんどん制限されていきます。ユダヤ人は黄色い星印を付けなくてはいけない（他民族と区別するための措置）、自転車供出命令、電車乗車の禁止、ユダヤ人の買い物は午後三〜五時に制限、夜八時〜翌朝六時は家から一歩も出てはいけない。劇場や映画館、その他の娯楽施設、一切のスポーツ施設への立ち入り禁止等々、禁令が山ほどあり、全てが、これはダメ、あれはいけないという有様。

学校生活

六月二一日（日）　私は（ユダヤ人中学校の）どの先生にも可愛がられています。先生は全部で九人、男の先生が七人、女の先生が二人。ケーシング先生はお年寄りの男の先生で、数学の担任。私がおしゃべりをし過ぎるというので御機嫌を損ね、「おしゃべり屋」という題で作文を書いてくるよう言いつかり、さて何て書いたらいいもんやらと困惑。後はなるべくおしゃべりを慎むように努めました。

七月五日（日）　先週金曜、試験の成績発表。私の通知表は予想以上。決して悪くありません。一つだけ、代数で五点を取ったのが不満と言えば不満ですけど、残りは殆ど七点で、他に二課目が八点、二課目が六点。勿論、うちの人達は喜んでくれました。姉のマルゴーはいつものように素晴らしい成績。すっごく頭がいいんです！

隠れ家へ

七月八日（水）　日曜の朝から今迄に何年も経ったような気がします。SS（ナチス親衛隊）からパパに呼び出し状が来て、大きなショック。強制収容所とか、寂しい牢獄、そんな情景が頭を駆け巡ります。そんな恐ろしい運命にパパを委ねられますか。翌日、私たちは肌着や衣類をどっさり着込み、サマーコートを羽織り、編み上げのブーツを履き、朝七時半にそっと家を出ました。ここを逃れ、後はどこか安全な処へ辿り着くだけ。

七月九日（木）　私たちは降りしきる雨の中、歩いて行きました。手には通学鞄やらショッピング・バッグだの。通りかかる出勤の人びとは、気の毒そうな目で見ています。嫌でも目に付くどぎつい黄色の星、それが自ずから事情を物語っているのです。私たちの新しい隠れ家は何と、パパの事務所のある四階建ての建物の中。パパの会社では四人（ユダヤ人ばかり）の人たちが働いていて、いずれも私たち一家が来ることを知らされていました。

件の建物の一階は大きな倉庫になっていて、ここを店舗として使用。さらに小さく仕切られ、粉挽き部屋や貯蔵室、ベランダなどに充当。三階の階段踊り場が私たちの〈隠れ家〉に通じる入り口。質素なドアの向こうに、なんと沢山の部屋が隠れているとは驚きです。

七月一〇日（金）　私たちが隠れ家に到着。見回すと、どの部屋も乱雑に散らかり、信じられないほど。二日がかりで何とか片付け、てんてこ舞い。ベップとミープは私達に代わって配給物を取って来てくれ、パパは灯火管制の暗幕を少しは益しに直してくれました。

七月一一日（土）　この家の右側にはケフ商会の支店が、左側には家具工場があります。勤務時間が過ぎれば誰もいなくなりますが、それにしても音というのは壁を伝わるものです。マルゴーは酷い風邪をひいているのに、夜中に咳をしてはいけないと言い渡され、咳止めの薬を沢山飲まされる羽目になりました。絶対に外に出られないってこと、これがどれだけ息苦しいものか、とても言葉には言い表せません。でも見つかって、銃殺されるっていうのも、やはりとても恐ろしい。こういう見通しが嬉しいものじゃないのは勿論のことです。

ファン・ダーン一家

八月一四日（金）　朝九時半、ファン・ダーン一家の独り息子ペーターがやって来ました。もうじき十六ですけど、ちょっぴりぐずで、はにかみ屋で、ぶきっちょな子。三十分ほど遅れて、小父さんと小母さんが到着。その日から、両方の家族が揃って食卓を囲むことになり、三日も経つと七人が一つの大家族のようになりました。

九月二一日（月）　ファン・ダーンの小父さんは近頃、やたらに私をちやほやしてくれます。まあ、こちらは至極当然といった顔で、冷静に受け流すようにしていますけど。

〈注：ここで日付は半年余り先へ飛ぶ。密室での固定されたメンバーによる息の詰まるような日々。アンネの筆致もとかくとげとげしくなり、批判の矛先は同性の母親やファン・ダーンの小母さんに向かいがち。正直、紹介しようという意欲は薄れる。変化と言えば、一一月一〇日

付での「八人目の住人」歯医者のデュッセルさん〈もの静かで上品の由〉の出現位〉

苦しくなった生活

一九四三年四月二七日（火）　家中が家鳴り震動するような、凄い喧嘩続きです。ママと私、パパとファン・ダーンさん、ママとファン・ダーンの小母さん――みんながみんな、他の誰かの事を怒っています。素敵な雰囲気でしょう？　いつものアンネの棚卸しリストが、又もや持ち出され、すっかり虫干しされました。

カールトン・ホテルが木っ端微塵になりました。焼夷弾を満載した英軍機が二機、このホテルにあるドイツ軍の〝将校クラブ〟の真上に落ちたんです。辺り一帯は、完全に焼け野原になっているそうです。空襲は日ごとに激しさを増し、一晩として静かな夜はありません。

五月一日（土）　夕べは市内でしきりに銃声が轟き、慌てて身の回りの品をまとめること、一晩で四度。現在オランダ各地で労働者のストが頻発し、国民全体がそれに対する報復を受けているのです。戒厳令が布告され、全国民がバターの配給切符を一枚ずつ減らされました。なんて意地悪な、子どもっぽい遣り口でしょう。

五月二日（日）　以下は〈隠れ家〉の人たちの戦争に対する態度です。ファン・ダーンの小父さん：みんなに警告して曰く「今年末まで、この家で人目を忍んで暮らすしかないだろう」／ファン・ダーンの小母さん：途方もない戯言ばかり喋り散らし、みんなは丸っ切り無視。／

パパ：偉大なる楽観主義者／デュッセルさん：何でも好き勝手にでっち上げるばかり。

五月一八日（火）　めっきり暖かくなりましたが、ここでは未だ一日置きに火を焚いています。野菜の屑や皮などを焼くためです。ゴミ箱には絶対に捨てられません。どんな時にも、倉庫の人たちを念頭に置いとく必要がありますから。ゴミを捨てるといったささいな不注意でも、たやすく尻尾をつかまれかねないんです。

泥棒騒ぎ

七月一六日（金）　ペーターが七時に下に降り、ドアが少し空いてるのを発見。昼近く、クレイマンさんが来てくれ、一切が判明します。泥棒はかなてこで入り口のドアをこじ開け、侵入。二階の事務所を荒らし、金庫二つを盗んでいったとか。被害は四〇ギルダーの現金・郵便為替・小切手帳に砂糖一五〇キロ分もの配給切符。

空襲

七月一九日　昨日の日曜日、北アムステルダムが激しい空襲を受けました。二〇〇人ほどが死に、無数の負傷者が出て、病院はどこも超満員です。鈍い、遠雷の轟きのような爆音を思い出すと、今でも身の毛がよだちます。

〝隠れ家〟の時間割

八月四日　夜の九時、〝隠れ家〟では就寝の準備が始まりますが、ちょっとした大仕事です。椅子を片付け、壁際に畳んであったベッドが引き下ろされ、毛布が広げられて、様子が一変。私は小さなソファベッドに寝ますが、長さが一メートル半位しかなく、椅子の継ぎ足しが必要。一〇時――黒いボール紙で窓を覆い、「お休みなさい」。

八月七日　何週間か前から、物語を書き始めました。完全な空想の所産ですけど、書いていてとても楽しく、私のペンによる産物が日毎にうずたかく積み重なっていきます。

イタリア降伏

九月一〇日　素晴らしい報せ！　一昨日夜、ラジオの七時のニュースです。「イタリアが無条件降伏しました」。聞く者を元気づけてくれました。

一一月八日　この〝隠れ家〟に住む私たち八人が、私には黒い、黒い雨雲に囲まれたちっぽけな青空のかけらのように思えます。私にできるのは唯、泣きながら祈ることだけです。

悲しい夢

一二月二二日　クリスマス用として、食用油・キャンディ・シロップの特配がありました。姉マルゴーと私は小さなブローチをもらいました。

春の目覚め

一九四四年二月一六日　今にして判りました。なぜペーターがいつもムッシー（猫）を抱き締めているのかが。彼も何らかの愛情の対象を必要としてる。彼って、ひどい劣等感の持ち主なんです。あなたは英語と地理は私なんかよりよっぽど出来るのに！

二月一九日　ああペーター、どうか貴方に私のこの姿が見えますように！　心の声が聞こえますように！　しばらくするうち、また新たな希望と期待とが甦ってくるのが判りました――心の中では、涙が尚もとめどなく溢れていたのですが。

二月二七日　朝早くから夜遅くまで、ペーターのことを考えるばかりで、他の事は手に付きません。寝る時は、彼の面影をまぶたに描きながら眠り、彼のことを夢に見、目を覚ました時にも未だ、彼が私を見つめているのを感じます。ペーターと私とは、うわべにそう見えるほどかけ離れている訳じゃないんです。二人とも母親に恵まれていません。彼のお母さんはとても軽薄で、息子の考えなどに無頓着。私のお母さんは鈍感で気配りに欠けます。

ペーターへの思慕

二月一九日　彼は私のことなんか、ただの行きずりの女の子としてしか見ていないのかも。ああ、彼の肩に顔を埋め、やるせない孤独感から、救われることができたなら！　ああペーター、どうかあなたに、私のこの姿が見えますように！

二月二七日　一日中、ペーターのことを考えるばかりで、他の事は手に付きません。寝る時は、彼の面影を瞼に描きながら眠り、彼のことを夢に見、目を覚ました時にも未だ、彼が私を見つめているのを感じます。

大人への反発

三月三日　一日に二度位、彼は私に意味ありげな目を向けます。私もウインクで答え、ほのぼのとした幸福を感じます。定めし変に思われるでしょうね。彼が幸福を感じている、なんて私が言うのは。でも確信がある、私と全く同じ気持ちでいるって。

腐った野菜

三月一四日　私たちに闇の野菜切符を融通していてくれた人たちが捕まり、バターやマーガリンが買えなくなりました。みんなの気分は最低、食糧事情も最低。その上、ジャガイモまでが次々と変な病気にかかり出し、本当笑い事じゃありません。

父との話し合い

四月一七日　ペーターに女性の体の事を洗いざらい話して聞かせました。ちょっとこっけいだったのは、女性のその部分の構造について、彼が全く想像すらできなかったこと。話の締めくくりに交わし合ったキスは、何とも言えず甘美な感触でした。

四月二八日　八時半、唇が彼の唇とぶつかり、そのまましっかり重なり合いました。激情にもてあそばれ、二人はもう二度と離れまいとするように、何度も何度も固く抱き合いました。生まれて初めてペーターは、優しくしてくれる女の子を見つけたんです。

五月二日　ペーターとのことで、お父さんが言いました。「慎重に行動すること。あんまり彼との交際にのめり込まないように！」。お父さんは、夜になってから私がよく上へ行くのを喜ばなくなっています。でも私としては、今更それをやめたくはありません。信頼している、と父が言った以上は、それを形で示したいからです。

五月三日　二週間前から、土曜日は午前一一時半に朝昼兼用の食事をとるようになりました。その時間までは、カップ一杯のオートミールで持たせなくてはなりません。野菜は依然としてとても手に入り難く、傷んだレタスの茹でたのとか、ホウレンソウがせいぜい。今まで二カ月以上も生理が止まっていましたが、日曜日にやっと始まりました。面倒だし、不愉快なものだけど、やっぱり完全に止まってしまわなくて良かったと思います。

五月八日　うちの家族について。お父さんはフランクフルトで生まれ、両親はすごいお金持ちだった、とか。祖父は銀行家で百万長者。祖母も、とても裕福な名家の生まれでした。父はそんなわけでお金持ちのお坊ちゃんとして大事に育てられ、それはそれは楽しく暮らしたそうです。お母さんの実家もかなり裕福だったとかで、父との婚約披露パーティには二五〇人もの招待客が集まったとか。私たちは口をぽかんとあけ、聞きほれたものでした。

忙しい毎日

五月一一日　私の最大の望みは、将来ジャーナリストになり、やがては著名な作家になること。果たしてこの壮大な野心（狂気？）が、いつか実現するかどうか、未だわかりませんけど、いろんなテーマが私の頭の中にひしめいているのは事実です。いずれにせよ、戦争が終わったら、『隠れ家』という題の本を書きたいと思っています。うまく書けるかどうかは別として、この日記がそのための大きな助けになってくれるでしょう。

募る不安

五月二六日　何でもいいから、近いうちに変化が起きてくれますように。この宙ぶらりんの状態ほど、くさくさするものはありませんから。たとえ辛い終わり方でもいい。そうなればせめて、果たして私たちが最後に勝利を勝ち取れるものなのか、それとも一敗地にまみれるのか、それがはっきりするでしょう。

上陸作戦開始

六月六日　イギリスのラジオが今日一二時に「本日はDデーなり」と上陸作戦開始を声明し

ました。パドカレー一帯に空からの猛烈な攻撃が加えられ、「上陸作戦がいよいよ開始されました」。「隠れ家」は今や興奮の坩堝。私たちは長い間、あの恐ろしいドイツ軍に蹂躙されて来ました。今や、味方の救援と解放とが目前まで迫っています。

六月一三日　今年もお誕生日が過ぎ、私は一五歳。どっさり贈り物をもらいました。両親からは五巻ものの美術史など、姉からは金めっきのブレスレット。住人からの諸々のうち最高のハイライトはクーフレルさんからの『マリア・テレジア』という本と全乳チーズ三切れ。ペーターからは素敵な芍薬の花束。苦心惨憺の末、ツキに恵まれなかったようです。

光ほのかに

六月二七日　雰囲気ががらりと一変しました。今日、シェルブールなど三カ所が陥落。ドイツの将軍五人が戦死、二人が捕虜になりました。上陸作戦が始まってからわずか三週間、すごい戦果です！　一カ月後には、戦況はどこまで進展していますか？

七月八日　地方へ出張していた（父の）会社のブロクスさんが競り市で競り落としたイチゴが届きました。ホコリまみれ、砂まみれで、トレイに二四杯分と量だけは沢山。一二時半、正面入り口がロックされ、真昼間から瓶詰めやジャム作りにみんな総出でわいわい、がやがや。カーテンこそあれ、窓は空いていますし、大声のやりとりはびくびくものでした。

七月一五日　自分でも不思議なのは、私が未だに理想の全てを捨て去っていないという事実。なぜなら今でも信じているからです――例え嫌なことばかりでも、人間の本性はやっぱり善なのだということを。いつかは全てが正常に復し、今のこういう惨害にも終止符が打たれて、平和な静かな世界がもどってくるだろう、と。

八月一日　私は何事につけ、決して本当の気持ちを口には出しません。そのお陰で、男の子ばかり追っかけてるお転婆娘だとか、色々汚名をこうむってきました。快活な方のアンネは、それを笑い飛ばし、何とも思っていないかの様にふるまいますが、おとなしい方のアンネの反応は全く正反対。（傷ついたあげく……）胸のうちですすり泣く声が聞こえます。

〈アンネの日記はここで終わっている。〉

私の一言

一九四四年八月四日午前一〇時過ぎ、アンネたちの隠れ家の前に一台の自動車が到着。制服姿のナチ親衛隊幹部らが隠れ家に潜んでいたユダヤ人八人を検束～ドイツ国内などの強制収容所へ送致する。マルゴーとアンネの姉妹はハンブルク近郊の収容所に送られ、翌年春頃までに飢餓と疲労のため衰弱死。アンネの父オットー・フランク以外の五人も各地の強制収容所で処刑死ないし衰弱死を遂げた。独り生き残ったオットーは、アンネが遺した平和へのメッセージを広く人類に知らしめるため、残りの生涯を捧げた。アンネは「日記」（一九四四年四月五日）の一節に「私の望みは、死んでからもなお生き続けること！」と刻む。その倖は少なくとも不肖私の胸の内には、確かな存在感として生き続けていく。

未完の脱植民地化を問い直す論考

浜忠雄の『ハイチ革命の世界史――奴隷たちがきりひらいた近代』

一八世紀末、カリブ海の島で黒人たちが立ち上がり、自身の手で史上初の奴隷解放を達成した。反植民地主義を掲げるこの革命と、苦難に満ちた長いその後。フランス革命やアメリカ独立革命にも匹敵する、その先駆性を誠実な学究が真摯に説き明かす。私は一読、深い感銘と衝撃を受けた。

本書の概要

初めに――ハイチ革命を見る眼

二〇二一年夏、ハイチの報道が二つ続いた。一つは七月七日に起こったJ・モイーズ大統領暗殺事件。もう一つは八月一四日に南西部の都市レカイ周辺を襲ったマグニチュード七・〇の大地震。報道は他の大きなニュースにまぎれ、目立たなかったが、政情不安や劣悪な国民生活

浜忠雄の『ハイチ革命の世界史――奴隷たちがきりひらいた近代』などの困難な国状を伝えるものだった。

ハイチは「世界初の黒人共和国」だが、近年はとかく「西半球の最貧国」と指差され、（輝かしい）「世界初の黒人共和国」の方は後景に退いている。本書は輝かしい方の歴史に着目し、「ハイチ革命」の意義に注目する。因みにハイチは一八〇四年にフランスから独立した小国（面積は北海道の三分の一ほど）。ドミニカが東側の三分の二を占めるイスパニョーラ島の西側三分の一がハイチである。

ハイチ革命を生んだ世界史――「カリブ海の真珠」の光と影

一八世紀、フランスは植民地サン＝ドマング（ドミニカの首都）を「カリブ海の真珠」と例えた。ここで生産された物産、特に砂糖やコーヒーなどが本国に巨大な富をもたらしていたことを、こう表現したのである。

〈繁栄を支えた黒人奴隷：サン＝ドマングに依存したフランスの貿易〉

フランスは伝統的に自国産の繊維製品やワイン、ブランデーなどの飲料の輸出国として有名だ。が、一八世紀後半（一七六六～一七八八の約二〇年間）、植民地産品の輸入量がほぼ倍化。中でもサン＝ドマングからの輸入が激増し、砂糖は二倍、コーヒーは六倍、綿花が二・七倍になった。

輸入した品々のうち八割方は、ハンザ諸都市、オランダ、イタリア、ドイツなどを経由してヨーロッパ各地へ再輸出された。植民地貿易や黒人奴隷貿易の拠点となったボルドー、ナント、ル・アーヴル、マルセイユなどの海港都市は未曾有の「繁栄」を示した。

一七八八年のサン＝ドマングの総人口は四五万五〇五三人。うち白人は六・一％、有色自由人四・八％、黒人奴隷が圧倒的多数の八九・一％（四〇万五五六四人）。白人一人当たりの黒人奴隷数は一四・六人で、他のフランス領植民地やイギリス領植民地のそれの凡そ二倍だった。

〈大西洋黒人奴隷貿易〉

黒人奴隷人口がこれほど増加したのは、大西洋黒人奴隷貿易の展開による。一五世紀後半から一九世紀半ばまで、アフリカから南北アメリカ、カリブ海へと連行された黒人たちの推計総数は、最近の研究では推計一二〇〇万〜一五〇〇万人。大西洋黒人奴隷貿易の最盛期である一八世紀は、年平均で五万人強とされる。

黒人奴隷人口の増加は、植民地で生まれた者（クレオールと呼ぶ）と新たにアフリカから連行された者（ボサール）の差違を明らかにした。両者は決定的に異なる。ボサールは奴隷船での「地獄図」を体験。全裸で船倉に押し込まれ、一人当たり畳半分ほどのスペースにすし詰め。中間航路での死亡率は一七世紀で推計一五〜一六％で、五〇％以上という事態も稀ではなかった。大西洋の海底には、おびただしい数のアフリカ人の遺骨が沈んでいる。その数は百万人をはるかに超えるだろう。

ハイチ革命とフランス革命――史上初の奴隷制廃止への道

〈カイマン森の儀式〉

ハイチ人は、この儀式が奴隷解放と独立の発端となったと考え、八月一四日に野外劇の記念行事などを催している。ハイチの歴史家D・ベルギャルドの『ハイチ人民の歴史』(一九五三年刊)によると――

一七九一年八月一四日の夜、現在のプレジノール地域のボア・カイマンと呼ばれる森の中で、奴隷たちの大きな集まりがあった。目的は一斉蜂起の最終的プランを決めること。集まりには各農園を代表して約二〇〇人の奴隷監督が集結した。集まりを主宰したのはブクマンという名の黒人。彼は熱烈な言葉で集まった者たちを奮い立たせた。

誓約をして閉会する前、激しい雨が降り、雷鳴が轟く中、長身の黒人女性が中央に現れる。手にする鋭利なナイフを頭上でぐるぐる回し、髑髏の舞いを踊り、アフリカ風の唄を歌った。皆が地面に伏し、その唄に付いて歌った。生贄の黒豚が引き出され、ナイフで腹を抉られ、泡立つ血がみんなに木桶で配られる。この女性神官の合図でみんなが跪き、蜂起の首領とされたブクマンの命令に絶対服従する、と誓った。

集まりの主宰者ブクマンはイギリス領ジャマイカ生まれの黒人奴隷。逃亡してハイチに渡り、農園の馬車の御者になる。ヴードゥーの最高位の神官でもあった。「長身の黒人女性」「女性神官」とあるのは、アフリカ人女性とコルシカ出身の白人男性との間に生まれたムラート

（混血児）で、名前はセシル・ファティマンという。

奴隷監督たちは、発覚すれば厳罰ものと承知の上で集合した。二〇〇人もの彼らが、どのようにして集結できたのか。文字を持たないから、口頭伝達しかない。長距離の移動も徒歩によるしかない。全てを可能にしたのは、自由を求めてやまない熱情だったのだろう。

〈一斉蜂起〉

黒人奴隷の一斉蜂起は、前記の集会から間もない八月二二日に始まった。後のフランス議会による「調査報告」によると、委細は概ねこうだ。

——夜一〇時、アキュルで行動開始。農園を脱出した奴隷たちが（前記の）ブクマンと他一人を指揮官に選出。ノエの農園では管理人と精糖場主を殺害し、農園に火を放った。蜂起は燎原の火そのままに、各地各所へと拡大した。ル・カップ（現在のカバイシアン）近郊は炎に呑み込まれ、真昼の遠方から炎が赤々と見えたという。

翌日早朝までに殺害された農園所有者、管理人、精糖場主は三七名。逃げ遅れた白人は殆ど殺されたが、奴隷に慕われていた白人で死を免れた者もいた。蜂起した黒人たちはル・カップへと向かった。その数一万二〇〇〇から一万五〇〇〇。奴隷の三人に一人は農園で奪った銃を持ち、その他の者も様々な労働用具で武装していた。

こうしてアキュルで開始された奴隷蜂起は、行く先々で農園の奴隷を丸ごと糾合し、数日のうちに北部州の大半を席巻した。一七九一年末までに合流した奴隷の推定数は控えめに五万人と見積もっても、北部州の奴隷約一七万人の概ね三割になる。九月末までに殺された白人は千人以上、放火された砂糖農園は一六一、コーヒー農園一二〇〇、損害額は約六億リーヴルに達した。わずか一カ月間で当時、北部州にあった農園の六割近くに被害が及んだことになる。

このように、奴隷蜂起がかなりの破壊と殺戮を伴った要因として、ヴードゥに特有な「熱狂」や「祖国意識の欠如」を挙げる研究もある。が、より根本的には、奴隷主が日常的に行使してきた暴力、そして、これに非暴力で抵抗するのに不可欠である基本的人権の剥奪——一言で言って、奴隷制そのものを挙げなくてはならないだろう。

先駆性ゆえの苦難——革命以後の大西洋世界（上）

一頃まで、ハイチ革命は「知られざる歴史」だった。今では高校の世界史教科書が全て「ハイチの独立」を取り上げている。ハイチ研究の進展の中で、ハイチ革命の世界史上の意義が力説されるようになった。

アメリカ独立革命（一七六五～一七八八）とフランス革命（一七八九～一七九九）そして「反奴隷制革命の震央」となったハイチ革命（一七九一～一八〇四）が「一八世紀の三大革命」とされる。中でも、反レイシズム（人種主義）・反黒人奴隷制・反植民地主義という三つの性格を併せ持ったハイチ革命は、特異であり先駆的である。そうしたハイチ革命によって誕生した「世界初の黒人共和国」が、「西半球の最貧国」となったのは何故なのか。その要因を探ってみよう。

〈**再征服に対する警戒**〉

ハイチの初代元首は、一八〇四年一月一日の独立宣言の日に総督に選ばれた元黒人奴隷のJ＝J・デサリーヌ。総督就任に当たり、彼はこう演説した。「『自由を、然らずんば死』。隣国とは平和を。フランスには永久の憎悪を。これが我々の原則である」。この憎悪は、百年以上に及んだ奴隷制度と植民地支配、自由を求める運動に対する軍事的抑圧への怒りに根差している。

一八〇四年、デサリーヌは皇帝ジャック一世と称して戴冠。それは同じ年、半年近く先んじて皇帝となった（旧宗主国フランスの）ナポレオンを意識してのことと思われる。翌年、彼は最初の憲法を制定。「奴隷制は永久に廃止」「国民はみな友人で、法の下で平等である」と謳った。独立国で奴隷制廃止を謳ったのはハイチが史上最初である。米国で奴隷制廃止が憲法に明記されたのは一八六五年で、先立つこと六〇年前になる。

デサリーヌが一八〇六年に死去。ハイチは以後、北部と南部に分割されて別の人物が統治した。デサリーヌの死去は南部のムラートによる暗殺だった。ムラートの側は「暴君の暗殺は自由のための正義の行動」としたが、北部の黒人側はこれに反発。両者の反目は独立戦争の過程で解消されたかに見えたが、独立後に再燃することになった。

浜忠雄の『ハイチ革命の世界史——奴隷たちがきりひらいた近代』

〈ハイチ革命と大西洋世界〉

奴隷制度下で虐げられている者にとって、ハイチは「解放のシンボル」だった。奴隷主は奴隷たちが以前よりも「無礼」で「反抗的」になったと嘆き、ハイチは奴隷主たちにとって恐怖以外の何物でもなかった。こうした事情は近隣のカリブ海地域、特にイギリス領ジャマイカやスペイン領キューバで顕著だった。そこはハイチ革命を逃れて避難する白人が集中した処である。

〈世論の分極化——アメリカ合衆国〉

米国では、警戒、敵対、共鳴など反応は様々だった。大西洋岸には多数の難民が押し寄せ、特に問題視されたのは自由黒人の難民である。彼らは黒人奴隷が解放されたことを「神の恩寵」の証と考えていた。このため、逃亡奴隷を取り締まる連邦法が制定された一七九三年以降は、カリブ海の玄関口サン＝ドマングからの自由黒人の上陸を阻む州法が相次いだ。

第四章　帝国の裏庭で——ハイチとアメリカ合衆国

〈リンカーンによるハイチ承認——黒人植民事業〉

一八一六年、奴隷身分でない「自由黒人」を故地アフリカに送還する「アメリカ植民協会」が組織された。ニューヨークなど各地で散発的に奴隷解放の動きがあり、「自由黒人」は全黒人人口の約一三％に達していた。かのリンカーン大統領は「アフリカ人を生まれ故郷に送還することは道徳的に正しく、我々の利益にも適う」と述べ、白人と黒人の混血を食い止める最善の方法が黒人植民であるとした。

奴隷解放に踏み切るかなり前から、彼は黒人の植民構想を抱き、奴隷解放と黒人植民は密接不可分だった。南北戦争直前の一八六〇年時点で、米国の黒人総数は四百万人超。リンカーンの植民構想は荒唐無稽に映り、世論掌握のためのプロパガンダとも受け取れる。

一八六二年、米国はハイチとリベリアを独立国として承認した。一八〇四年に独立を宣言したハイチを一八二五年に先ずフランスが世界で初めて承認。次いで一八三三年のイギリスを皮切りに、欧州の主要国が後を追う。米国は独り、「交易すれども承認せず」のスタンスを守っていた。

筆者は推測する。「リンカーンは一八六一年時点で、ハイチとリベリアを独立国家として承認することを黒人植民事業のための外交上の布石にしようと考えていた」。アメリカにとってハイチは、「人種」問題を「解決」するための捌け口であり、「使い勝手の良い道具」であった。ハイチはアメリカの事情や思惑、戦略によって翻弄されることとなった。


〈アメリカによるハイチ占領〉

南北戦争後、急速な発展を遂げて「北の巨人」となったアメリカは、一九世紀末から大々的に海外への膨張を展開した。一八九八年の米西戦争を機にハワイを併合し、スペインからフィリピン、プエルトリコ、グアムが割譲される。等々の動きがあり、二〇世紀に入ってニカラグア占領（一九〇九～三三）、ハイチ占領（一九一五～三四）、ドミニカ共和国占領（一八一六～

二四）などへと続いた。こうしてアメリカは、大陸内国家から太平洋とカリブ海地域を勢力圏に組み入れた一大海上帝国へと転身したのである。

〈モンロー主義の系論〉

一八二〇年代から米国が外交政策の基調としていたのはモンロー主義だ。ヨーロッパとは相互不干渉を表明し、南北アメリカへの欧州勢力の介入を排除することを企図したものだった。だが、時代の推移と共に拡張解釈され、米国がラテンアメリカ・カリブ海地域に進出することを正当化する論拠として援用されるようになる。

ハイチでは、一九世紀半ばから二〇世紀初頭まで激しい権力闘争が繰り返された。約七〇年間で、二二人の大統領が交代。任期を全うしたのは一人だけで、一一人は在任期間が一年未満だった。大半は暗殺、亡命などの意に反する退任だった。その間に数多くのクーデタや反乱、陰謀事件が相次ぎ、一九一五年時点の債務総額は年歳入額の約五倍にも相当する三二〇〇万ドルに達していた。

米国は、こうした国状にあるハイチを「社会秩序が全般的に弛緩し、犯罪や無力状態が慢性的に発生」している国と見做して介入したのである。一九一〇年の「マクドナルド協定」（農地への莫大な利権を約束する内容）を端緒に、本格的進出を進めていく。

〈占領――「ミッショナリー外交」の内実〉

一九一五年七月末から八月にかけ、ハイチの首都ポルトープランスで圧政に対する群衆の暴動が起き、大統領やその腹心を殺害。米国は「財産保護と秩序維持」を名目に首都沖合に巡洋艦を停泊させ、海兵隊員二三三〇人が上陸～鎮圧に当たった。米海軍のケイバートン提督が最初の弁務官に就任～税関を統制下に置き、全ての行政機関を掌握する。

同年九月、条約を締結。「ハイチ大統領は米国大統領が指名する」を柱に、ハイチを米国の管理下に置くこととなる。国家主権は大幅に縮減され。ハイチ政府は絶えず米国の意向をうかがい、これに臣従する従者となった。占領支配の中核として憲兵隊が全国に配置され、約八〇人の指揮官は全部白人の米国人。その多くは南部出身で、黒人に対する強い差別意識を持ち、ハイチ人を「ニガー」や「グック（汚い奴）」「阿呆」と蔑称した。

一九一八年に制定された新憲法は、当時の米国海軍次官（後の大統領）Ｆ・Ｄ・ルーズベルトが制定。従来の国是だった「外国人の不動産所有の禁止」を解禁～米国資本による数多の企業が二万八〇〇〇ヘクタールもの広大な土地を獲得することとなる。そして、疑似奴隷制とも言うべき強制労働徴用を行う。憲兵隊はハイチ人をロープでつないで歩かせ、数週間あるいは数か月も働かせた。その結果、道路建設費用は劇的に節減された。

ハイチの農民たちはこの強制労働徴用に反発～「カコ」と呼ばれる武装集団を中核に抵抗を始める。一万五〇〇〇人が加わった集団は、激しいゲリラ戦を展開し、「占領者ヤンキー」に立ち向かった。米国は飛行機を使うなどして徹底的な鎮圧を図る。海兵隊にも一三人の死者が出たが、農民側は数千人が身柄拘束され、三〇七一人が犠牲となった。

こうして抵抗運動は圧殺され、占領期間中には総人口の一五パーセントにも当たる約三〇万人が「難民」となり、隣国のドミニカ共和国やキューバなどへ出国した。米国が占領を解除したのは一九三四年八月。農民一五〇〇人のデモ隊に海兵隊が銃を乱射~死傷者数十人が出る残虐な事件が発生。国際的な批判が高まり、時のフーヴァー大統領が撤退を決断した。

第五章　ハイチ革命から見る世界史——ハイチによる「返還と補償」の要求

特異な動向がある。二〇〇二~〇四年、ハイチの当時の大統領J・B・アリスティドはフランスに対し、「返還と補償」を繰り返し要求した。「返還」とは、一八二五年にフランスがハイチを独立国家として承認する「代価」として求め、一〇〇年かかって支払った「賠償金」の返還を求める、ということ。「補償」については、彼は演説の中で「我々の祖先はフランスの対外貿易の三分の一以上を供給した。フランス人の八人に一人は直接または間接に我々の祖先の血と汗で生きている」と述べた。そして、『自伝』の中にこう記している。

——ヨーロッパは我々に負債がある。スペインは先住民を絶滅させ、一万五〇〇〇トンもの金を僅か一五年間で持ち去った。フランスが我々から奪ったものは語り尽くせない。植民地主義列強はかつて植民地に対して行った悪行の償いをしなければならない。

「補償」とは「ハイチの祖先がフランスのために流した血と汗」「植民地主義列強による悪行」に対する償いである。その意図は、一五世紀末以降のヨーロッパ列強による植民地支配と脱植民地化過程を捉え直すためのキーワードとして、近年、広く使われるようになった「植民地責任」の履行ということである。

アリスティドとその支持母体は「返還と補償」キャンペーンを展開。二〇〇三年、その金額を約二一七億ドル（当時のレートで約二兆六〇〇〇万円）とした。この金額はハイチのGDPの七・七倍だが、フランスのGDP（同年で約七〇〇〇億ドル）の一・三パーセントである。

この要求に対して、フランス外務省は即座に「返還するつもりはない」と回答。シラク大統領も「ハイチには従来も無視しえぬ援助を提供してきた」として、返還要求の影響を精査するよう勧告。が、ハイチは「返還要求を取り下げることはない」と表明した。

私の一言

フランスやアメリカと聞くと、「自由」や「革命」を連想し、進歩的なお国柄と考えがちだ。だが、カリブ海の小国ハイチの近代史を知ると、その考えは改まる。むき出しの「帝国主義」そのものである。黒人主体のハイチ国民に対する人権意識など露もなく、二重基準を平然と持ち出す。かの合衆国大統領ワシントンなどもその例に漏れず、私は己の先入主の甘さ・浅薄さを恥じた。本より世界中の国々の過去の歴史にことごとく精通するのは至難なことだ。が、ことハイチに関する限り、本書に接して目を開かれ、「アメリカ

浜忠雄の『ハイチ革命の世界史——奴隷たちがきりひらいた近代』

帝国主義」に対する強い敵愾心が改めて燃え上がった（目下のガザ情勢も之あり）。

環境難民の世紀を生き延びる知恵
ガイア・ヴィンスの『気候崩壊後の人類大移動』

イギリスの著名な女性サイエンス・ライターの筆者は、近年の地球温暖化による顕著な環境変化に注目。今後三〇年で環境難民が一〇億人に及ぶという驚くべき予測を紹介する。彼女は前代未聞の危機の内実を詳らかにし、対処すべき共生プログラムを示してくれる。

本書の概要

大変動が間近に迫り、それは地球環境に変化を引き起こすだろう。グローバル・サウス（アジアやアフリカ、中南米などの新興国・途上国）は激しい気候変動に見舞われ、広い地域が居住不可能になり、大勢の人が住み慣れた場所から追いやられるだろう。今後五〇年間で気温も湿度も上昇し続ければ、もはや地球の広大な地域が、およそ三五億の人類にとって住めない場所になる。熱帯や沿岸から脱出し、かつての耕作地を手放し、大勢の人たちが新たに生活の拠点を探さなければならない。

今や三〇年前と比べ、世界各地で気温が五〇℃を超える日は二倍に増えた。五〇℃と言えば、人間にとって致命的な暑さで、建物や道路や発電所にも深刻な問題が引き起こされる。極地は氷が急速に溶け始め、シベリアの一部は既に三〇℃の暑さを数か月連続で経験。バングラデシュでは、海抜が低い上に地盤沈下が著しい沿岸地域を始め、国全体が居住不可能になる恐れがある。今後数十年間は、富裕国も気候変動の影響を逃れられない。

二〇二〇年に凄まじい森林火災に襲われたオーストラリアは気温の上昇と旱魃による被害が深刻化するだろう。アメリカの一部も状況は同じで、マイアミやニューオーリンズなどの都市を何百万もの市民が脱出し、オレゴンやモンタナなど気温が低くて安全な州に逃れて来るだろう。そうなると、新しい住民に住む場所を提供できる都市を建設する必要がある。

インドだけでも、一〇億近くの国民が危険にさらされる。中国では五億人が国内での移住を迫られ、ラテンアメリカやアフリカでは何百万人もが大陸を横断して移動しなければならない。人びとは住み慣れた場所からの脱出を始めるだろう。否、既に移動は始まっている。

イギリスではウェールズの首都カーディフで二〇五〇年までには全体の三分の二が水没すると予測される。追い詰められた大勢の人びとがいきなり脱出を始めるかも知れない。国連の国際移住機関の予測では、今後三〇年間だけでも一五億人の環境難民が発生。今世紀半ば以降は人数が急激に増えると考えられ、その数は紛争や戦争でのそれの十倍に及ぶ。

今回の問題は、人間社会がこれまで直面した問題の中で最も複雑で、解決が難しい。豊かな世界で既得権益を享受する人びとの行動によって問題解決は遠のく。温室効果ガスの排出量は相変わらず増え続け、気温は上昇し、氷の融解は進み、気候変動は悪化する一方だと科学者は予測する。数十年以内には、世界は紛争が多発して大混乱に陥るリスクもある。多くの人命が失われ、ひょっとしたら私達の文明も失われるかも知れない。

世界を一変させる四つの問題と故郷からの離散

火事、猛暑、旱魃、洪水の四つは、今世紀に私たちの世界を一変させるだろう。二〇二〇年、オーストラリアは異常な乾燥と熱波による大規模な森林火災で全人口の八〇％以上が被災し、三四人が死亡。六〇〇〇棟の建物が崩壊し、煙による汚染で四〇〇人が早過ぎる死を迎えた。木の上で立ち往生したコアラは、炎に包まれて絶叫しながら命を落とした。

この山火事は、世界の傾向を反映している。南北アメリカ・ヨーロッパ・アジアと、山火事はあちこちで深刻化している。森林は元々湿気が多いが、気候変動によって高温で乾燥した状況が発生したため、落雷で発火し易くなった。カリフォルニア州は二〇二〇年に過去最悪の山火事を経験し、約一六八万ヘクタールが焼き尽くされ、一〇万人が避難した。

旱魃に見舞われたアマゾンでは二〇一九年、山火事で大量の煙が発生。数千キロ離れた沿岸都市サンパウロでも空が真っ黒に覆われた。ヨーロッパでは、山火事が発生した複数の国で住民が避難を迫られ、ギリシャやポルトガルなど南欧諸国は記録的に深刻な被害に遭った。もはや火事の脅威から安全な場所はなく、湿地帯でも猛威を揮う。

火事と同類の猛暑はそう目立たないが、命取りになる。三〇年前と比べ、気温が五〇℃を超える日が二倍に増えた。猛暑に高い湿度が加わった時の「湿球温度」が三五℃を超えると「生存の閾値」を上回り、健康な人でも熱中症で六時間以内に命を落としかねない。二〇〇三年にヨーロッパが熱波に襲われた時は、湿球温度が二八℃で七万人が命を落とした。激しい熱波の発生件数は一〇年毎に増え、数十億人がその影響を受けると考えられる。

深刻なアーバン・ヒート（人工的な排熱などが原因の都市特有の熱）の発生件数は一九八〇年代の三倍に増え、世界人口の五分の一がその影響下にある。気温が一・五℃上昇すると、世界の四四カ所のメガシティの四〇％以上が危険な猛暑を毎年経験するようになる。モデル試算によれば気温が四℃上昇すると、世界が猛烈な熱波に襲われる日は今日の三〇倍以上に増え、アフリカでは少なくとも百倍に増加する。

気温がここまで上昇すれば、必然的に世界中で死者が増加する。熱波に関連した超過死亡は、アメリカで五〇〇％、コロンビアでは二〇〇〇％も増えると予測される。将来の猛烈な熱波から最大の危険に晒されるのは、ガンジス川とインダス川流域の人口密集地域。ここには世界人口の約五分の一が暮らしていて、インド北東部とバングラデシュでは湿球温度が生存の閾値を超える可能性がある。一方、中国では、最も人口が多い地域（華北平原と東海岸）で、殺人的な熱波と危険な湿球温度が予想される。

アラブ首長国連邦などの国は、食料の九〇％を輸入している。現在、世界の食料の半分は、肉体労働に頼る小規模農家によって生産されている。世界の温暖化が進めば、外で肉体労働に従事できない日が増え、生産性が低下して食料安全保障が脅かされる。

温暖化が進むと、陸地への降水量は減少する。今は南アジアや南米を中心に、何億もの人びとが山岳氷河に依存しながら暮らしている。この貴重な水源が消滅すれば、穀倉地帯が丸ごと失われるリスクが発生する。南アジアでは約一億三〇〇〇万人が、生活に必要な水を上流からの雪解け水に大きく依存している。今後、水の供給が頭打ちになり、氷河が消滅すれば、供給量は一気に減少する。

旱魃は、最も多くの人びとに影響を及ぼす。つい二〇年前、ボリビア高地には農村が栄えていた。ここで生産された玉蜀黍、ジャガイモ、アボカド、フルーツは、首都ラバスの市場で販売された。が、二〇一〇年までに、気候変動が村全体を荒廃させた。長引く深刻な旱魃によって作物は枯れ、家畜は命を奪われ、遂には村が死に絶えた。私がここを訪れた時には、九人の高齢者が残っているだけで、掘っ立て小屋で生き長らえていた。風雨に晒された顔をした七五歳のR・メンデスは、コカの葉を噛みながら身の上話をしてくれた。

——雨季なのに、数日ごとに全部で二〇分しか雨が降らない。最初は牛が、次に驢馬が死んだ。山羊が一番頑丈だ。

七人の子どもたちは村を次々と離れ、残っていた一人も三年前、家族を連れて出て行った。彼らは町や都市に向かう。コロンビアから中米まで目指して移動を続けるが、独特のショールに包んだ所持品を肩に背負い、何週間も続く野宿で疲れ切っている。発展途上国での農村から都会への移住が南米大陸で最も多いのも、ちっとも意外ではない。自作農は、一度でも凶作に見舞われると、耐え難い空腹に苦しむ恐れがあり、今や米から小麦までほとんどの主要作物の生産量が減少しているのだ。

植物が成長するためには水が必要だ。温暖化が進むと、水が土壌や葉っぱから蒸発するスピードが加速する。しかも雨は定期的にも大量にも降らなくなる。こうしてヒート・ストレスを受けた植物（そして動物）は、以前より沢山の水を必要とする。温暖化が進むにつれ、農業の継続は困難になり、多くの場所で不可能に。結果、関係者は移住を迫られる。

植物の細胞や組織や酵素は約三九℃で破壊され、植物全体が死滅することも多い。気温が三〇℃を超える日を一日経験する毎に、玉蜀黍の収穫量は一%減少し、旱魃になると二%に近づく。つまり熱波が三週間続くと、収穫量の四分の一が減少する可能性がある。

アメリカは玉蜀黍の収穫量の半分を失い、現在のコーンベルトの大半も影響を受ける。旱魃を計算に入れると、損失量は八〇%以上にまで跳ね上がる。これは単に国内の大惨事として片付けられない。アメリカを筆頭とする四カ国からの玉蜀黍の輸出は、世界全体の九〇%近くに達する。地球の気温上昇は、玉蜀黍の輸出減少～食料危機の脅威につながる。

地球の気温上昇が一・五℃に抑えられたとしても、何億もの人びとが影響を受ける。海面の上昇にさらされる陸地に少なくとも五千万人が暮らしている国は多い。中国、インドネシア、日本、フィリピン、アメリカなどが含まれる。もし地球の温度が二℃上昇すれば、少なくとも一三六のメガシティが影響を受け、今世紀中には何億人もが移住を迫られるだろう。ある科学者のチームはこう記した。「今世紀後半、海面の上昇に適応するための時間は極めて限られる。青銅器時代の幕開け以来、人類はこれ程の規模の海面上昇は未経験だ」。

新しいコスモポリタン

今日はヨーロッパでもアジアでもアメリカでも、移民への敵意が露骨な時代を経験している。ただし二〇二二年には、ロシアとの戦争が始まり、ウクライナから数百万のウクライナ人が周辺国に避難せざるを得なかった。ヨーロッパの二〇カ国を対象とした調査では、移民を受け入れる規模と移民への好意的な態度の間には、次のような相関関係が成り立つ。「移民の割合がごく僅かな国は最も敵対的で、移民の存在が社会で大きな国は最も寛容」。

今世紀は何もかも変化する。これまで地元の町が均質で、それに強い一体感を持ってきた人たちには、「変化」は気がかりだ。アジア系、アフリカ系、ラテン系の難民がどっと押し寄せ、小さな町が都会になったら、大切な文化が失われる恐れがある。大きな集団の移動は大きな変化を伴う。早めに不安を解消し、不測の事態が起こるのを防がねばならない。

アメリカがソーシャル・サービスに費やすコストは予算全体の一五％に過ぎず、EU加盟国の平均の半分程度。どの国でもこの支出は増やすべきだが、特にアメリカでは必要だ。社会の変化は困難を伴うが、多様性がイノベーションを促し、建設的な結果をもたらす。

一四五カ国を対象に三〇年分を調べた大掛かりな研究によれば、移民の流入はテロリズムを増加させるより、むしろ減少させる傾向が強い。研究に関わった科学者たちによれば、移民によって経済成長が促されることが大きな理由だ。

大移動の大半を占めるのは、気候変動の影響を受けた貧困国から富裕国への移民になるだろう。富裕国は、気候変動の恩恵を受けて豊かになる。ここで何らかの社会的公正を実現すれば、状況の改善が促され、受け入れ側も移民も新たな成長の恩恵を受けるだろう。

先進国は、移住は安全を脅かすと決めつけるが、その発想は間違っている。今（二〇二二年）も約二万人の子どもらがアメリカで劣悪な環境の仮収容所に閉じ込められている。寒さに震え、お腹を空かせ、虱が体にたかり、瘡蓋だらけだ。EUはウクライナ難民こそ受け入れたが、他の場所からの亡命希望者への対応は徐々に悪化。北アフリカから海を渡って来る難民の捜索救援活動を犯罪行為と見なすまでになった。これからは移民に関する考え方を改めるべきだ。来る者を拒まず、強力で活気のある新規の伝統を築き上げねばならない。

安息の地、地球

二一世紀には移住を通じて世界が再編される。極北の地に広大な新しい都市を建設する一方、熱帯の広大な地域を放棄して、新しい形の農業への依存が始まる。地理からは政治地図を取り除き、生態系に基づいた新しい計画を立てるべきだ。原則として、赤道、海岸線、小さな島、乾燥した砂漠などからは脱出しなければならない。

カナダとアメリカにまたがる五大湖など内陸の湖沼系には大量の移民が押し寄せ、またアラスカが最も居住に適した地域になりそうだ。ロシアは温暖化の進行から最大の利益を得る可能性を秘めている。永久凍土の下の土壌には、世界最大級の炭素が眠っている。永久凍土が後退し栄養分に富んだ土壌が姿を現せば、耕作地としての利用が期待できる。

何億人もの移民が安全な場所に落ち着くためには、国際的な合意の下に、現在の国家が所有する土地を強制的に購入。新しい都市やそこで生まれる産業を支えるための保障や出資を準備すべきだ。高緯度に位置する比較的安全な富裕国は「世話役」を引き受け、被害を受け易い貧困国の面倒を見なければならない。

国民国家は地域毎に統合され、地政学的観点から新たな統一体が誕生するかも知れない。地球全体を自由に移動可能となれば、国の経済は活性化され、何十億人もの命が救われて生活が向上するだろう。上手く運べば、世界のＧＤＰは何十兆ドルも増加する可能性がある。

国家を土台とする地政学的システムには、代りとなるシステムも存在する。小さくても強力な都市国家がその一つで、シンガポールがこれに該当し、ドバイ、マカオ、香港も含まれる。今後数十年のうちには、北欧諸国、カナダなど北極圏諸国が同様の連合を結成する可能性もある。国境を接する国は関係を強化するのが理にかなっている。

環境の変化や貧困や世界的な不平等に対処して生き残るために、人類の大移動は不可欠なのだ。移住を促して支援することには、政策で優先的に取り組む必要がある。それを最善の形で実現するには、移住を強制したり動機を与えたりするよりも、障害を取り除く方が効果的だ。EUでは、加盟国の間で実質的に国境が存在しないことに注目して欲しい。

解決策へ先ずは計画樹立を

今世紀、移住の目的地は都市になるだろう。世界の人口の約六〇%が集中する沿岸都市は、他の場所の四倍のペースで海面上昇が進んでいる。例えばベネチアは年に七五回は一部が水没する。二〇世紀半ば以降一二万以上の住民が離れ、まもなく完全な博物館になるだろう。が、都市には価値のあるものが色々具わっている。東京やバンコク、更にはダッカやラゴスでさえ、完全に放棄されることはない。インフラに多額の投資が行われ、都市を守るための建設工事が進められている。オランダのロッテルダムは既に二メートルも水面下に没しているが、対策として水に浮かぶ住宅の建設や巨大な防壁の増築を計画している。

解決策は、計画を立てること。将来の移民のために安全な都市を準備し、リスクの高い地区を対象に移転戦略を立て、世界規模の移住を円滑に進める方法を考えるのだ。移住先のコミュニティが最高の形で生活基盤を築くためには、計画策定に何十年もかかるかも。

ルイジアナ州では、海抜の低い地域の住民を四〇マイル先の海抜の高い場所に移住させるため、五千万ドル近くを費やしている。気候変動の影響で移住を迫られるコミュニティを支援するプログラムの一環で、連邦政府が初めて資金を提供している。

都市にとって今世紀最大のリスクは異常気象だ。旱魃に見舞われた故郷を逃れて都市に移住しても、その都市で洪水のリスクが高ければ何の意味もない。降雨の極端な多少は今後もっと増えそうだから、全ての都市に備えが必要とされる。中国政府は二〇三〇年までに、全国の八〇%の都市に「水を吸収する」能力を持たせることを公約している。

バングラデシュの建築家M・タバスムは、自分で組み立てる高床式の住宅を難民用に設計～受賞した。材料は竹だが、嵐にも洪水にも耐えられる。建物の屋上などを利用して作られた庭は、猛暑や異常気象の抜本的解決策になる。今や市庁舎の半分は屋上が庭園で覆われている。屋上庭園は雨水を吸収でき、豪雨による雨水の流出の減少につながる。

屋根などの表面を白く塗っても温度は下がる。真っ白な屋根は日光の八〇%を反射～夏の午後で温度が約三一度も低下～室内の温度は最大七度低くなる。屋根の温度が低いとエアコンの費用が四〇%も節約される。屋根に石灰塗料を塗れば、室内の温度は最大で五℃下げられる。この低コストのツールの冷却効果は絶大で、仮に世界中の屋根を白くすれば、二酸化炭素の相殺効果は二〇年間に三億台の車を撤去した場合に匹敵する。

二一世紀の避難都市は、気候変動の緩和にも取り組まねばならない。ニューヨーク州の都市イサカは革新的な投資プログラムを通じ、一億ドルを調達。二〇三〇年までに全ての建物で脱炭素を達成すると同時に新たな雇用の創出を目指している。フランス政府は、これから建設される公共建築は全て、素材の半分以上に木材を使うよう義務付けた。

これからは数億人もの移民がやってきて新しい住居を必要とする。公共交通が移動の中心となる密集した都市の建設に取り組むべきだ。長距離の移動や重い荷物の運搬にもっと強力な乗り物が必要なら、電気自動車の出番でカープールかレンタカーを利用。公共交通機関は電気を動力源とし、料金を低く設定し、頻繁に運行する必要がある。

都市にとっての今世紀最大のリスクは異常気象。新しい開発計画はこのリスクに適切に対応しなければならない。旱魃に見舞われた故郷を逃れて都市に移住しても、その都市で洪水のリスクが高ければ何の意味もない。気候変動のリスクを交換しているだけだ。

人類は社会や政治や経済を網の目状に張り巡らせたあげく、その中に閉じ込められてしまった。罠のような構造物を自分で作り出しておき、その中で身動きできなくなった。だから危険な状況に放り出され、何十万年も暮らしてきた場所から大移動しなければ生き残れないような、何ともバカげた立場に置かれたのである。

私の一言

ヒマラヤに人工氷河を造る人、雪を降らせるために山を白く塗る人、遺伝子組み換え作物を古代の農法と組み合わせて育てる人……を紹介。より良い未来のために、地球をどのように作り変えていくか、設計していくべきか、を著者は真剣に説く。本書執筆のため、彼女はイギリスのNature誌（ロンドンを拠点とする権威ある総合科学学術雑誌）の仕事を辞し、現場探索の旅へ出ている。気候崩壊〜地球の近未来に対する筆者の危機感は、それほど強かった。人類は今、内輪もめをしている時ではない。プーチンやネタニヤフといった手合いも、せめてこの一書に目を通す位の見識は具えていてほしい。

第五章

革命を企てた人びと

「マルクス症候群」が止んだ今こそ彼の思想に注目を、と提言
木原武一の『ぼくたちのマルクス』

「共産主義の父」とされるカール・マルクス（一八二〇〜一八九五）。その著作を「現代に生きる古典」として読んでほしい、と著者は言う。私とほぼ同世代の筆者は多年にわたるマルクス読み込みの蓄積を平易な論述に生かし、かの一代の論客の真価を生き生きと伝える。なお、本書が刊行されたのは今から三〇年ほど前。月日が経つのは本当に早い。

本書の概要

今なぜマルクスなのか

マルクスほど、世界を攪乱した思想家はいない。ロシアをはじめ幾つかの国で革命を巻き起こし、その名は世界中の革命運動と労働運動の総元締めとして世の穏健な人びとから怖れられた。が、そうした現象が収まるや、途端に人びとは愛想尽かしを始めようとしている。

マルクスは物事を根底から考えることを奨めた。その根底は「人間にある」と彼は言っている。彼は人間の自由について考えた哲学者であり、資本主義の分析を行った経済学者、歴史の発展法則を探索した歴史学者、新しい社会の建設を目指した革命家並びにユートピア思想家であり、これほど大風呂敷を広げた思想家も珍しい。マルクスは自己検証のためのテキストとしてはまだまだ健在なのだ。

マルクスへの疑問と共感

一九六〇年、「安保」闘争や「三井三池」労働争議の最中に東大に入学した私は、若者特有の正義感に駆られ、マルクスの著作を読み始める。『共産党宣言』『経済学・哲学草稿』『資本論』……。が、心酔するところまではいかなかった。私が一番引っ掛かったのは、彼の主張する唯物論の考え方だ。青臭い文学青年だった私は、唯物論がピンと来なかったが、一方では、彼の資本主義社会の分析と未来への展望には大いに共鳴するところがあった。

マルクスは資本主義社会から共産主義社会への移行は歴史の必然であって、自分はそれを科学的に証明した、と言う。このマルクスの独断は、万人の心の中にある正義の感覚、道徳的な感覚に訴えかけた。「正義の味方」として受け入れられ、人びとの心をつかんだ。

彼は生涯の親友で協力者だったエンゲルスと共に一八四八年、『共産党宣言』を発表する。当時、彼は祖国のドイツを追われ、欧州諸国をさまよう無名の亡命者に過ぎなかった。マルクスが革命家として影響力を発揮するようになるのは、一八六四年、国際労働者協会（いわゆる「第一インターナショナル」）が設立される頃からだ。彼はその創立宣言と規約を起草し、盟友エンゲルスと共にそのリーダーとして活躍した。

一九一七年のロシア革命はマルクスの革命理論を信奉する人びとによって遂行され、モンゴルや中国、北朝鮮、キューバ、そして、アフリカでも同様なことが起こった。革命のリーダーたちは革命の正当性をマルクスの理論を通して主張した。先ず誰よりもマルクスに敬意を表するというのが、二〇世紀の革命家にとって欠かせぬ儀礼のようなものになっていた。

マルクスがにらみを利かせるのは政治の世界だけではなく、経済学や歴史学の領域で、この百年間、世界の多くの国の多くの学者にとって重要な研究課題だった。マルクスの『資本論』は後世の学者に様々な難題や謎を提起し、マルクス経済学という新しい学問分野を生んだ。とりわけ熱心に研究が行われたのが日本で、つい最近まで「マルクス王国」とも呼ばれ、世界の最高レベルのマルクス経済学者を何人か生んでいる。

現代に生きる「共産党宣言」

保守派の人びとが目の敵にするマルクスの思想は、現代では少なからず実現している。現代の日本では、プロレタリアート（労働者階級）が支配階級に君臨しているとは言えない。が、「民主主義を闘い取る」という点は、日本に限らず欧米の多くの国々で既に実現済みだ。つまり、マルクスの言う労働者革命は半歩ほど実現されている、ということになる。

「共産党宣言」が起草されていた当時の西欧では、議会と名の付くものはあったが、議員の選挙権を持つのは一部の富裕層だけ。議会制度が最も進んでいたイギリスでも、都市の労働者に選挙権が与えられたのは一八六七年のことで、成人男子全てとなると一九一八年であり、女性に選挙権が認められたのは二〇世紀の中頃になってからだった。

だが、マルクス主義を標榜して革命が遂行された旧ソ連や中国では、闘い取られる筈の民主主義が逆に奪い取られてしまい、資本主義の国の方で民主主義が生きているというのは、何とも皮肉なことである。但し国有化の弊害は国家の行政能力と経営能力の欠如から生まれるものであって、国有化に固有のものではない。約一五〇年前のマルクスの時代には革命的と目された政策も、現代ではむしろ穏当な主張と受け取ることができる。

マルクスの描いた現代日本の姿

かつては支配層を恐れさせた『共産党宣言』は今では「毒」を抜かれ、無害なものになっているが、鋭さを失っていないこんな新鮮な指摘も見られる。「自分の生産物の販路を絶えず拡張していく必要に促され、ブルジョアジーは全地球上を駆け回る。彼らは、どこにでも腰を下ろし、どこにでも住み着き、どこにでも結びつきを作らなければならない」。

すぐ浮かぶイメージは、世界を駆け巡る日本の商社マンの姿だ。マルクスは続けて言う。

――（世界市場が作られると）古来の民族的な産業は滅ぼされてしまう。新しい産業の導入が文明国の死活の問題となり、もはや国内産の原料ではなく遥か遠い地域で産する原料を加工する産業であり、その製品はあらゆる大陸で消費される。新しい欲望が現れ、昔の自給自足や閉鎖に代り、諸国民の全面的な交通、その依存関係が現れてくる。

これはまるで現代の日本のことを言っているようだ。石炭に代わって石油をエネルギー源とした日本は、産油国への「全面的依存関係」無しには成り立たなくなった。更にマルクスは、農村の都市への従属、都市への人口集中、生産手段の集中、そして政治の中央集権などを資本主義体制の特徴として挙げている。マルクスの洞察力の確かさを示す。

「東欧革命」とマルクスの責任

マルクスの威力の衰えを世界中に印象づけたのは、一九八九年に起きた「東欧革命」である。東欧では、一九五六年のポーランドとハンガリーでの暴動、一九六八年のチェコスロバキアでの「プラハの春」など民主化運動が起きているが、その度に旧ソ連の介入により鎮圧されてきた。

「民主化運動」の新しい局面を切り開いたのが一九八〇年、ポーランドに登場した、社会主義圏では前例のない独立労組「連帯」である。弾圧を受けながらも、粘り強い活動によって支持を獲得。一九八九年の国会選挙で圧勝を収め、旧ソ連は介入を控える姿勢を示す。こうして同年一一月以降、一挙に「東欧革命」は進行することとなった。

ベルリンの壁の取り壊しと東ドイツの消滅。そして東欧諸国が崩壊～リーダーだったソ連邦そのものが崩壊～共産党は権力を失墜する。一九一七年のロシア革命～ソ連の強権による東欧諸国の社会主義化の淵源をたどれば、マルクスに行き着く。だが、そこに実現された素晴らしい筈の新世界は、彼が考えていたものとはおよそかけ離れた世界だった。マルクスが革命の最大の目標として掲げたのは「人間の自由の拡大」だったからである。

マルクスが革命の最大の目標として掲げたのは、人間の自由が拡大されること。『共産党宣言』には、こう記されている。「階級と階級対立の上に立つ旧ブルジョワ社会に代わって、各人の自由な発展が万人の自由な発展の条件である様な一つの結合結社が現れる」。

旧ソ連でこのような配慮が為された形跡はほとんどない。思想表現の自由や移動の自由が制限されているような社会では、「各人の自由な発展」など期待できない。ソ連や社会主義東欧諸国では、「各人の自由な発展」を許しておけば、「ブルジョワ社会」に逆戻りする危険があったため自由の制限を重要な政策の一つとした。その自由をもはや制限し切れなくなった時、社会主義体制は滅びることになったのである。

これら全てをマルクスの思想と結び付け、結局はマルクスが間違っていたのだ、と言う人もいる。だが、東欧やソ連邦ではマルクスの思想の最も肝心な処が実現されていなかった事を考えれば、その思想を全面的に否定するような「重罰」を与えるのは妥当ではない。

マルクスは自分の思想が様々に誤解されるのを見聞し、「私はマルクス主義ではない」と言ったこともあった。彼は思想が本人の意図に反して解釈され、実践に移されることを十分に知っていたはずだ。マルクスは共産主義社会へ移行する前段階として、プロレタリアによる独裁を想定した。そこにはかつての時代の専制君主による独裁とほとんど変わらない圧制に退行する危険も秘められていたのだ。

マルクスにとっては不本意なことではあるが、なにがしかの「罪」を認めない訳にはいかない。とはいえ、この様に歴史の中に現れた「未必の故意」によって、思想の中の明るい部分と暗い部分とが明らかにされるのは良いことだ。なぜなら誤解であれ、曲解であれ、その可能性の全体を含めて一つの思想を見ることができるからだ。東欧革命とソ連邦の崩壊によって訪れた新しい世界は、実は、マルクスについて考える良い機会を提供している。

「資本論」の世界

マルクスには革命家、経済学者、哲学者など幾つかの顔があり、その思想全体を作り上げている。核となるのは経済学で、その主著『資本論』だ。欧州の大学に経済学部が新設されたのは一九世紀末。彼が大学生当時の一九世紀前半には、経済学部は存在しなかった。

大学で法律学と哲学と歴史を学んだマルクスが経済学に関心を持ち始めるのは大学卒業後。『ライン新聞』の編集に携わり、森林の盗伐問題を知る。木材の盗伐より枯れ枝の収集を重く罰することの不合理を衝く記事などを書くうち、経済問題への関心を深めていく。

二六歳でパリに移った頃から本格的に経済学の研究を開始。ロンドンに移住後は毎日のように大英博物館の図書室に日参。経済学の専門書や各種の統計資料、報告書などを調べ、膨大なノートを取った。その研究成果を一八五九年に『経済学批判』として発表。さらに研究を重ね、六七年に『資本論』第一巻を出版。彼の構想では全体は三巻から成る予定だった。

一八八三年に世を去るまでマルクスは執筆と整理を続けたが、遂に未完に終わる。彼の死後、第二巻と第三巻は盟友エンゲルスの手によって原稿が整理・編集され、出版された。この大著は世界中に読者を獲得。日本では戦前戦後を通じ、四〇〇〇万部は売れたとされる。

マルクスを経済学の研究に向かわせたのは唯物史観への絶対的な信念だった。彼は『経済学批判』の序言で大要こう述べる。「人間の物質的生活を決めるのは社会の経済的システムであり、この現実の土台の上に法律的、政治的上部構造がそびえ立ち、人びとの意識もこの土台に対応する」「人間の意識が存在を規定するのではなく、逆に人間の社会的存在がその意識を規定する。そして、経済システムという下部構造の変化によって、巨大な上部構造は覆る」。即ち、経済が社会と人間の全てを決める根本の要因であり、経済のシステムが変われば、社会も人間も変わる、とした。

マルクスは資本主義経済は如何にして崩壊するかという点に狙いを定め、資本主義経済を分析した。アダム・スミスやリカードなどマルクス以前の経済学者と決定的に異なるのはこの点にある。古典学派は資本主義経済を永久不滅のものと考えたが、マルクスは歴史の中の一つの過渡的なシステムと捉え、古典学派を批判する形で『資本論』を書いたのだ。

　現代の日本を見渡せば、人びとの最大の関心事は金もうけにある。これは正しく、経済が最優先されている社会に他ならない。「日本はマルクスの唯物論が実現されている国だ」と言って、差支えない。人びとはそれと特に気づかず、唯物論を友として生きているのである。

『資本論』全三巻の内容について。第一巻は「資本の生産」、第二巻は「資本の流通」、第三巻は「資本の分配」となる。どの部分が一番重要かと言えば、資本の生産について扱った第一巻であり、その内容を以下に要約紹介してみよう。

　マルクスは商品を産みだす源泉に言及。それは人間の労働にあるとし、ある商品が価値を持つのは、人間の労働がそこに具現されているからだと規定。商品の価値量は、「価値を創造する」実体の分量、つまり労働の分量によって測定される。これが彼の「労働価値論」の要点だ。単純で分かり易いが、詮索や分析により、複雑な様相を呈してくる。

「労働価値論」を一行で表せば「商品の価値は、そこに投入された労働時間によって決まる」。この理論に対し、「機械や道具を使ったため、労働時間が少なくなった場合は？」という指摘が予想される。これについてマルクスは、機械や道具を作るために投入された労働時間の何分の一かを加えればよい、と教えてくれる。

　また、いわゆる精神労働や知的労働について。『資本論』第一巻第五章の最後の部分にこう記す。「いかなる価値形成過程においても、高級な労働は、常に社会的平均労働に換算されねばならない。例えば、一日の高級労働は、X日の単純労働に」。「高級な労働」には現代のサラリーマンが従事する精神労働や知的労働も含まれている、と考えていい。熟練労働と同様に高度の精神労働も標準的な単純労働に換算できる、とマルクスは考えていた。

『資本論』第一巻を通読して気づくのは、〈労働者の搾取を通して如何にして資本が生み出されるか〉という構図の下に全体を構成。長い文脈の中で、そのことが語られている。

「労働力価値論」はそのことを論証するための不可欠の前提であり、出発点であった。

マルクスのユニークな処は、労働力を一つの商品と見做し、分析している点。即ち〈労働力の価値は労働者とその家族の生活費によって決定され、この労働力の価値が労働者の受け取る報酬となる〉。

彼が照準を合わせているのは商品一般ではなく、労働力という商品だ。労働力も他の商品と全く同様に市場で売買され、商品としての価値も同じようにして測定されることを十分に論じた上で、『資本論』の中心テーマである「剰余価値論」へと進む。

疎外された労働

マルクスは当時の労働者の姿を、利潤の追求一筋の冷酷非情な資本家によって生殺与奪の権を握られた根なし草のように描いた。「賃金の上昇は労働者たちの間に過重労働を引き起こす。

彼らはより多く稼ごうと己の時間を犠牲にし、一切の自由を完全に放棄して奴隷労働をやり遂げねばならない。その結果、彼らは己の生涯を短縮するのだ」。

現代日本のサリーマンにほぼ当てはまりそうだ。ぎりぎり限度一杯の残業、休日返上の出勤、そして過労死。資本主義経済の下では、労働者はより多く働き、より多く稼ぐように促されている。労働者の「生涯を短縮する」要因が資本主義経済に内在していることを、マルクスは指摘しているのだ。

ユートピアの奨め

マルクスは概略こう説く。資本主義が発展するに従い、資本の集中が進み、本来は社会全体のものである富が少数の資本家に独占されるようになる。それがかえって障害となり、資本主義経済は持ちこたえられなくなる、と大恐慌が勃発。革命が起こる、と言うのだ。

が、二十世紀の資本主義国では資本の集中は進んだが、何度かの大恐慌にもめげず、資本主義は益々発展するばかり。むしろ、資本の集中は経済を活性化する力ともなっていた。マルクスの理論に従う限り、資本主義は滅びそうになく、共産主義は実現しそうにない。

唯一つ納得できるのは、社会が十分に豊かになった時、社会は変貌するという指摘。エンゲルスは『空想より科学へ』で〈生産力が十分に発展すれば、階級の分裂と階級闘争は一掃される〉と述べている。確かに戦後の高度成長期の日本を見れば判る。世界にも例を見ない日本の無階層社会を作り出したのは、何よりも経済的豊かさだった。

マルクスは、フランスの社会主義者で同時にユートピア思想家であるサン・シモンやフーリエを「空想的」と批判した。彼らが現状の分析もせずに、一足飛びに理想の社会を描こうとしたからだ。マルクスのユートピアの最も肝心な処は、「各人は能力に応じて、各人には必要に応じて」という原則。全く在り得ない夢物語だとばかりは言えない。

弱者や老齢者や困窮者に対する社会保障や社会福祉の制度などは、「各人の必要に応じて」という理想のささやかな実践。また、高額所得者への累進的課税なども、「各人は能力に応じて」社会に与えるという理想の、資本主義的な方法の一例。いずれも、マルクスの思想の成果と言っていい。

新しい社会の新しい人間の生き方としてマルクスが強調するのは、分業の廃止であり、多様な能力と技術の取得である。同じ一人の人間が農業と工業との両方に携わることは、共産主義社会の必然的条件。様々な仕事の体験は、人びとの素質をあらゆる方向に伸ばす機会を与える、と彼は言う。分業の原理は、疎外された労働を生み出し、労働者を一つの商品に過ぎないものに変える原理とされる。

共産主義社会になると人間の自由が奪われるのでは、という不安がある。旧ソ連や中国の例から類推されたものだが、マルクスとしては傍迷惑なこと。彼が何より目指したのは、あらゆる束縛から人間を解放し、人間の自由を取り戻すことだったからだ。彼は二〇代半ばに、こう宣言している。「人間の世界を人間そのものへ復帰させること」と。

私の一言

『資本論』序文には、「汝の道を行け、そして人びとの語るに任せよ！」という、かのイタリアの詩人ダンテの言葉が引かれている。『経済学批判』の序文にもダンテの言葉を引用。「一切の優柔不断を捨てねば。臆病根性は一切入れ替えねばならぬ」と記す。マルクスは闘うことに無上の喜びを感じ、最も嫌いな悪徳として「卑屈」を挙げた。妥協とか寛容というものをほとんど知らず、全てに挑戦の構えを以て立ち向かった。マルクスについて、「あれほど挑戦的で、不寛容な男は見たことがない」と言う同時代人もいる。マルクスもダンテも相似た「我が道を往く」タイプで、妥協や服従を知らぬ人間だった。二人共、生涯の大半は故国を追われ、亡命者として異国で暮らすことを余儀なくされている。

中国共産党の実態を初めて世界に紹介した歴史的著作
エドガー・スノーの『中国の赤い星』

上記の著作は米国のジャーナリスト、エドガー・スノー（一九〇五〜一九七二）の手で日中戦争が本格化した直後の一九三七年秋に出版された。彼は前年六月、外国人として初めて陝西省北部のソヴィエト地区に入り、毛沢東や周恩来ら中国共産党幹部と起居を共にし、ありのままの姿をつぶさに観察した。中国では一九四九年に共産党政権が成立。その後の転変は周知の通りだが、この著作はいわば原点ともいうべき草創期の姿を知る重要な手がかりを与える。

本書の概要

紅都への道

「我々の肉を食う地主を打倒せよ！」「中国を日本へ売る漢奸を打倒せよ！」「中国革命万歳！」「中国紅軍万歳！」

私が紅区での最初の一夜を過ごすことになったのは、肉太のこれらの文字で書かれたこれらのやや騒々しい布告の下でだった。私たちはその日には安塞（中国革命の聖地・陝西省延安市の一画）に着かず、夕方、辺鄙な小さな村にやっと着いた。五、六〇人の農民と物見高い子どもたちが私のロバ一頭の隊商を迎えようと押し寄せてきた。

私の世話をする貧民会分会主任は二〇歳そこその青年で、私を歓迎し、非常に親切にしてくれた。彼の世話で私は村の集会所で一泊した。彼の話では、近くには白匪（農民の暴動を鎮圧すべく国民党が設置した「民団」）が出没し、私の身の安全を保証し難いという。主任が手配した一青年の案内で数時間後、黄河の支流・延水の対岸にある安塞に着いた。

周恩来との会見

まもなく立派な黒いヒゲを蓄えた細身の青年将校が「ハロー」と英語で話しかけてきた。高名な紅軍指導者の周恩来で、翌日、私と会見して冒頭、こう言った。「あなたが中国民衆に友情のある信頼できるジャーナリストで、本当のことを言ってもよい、間違いのない方だという報告を受け取りました」「あなたは見たことは何でも書いてかまいません。あなたがソヴィエト地区を調査するためにはあらゆる援助を与えましょう」。

明らかに私に関する当「報告」は西安の共産党の秘密本部から来たのである。共産党は上海、漢口、南京、天津を含む中国の全ての重要な都市と無線連絡を持っている。白区の都市で共産党側の無線設備をしばしば押収したにも拘らず、国民党は紅区との連絡を長期にわたって断絶するのに成功しなかった。周の言うところによれば、紅軍が白軍から拿捕した装置で無線部を初めて設けた時以来、国民党は紅軍の暗号を解くことができなかった。

周の無線所は彼の司令部から少し離れた処にあり、彼はソヴィエト地区のあらゆる重要地点とあらゆる前線とに連絡を保っていた。総司令官・朱徳と直接連絡を持っていたが、当時朱徳の主力は西南方数百キロの四川・チベットの国境に駐屯。西北の臨時ソヴィエト首府・延安には紅軍の無線学校があり、約九十人の生徒を専門技術者として訓練。彼らは南京、上海、東京の毎日の放送を捉え、ソヴィエト中国の新聞にニュースを供給していた。

周は小さな机の前に蹲り、無線電報に目を走らせた。紅軍の「東部戦線」たる山西省側の黄河に沿ったあらゆる地点に駐屯する部隊からの報告だった。彼は私のために旅程を作成し始め、九二日の旅行の様々な項目を記入した紙を私に手渡してくれた。彼は毛沢東や他の要人がいる臨時首府への私の出発の手配もしてくれた。

会話の間に私は周を深い興味をもって詮索した。彼は中国では多くの共産党指導者と同じく伝説同様の人物だったからだ。彼はすらりとした方で、中背やせ型の屈強な体格。長い黒いヒゲにも拘らず、見たところ子どもみたいで、大きな温かそうな深く窪んだ眼を持っていた。確かに彼には一種の魅力があった。

それははにかみと、個人的な魅力と、指導への自信ある悠々たる態度との奇妙な組み合わせから出てくるようであった。彼の英語はやや口ごもった調子だったが、かなり正確で、五年間も英語を使わなかったと言った時にはびっくりした。

来歴（上）

周については彼の一旧学友と、外国人が中国「国民革命」と呼ぶ一九二五〜一九二七年の大革命の時代に彼と一緒に工作した国民党の人びとから少しは聞いていた。しかし今、当人に会って私はもっと多くのことを知ることができた。彼は特に一つの理由から私の興味を引いた。彼は確かに中国の全ての人物のうち最も珍しい人であり、その行動が完全に知識と組み合わされた純粋の知識人だった。彼は反逆児に転向した学者であった。

彼はある大官の子弟で、祖父は清朝の高官。父は声望篤い教師で、母もまた非凡だった（実際に近代文学の愛好者で、読書家の女性だった）。周恩来自身は小さな子どもの時から優れた文学的才能を発揮し、学者としての生涯を運命づけられているようだった。が、国民的覚醒時代に教育された同時代人の多くと同じく、彼の文学への関心は他へ方向を変える。

第一革命（一九一一年）後、中国の純真な「文学革命」が真剣な成長を遂げ始めた時、やがて中国を根底から揺すぶった、あの社会革命運動に周恩来は身を投じる。彼は英語を学び、アメリカのミッション事業たる天津の南開中学〜南開大学で「自由」教育を受けた。

次いで、日本の「二一箇条要求」〜袁世凱の帝政を復活しようとする陰謀。全中国にわたる反乱の開始。民主主義と社会変革の運動〜一九一九年の学生の暴動が起こる。学生の指導者として周は逮捕され、一年間天津で投獄された。彼と一緒に投獄された愛国者の中には天津師範学校の急進的な女学生がいて、彼女は現在彼の妻であり、同志である。

釈放後、周はフランスへ渡る。第一次大戦後の共産主義勃興の機運に影響され、彼はパリで中国共産党の組織を援助し、かつ中国で作られた組織の創立者となる。パリで二年間学び、英国に数カ月滞在、ドイツで一年間勉強した。一九二四年、彼は中国へ帰ったが、既に有名な革命組織者として任じ、当時国民革命を準備していた孫文に広州で直ちに荷担した。

来暦（中）

二六歳で周は広州の政界の指導的人物として、有名な黄埔軍官学校の秘書となり、当時現地のロシア人主席顧問で現ソ連極東軍司令官ブリュッヘル将軍の腹心となった。当時、この軍官学校長だった蒋介石にとって、この若い共産党員は禁物だった。が、それにも関わらず、蒋は彼の急進的士官候補生たちに対する大きな影響力ゆえに、彼をこの軍官学校の政治部主任に任命せざるを得なかった。

一九二五〜二七年、国民党と共産党との連合推挙で蒋介石は総司令官となり、北伐が進行。周恩来は暴動の準備をし、国民党の上海占領を援助するよう命ぜられる。正式の軍事訓練も受けず、労働運動の経験も少なく、いかに暴動をやるかを教える手引きもない。二八歳の彼は革命的決意と強力なマルクシズムの理論的知識で武装しただけで、上海に到着する。

三カ月のうちに共産党は三〇万人の労働者を組織化し、ゼネスト指令が可能になる。が、暴動は実現せずに失敗する。武装もなく訓練も受けず、労働者たちは「都市を占領する」にはどうすべきか、判らなかった。彼らは経験によって、労働者の武装せる中核体の必要を学ばねばならなかった。そして、それを軍国主義者が彼らに提供した。

来歴（下）

旧式な北洋軍閥は多数の斬首を行っただけで労働運動自身の阻止はできなかった。周恩来と上海の指導者らは五万人の糾察隊の組織化に成功。フランス租界で建物を手に入れ、二千の幹部に対し隠密裏に軍事訓練を行った。上海に密移入されたモーゼル銃で、三百人の狙撃者の「鉄団」を訓練。これが上海労働者の持った唯一の武力だった。

一九二七年三月二一日、共産党員はゼネストを指令。上海の全工業は停止～奮い立った六〇万の労働者は革命のバリケードで勇戦。警察や兵器廠、警備隊を占領し、五〇〇〇の労働者が武装され、「人民政府」を宣言。それは近代中国史上、最も注目すべきクーデターだった。

上海入りした蒋介石は戦闘の勝利を確認するが、一カ月後に豹変。右翼クーデターを断行し、急進派の殺戮を始める。有罪人筆頭は、かの危険な青年・周だった。以来、国民党亡命者としての暮らし～やがて中国に紅旗を掲げる第三革命指導者としての生活が始まる。

上海暴動で周恩来と密接に協力してきた指導者たち十余人が捕えられ、処刑された。「上海虐殺」の代償は五〇〇〇人の生命と推定されている。周恩来も蒋介石配下の第二師団の手に捕えられ、死刑を宣告された。が、たまたま師団長の弟が黄埔軍官学校での教え子だったので、九死に一生を得、周は逃亡することができた。彼は武漢〜南昌と逃がれ、中国紅軍の歴史的発端である、かの八・一暴動を援助する。次いで華南の大海港・汕頭へ赴き、共産派の労働者を指導。それから広州へ行き、かの有名な広州コミューンの組織をこしらえた。一九三一年、江西と福建のコミューンに入り、紅軍政治委員に任命される。

周は狂信者に違いない、と私は秘かに思っていた。が、そうした面影はどこにも見当たらず、彼は私に冷静な論理的かつ経験主義的人物という印象を与えた。彼の穏やかな口ぶりは、共産党員を「無知の匪賊」「略奪者」とする蒋介石〜国民党の宣伝や色とりどりの形容詞によって中傷した彼の過去に対比して、奇妙な対照を示した。若い頃の彼は美貌で、少女にも見まがうしなやかな姿だった、と言われている。

周恩来の電報が届き、延安では皆が私を待っていた。着くとすぐに、私は「中華人民共和国主席」の毛沢東に会った。痩せたリンカーンのような人物で、中国人の平均身長より高く、やや猫背。濃い黒い髪の毛が非常に長く伸び、大きな鋭い眼を持ち、鼻は鼻梁が高く、頬骨が突き出していた。一瞬の印象では、非常に機敏な知的な顔という感じだった。

私は彼と幾夜も広範囲の話題について話した。彼は自分の幼年時代、青年時代、どういうふうに国民党と国民連合の指導者となったか、どうして共産主義者となったか、紅軍はどういうふうに成長したかを話してくれた。彼の内に一種の強固な本質的な生命力が感じられることは争えない。彼が不死身だという評判には確かな根拠がありそうな節があった。

毛沢東は現在（一九三七年）四四歳。彼の人格の、革命運動における役割は、明らかに計り知れぬものがある。彼はユーモアに富み、粗野な大笑いを好み、中国農民の質朴と自然さを持っていた。自分や、ソヴィエトの短所のことになると、盛んに笑う。子どもっぽい笑い方だったが、彼の目的に対する内心の信念を、少しも揺るがすものではなかった。以下は「私の生涯の概略を申し上げたい」として毛が述べた談話の核心部分（の抜粋）である。

回顧談（上）

一八九三年、湖南省の農家に長男として出生。父は貧農から刻苦精励し、中農～大金持ちに。一三歳の時、父と初めて衝突～家出し、「父（権力者）を憎むことを覚え、私たち（母や弟妹）は父に対する連合戦線を張り、それは私に利益をもたらしました」。

父は読み書きがほんの少々できる程度で、母は全くの文盲。私は四書五経の類は嫌いで、古代中国の伝奇小説――岳飛伝、隋唐演義、三国志といったものが好きだった。一三歳の時、学校をやめ、田畑で長時間働いた。夜は読書に励み、啓蒙的な書物から刺激を受けた。

学問をしたいという気持ちが高じ、三年後、家出します。当時、非常な飢饉があり、『謀反人』が斬首される事件が勃発。中国の解体を警告するパンフに「嗚呼、中国は将に亡びんとしている」とあり、私は祖国の将来を憂え、暗澹となったのが忘れられません。

湘郷県にあった近代教育を試みる新しい中学校に入学（父は友人らに説得されて同意）～卒業。湖南省の首都・長沙にどうしても行きたくなり、家から一二〇里先の大都会へ。省立第一中学に志願者の一番で及第。が、校風が気に喰わず、半年後に学校をやめました。

自分の教育予定表を作り、毎日省立図書館で読書三昧に。アダム・スミスの『国富論』やダーウィンの『種の起原』、ルソーやスペンサー、モンテスキューらの著作に目を凝らし、ロシアや米、英、仏など諸国の歴史と地理を一心不乱に勉強しました。

県人の会館に住めなくなり、授業料が無料で寄宿料の安い湖南師範学校に魅かれ、家族の同意も得、入学へ。五年間在学し、卒業。私の政治思想は形を成し始めました。唐先生という方がいつも『民報』の古いのをくれ、私は非常な興味で読み、同盟会（革命的な秘密結社。孫文が創立し、国民党の前身）の活動と綱領を知り、政治活動に踏み込みます。

回顧談（下）

私は一九一一～二七年の間、北平（当時の北京）・上海と湖南の日刊新聞を毎日読んだ。当時新聞は珍しいものであり、官吏連中は今日でもそうだが、極端な憎悪の眼で見ていた。学生時代の最後の夏、北平に行った。国立北京大学の図書館の司書補の仕事をもらい、哲学会や新聞学会などに入会。政治への関心が高まり、急進的になりました。

南へ帰ると、政治面で直接的な役割を担当。湖南の学生新聞の編集人をやり、この新聞は華南の学生運動に大きな影響を与えました。当時の華南方面の軍閥の悪者に対し、猛烈な反対運動をやった。その復讐として、彼は私の学生新聞に対し、弾圧を加えました。

一九一九年、私は上海を再訪し、再び陳独秀と会った。彼は恐らく他の誰よりも私に影響を与えました。また、湖南の学生運動への援助を求め、胡適とも会見した。北方政府に愛想を尽かした私たちは湖南省の分離~近代化を要求して運動。当時の私はアメリカのモンロー主義と門戸開放運動の熱心な支持者でした。

私たちは一九二〇年、ロシアの十月革命の三周年記念慶祝デモを企画。警察の弾圧を受けました。この年冬、私は初めてマルクス主義理論とロシア革命史に教導されるようになった。華文最初のマルクス主義文献『共産党宣言』、カウツキーの『階級闘争』、カーカップの『社会主義史』を熟読。以来、私は自分をマルクス主義者だと考えてきました。

翌年五月、共産党の創立大会に出席すべく上海へ。集まったのは一二人。一方、フランスでもほぼ同時期に苦学生らにより中国共産党が組織され、周恩来や李立三らが参加。少し後にドイツでも党が組織され、朱徳（現在紅軍総司令）らが参加し、日本では周仏海ら。

当時は党の活動は主として学生と労働者に集中。一九二二年五月一日に総罷業が湖南で行われ、中国の労働運動史上未曾有の力の高揚へ。翌年の党大会で「国民党に入って協力し、北方軍閥に対し共同戦線を敷く」歴史的な決議に。私は上海の党中央委員会で働きました。当時、蒋介石は第一軍の総司令で、汪精衛は孫文の北京での客死の後を受け、政府の主席に。私は上海で共産党の農民部の指導を担当していました。

国民党と共産党の連合戦線の下、歴史的な北伐が一九二六年秋から開始。既に蒋は反革命を指導～上海や南京で共産党攻撃を始めていたのに、陳独秀は武漢の国民党に遠慮し、譲歩をし続けた。彼は革命における農民の役割を理解せず、その将来性を過小評価～その結果、翌年の共産党の失敗、即ち武漢連立政権の敗退ならびに蒋介石の南京独裁を導きました。

翌年秋、私たちは湖南の農民組合を通じて広範囲な暴動の組織化を企図。現場を飛び歩いている間に、国民党と協力する民団が私を逮捕～本部へ連行。射殺される寸前、私は同志から借用した数十元の金で傭兵の兵士らを買収～脱出に成功し、九死に一生を得ました。農民暴動を指導しつつ、活路を求め湖南省を南下し、難攻不落の井崗山に立て籠った。部隊は全体で僅か一〇〇〇名。その後、新しい兵が次々補充され、私は指揮官になりました。

〈注：毛沢東の説明はようやく「個人の歴史」を脱し、大運動の中へと姿を変えていく〉

長征

紅軍はその当時から三つの単純な軍紀規則を戦士たちに課していた。①命令には敏速に服従する②貧農からは如何なる物をも没収しない③地主から没収した全ての財貨は直ちに直接政府に引き渡し、その処分に任せる。井崗山では、次の四つのスローガンが遊撃戦法の手掛かりとなった。1、敵進我退。2、敵止我擾。3、敵避我撃。4、敵退我進。

毛沢東はソヴィエトの組織的な発展や紅軍の成立について、簡潔に物語った。数百人を率いるみすぼらしい、半ば飢えた革命家から、どうやって数万の労働者や農民たちの軍隊を作り上げたか。その何よりの成果を、彼は一九三四〜三六年に行われた長征の成果に求めた。この輝かしい成功により、彼は共産党内に確固たる指導権を確立した、と言われている。

紅軍の軍団記録によれば、行程は総計一万八〇〇〇余里すなわち六〇〇〇マイル（アメリカ大陸の幅の約二倍）に及ぶ。全旅程が徒歩で行われ、世界で最も通行し難い悪路（その多くは車行が困難）の幾つかを通り、アジアで一番高い山と一番大きな川を横切って実施された。

蒋介石軍の堅固な防衛線が中国西南部のソヴィエト地区を取り囲んでおり、紅軍は三四年秋に次々撃破する。が、江西・広東・広西・湖南の各省を経て行軍する間、紅軍は甚大な損害を被った。損害に懲り、紅軍は弓形の前進の代りに一連の分散的な行動をとる。南京の軍用機は、その日その日の敵の主力の所在を見分けるのが益々困難となった。幾つかの枝隊が一連の欺瞞作戦を遂行。空爆の目標となる輜重部隊は夜間行軍が慣例となる。

貴州省で敵五個師を撃破し、約二万の兵力を補充。三五年五月、紅軍は南方に転じ、雲南省へ。長江（下流が揚子江）が巨大な渓谷の間を深い急流を成して流れ、険しい岩壁が両側にほぼ垂直に突っ立つ。ここの渡渉こそ、危機一髪という際どい軍事行動の典型だった。

目の眩む高所に架かる百メートルほどの鎖だけの橋梁「濾定橋」を伝う命がけの渡河。有志が募られ、手榴弾と小銃を携え、兵士三〇人が滾る河の上に飛び出し、対岸を目指す。紅軍の機関銃が敵の方形堡を指して吠え、敵陣も銃火で応じ、河の上に高く揺れながら接近する紅軍兵を狙撃。何人かは撃たれ墜落するが、決死の勇気が白軍兵を怯ませ、未曾有の渡河作戦は見事成功する。この一挙が長征の困難さとその勝利の行く末を象徴していた。

私の一言

私は当今の中国共産党は、香港問題一つ見ても、承服できない。あれこれ反発を感じる事だらけと言っても言い過ぎではなかろう。が、草創期の中国共産党の在り方となると、話は別だ。毛沢東と周恩来という両巨頭に関しては、私は後者の方により親近感を抱く。卓球の荻村伊智朗さんとか女優の高峰三枝子さん（いずれも故人）といった人たちが、その辺幅を飾らない爽やかな人柄を誉めそやしていた。彼には中国政府事務方の総責任者として、言うに言われぬ大変な苦労が山ほどあったに違いない。一方の毛主席は「毛語録」で神格化されているが、実像は果たしてどうだったのか。「文革」でのミスリードをはじめ、林彪や紅青らを側近に置いていた眼識のなさはどう言い訳するのだろうか。

キューバ革命大詰めの迫力ある目撃記
マリ・エレーヌ・カミユの『革命下のハバナ』

マリ・エレーヌ・カミユ（一九三二〜）は執筆時、新婚早々のフランスの新進ジャーナリスト。報道写真家の夫との蜜月旅行（一九五八年末）でハバナに赴く巡り合わせとなり、かのフィデル・カストロによるキューバ革命の大詰めに直面する。手記は自分の体験だけを記していて、生々しい現実感に満ちている。ハバナ入城直前のカストロに深夜インタビューに向かう件はスリル満点。

本書の概要

革命の前夜

結婚後二八日目、私と夫ダニエル・カミユはニューヨーク・ハバナ線の飛行機でキューバへ旅立ちました。情勢が急迫、飛行便は全部欠航になる恐れさえあったのです。米国はこの地に何百万ドルにも上る巨額の投資を行っていて、その政情の変化にやきもきしていました。数年前から一人の蒼白いインテリで頬髭を生やした男が、密林の中に根拠地を設定。多くの真面目な農民を組織し、「解放軍」を養っている、というのです。

ハバナ市近郊の飛行場には午前零時に着陸。辺り一面は一流カジノの広告イリュミネーションで目もくらむばかり。曰く、世界えり抜きの美女による椰子の葉陰の夢幻的なショーに御招待いたします云々。遠くから見るハバナ市は、旧市街の上に巨大な摩天楼が林立し、ひどくモダンな都市に映る。午前一時、制服の運転手が運転するアメリカの車の列が続く。車内には夜会服の婦人と黒い背広の紳士。宝石。毛皮のショール……。友人の紹介による私たちが泊まるホテルは中級の古いホテルです。召し使いの一人一人に、旦那方はこれ見よがしにチップを渡す。「革命が進行している」図なんて、一体どこに!?

壁に耳あり

一二月三一日——大晦日、そして私たちの結婚月の終わりの日です。何しろ金持ち相手の国だから、物入りが大変。町の至る処に大衆食堂があり、人びとは一杯五セントのコーヒーを立ち飲みしている。この一見「アメリカ化」は非常に進んでいた。盛り場のレストランというレストランが「スナック」（軽食堂）であり、「セルフサービス店」で、内部の調度もアメリカ人の店にそっくり。多くのキューバ人は昼食に、ハンバーグと一緒にコカ・コーラを飲んでいる。街の至る処に栄養失調の子どもを連れた女乞食がいて、しつこく五《セント》貨幣をねだる。一部上流市民が「ハバナは世界一富裕。百万《ドル》長者がニューヨークと肩を並べる三〇〇〇人もいる」と誇るこの都市に、恐るべき貧困が白昼公然と同居していた。

ハバナ・テレビに勤める新聞記者兼映画人のラモンは「フィデルは三月までに入城し、キューバは今の圧制から解放される」と予告し、こうも言った。「キューバ人は全て心の底ではフィデル派です。国民は誰の目にも明らかな政府の腐敗紊乱に飽き飽きしている。そしてフィデルこそ、純粋な解放者だと見ている。が、実のところ、事態はさほど単純ではない。キューバには互いに全く隔離され、相交わることのない二つの世界が存在する。一方には農民、正直な小市民、労働者が集まる地帯がある。彼らは欲の深い政府から絞られるだけ絞られている。他方にはバチスタが享楽と背徳の都に仕上げたハバナ市がある。総人口六〇〇万のうち、この市に一五〇万が集まり、その生活環境は腐敗堕落の極。警察は密告を歓迎し、血に飢えたようにテロをほしいいままにしています」。

近い未来の（革命軍）大尉どのラモンはまた、言った。「バチスタ軍は藁人形です。僅か一二人で山に籠ったフィデルを始末できなかった。将校たちも成っちゃいない。官吏の地位もそうだが、軍隊の階級も金で手に入れたものばかり。兵隊たちも、指揮者たちの無能に呆れ返り、時至ればフィデル軍に寝返りを打つ腹だ。でなければ、流血は必至でしょう」。

キャバレー・トロピカーナ

宵闇迫る街を私たちは、なお暫く歩いた。珈琲店という珈琲店に、酒場という酒場に必ず数台の「ジュークボックス」が設置されている。これは悪魔の器械の一種。カジノに出かけるわけにいかぬ慎ましい労働者が、五セント銅貨を投入しては一攫千金を夢見るが、千金などは出てこぬ仕掛けになっている。多くの労働者たちは、自分の家の敷居にしゃがみ、ボール紙の箱の中で骰子を振る。それは貧しい人びとの博打の時刻だった。街中至る処で人びとは博打に浮身をやつす。これも、現大統領バチスタが世界中の遊び人を引き付け、そのドルをはたかせるために博打を奨励した結果と言える。

世界で最も豪華なホテル、「カプリ」「ハバナ・ヒルトン」「リビエラ」などは各々自前のカジノを持っていた。そこでは百万長者たちが、デラックスな雰囲気の中で自由に博打を楽しめる。ハバナのカジノで数時間を楽しむために、夜会服姿のアメリカ人を乗せた特別機が毎晩マイアミから飛んで来ている。その名も「ギャンブリン号」。ラモンは別れ際に言った。「今夜は是非トロピカーナ（世界一と称されるキャバレー）に行ってらっしゃい。あそこはハバナ随一の豪華版だから」。私たちはその豪華版をのぞいてみたが、散々でした。

バチスタ大統領、深夜の亡命

大晦日の夜の終わり、重大事件が勃発。なんと現職大統領が家族全部と政府首脳を引き連れ、三台の特別機で「逃亡」したのだ。彼らは翌朝七時、サント・ドミンゴに到着、当地の権力者の許に身を寄せる。バチスタ逃亡のニュースはハバナ市民を茫然自失させた。若いならず者たち（黒人もいれば白人系も）は早速、有料駐車場の料金箱を略奪したり、裕福そうな婦人などを襲って金品を強奪したりし始める。

暴徒たちは商店のショーウィンドーを叩き壊し、中の品物を盗り始める。大広場付近ではあちこちに小さなボヤが起き、豪邸の鉄の門扉が叩き壊され、手当たり次第に内部を破壊。持ち出されたテーブルや椅子に火がつけられ、歓声が上がった。市内はたっぷり二時間も、略奪者たちの手中にあった。警察も施すすべを知らないようだった。

ホテルに引き返そうと私たちが車で国会議事堂を回ろうとした時、すぐ傍で機関銃の弾ける音がした。私は生まれて初めて命の危険を感じた。ダニエルは私を車の底に腹ばいにさせ、自分もかがみ込んだ。幸い突進してくる警察車のライフルは空に向けて射撃していて、私たちは命拾いをした。機関銃の威嚇の下に略奪は止んだ。すると今度は自動車、古い人力車までが街を走り出した。どれもこれも青年たちで一杯。彼らは缶詰の空き缶を叩きながら、「フィーデル、カスートロ」「フィーデル、カスートロ」と連呼していました。

カストロは一九五三年七月二六日、独裁者バチスタに対し公然と戦いを開始しました。ハバナに対しキューバ島のもう一つの端に位置するサンチャゴ・デ・クーバ市から。カストロは携帯機関銃を手に二二〇人の学生の同志らと兵営に侵入。が、軍隊の手でまもなく鎮圧〜投獄される。幸いサンチャゴ大司教のとりなしで命拾いをし、懲役十五年の判決に。が、一九カ月後、同市のウルチア判事の弁護により特赦～釈放。彼はメキシコへ亡命し、弟のラウルと共にキューバ解放運動を組織し、バチスタ政権に対し公然と反旗を翻します。

さてバチスタ逃亡後の警察は当初、フィデル党の歓喜の爆発に対し、怯むことなく対抗手段を取った。が、デモ隊を攻撃すれば内乱勃発は必至。警察は反乱軍のシンパではないにしろ、われ関せずの態度を持し「暴徒による略奪を阻止する」ことにだけ重点を置いた。

ダニエルと私はホテルに戻り、部屋の窓から事の成り行きを追った。ニューヨーク支局長は「仮払いでの三〇〇ドル送金」を約束。四八時間以内での写真・記事のパリ到着を要請した。

革命第五日目、私たちはいつ見ても微笑んでいる、非の打ちどころのないヒゲの勇士たちの中で生活していた。彼らの宿舎はハバナで最も高級なホテル。ですが、彼らは豪華な部屋の寝台に寝ることを嫌い、軍服を着て、銃を手にしたまま床の上に寝ている。肝心のフィデルはハバナへの「途上」にあり、その緩慢さに全世界が驚いていていました。

彼の入城を前に、ハバナは大統領としてフィデルが指名したウルチアを迎えます。この人物は前サンチャゴ最高裁判事。廉直で衆望を集めていました。カストロにとっては恩人に当たります。彼がバチスタに抗して事を起こし死刑判決を受けた時、数人の同僚と協力し特赦に持って行ったのがウルチアだったから。しかし、人民大衆が待ち望んでいるのは、彼ウルチアが五年前、死刑から救った若い法律研究家（フィデルを指す）その人でした。

二台の戦車と約十名のヒゲの勇士たちが大統領官邸の警戒を担当。早朝から日没まで果てしない請願者の列が、官邸の扉を突破しようと試みた。各省とも人が溢れ、公務員たちは無能でした。どんな手続きもキューバ式の「モメント」（暫くお待ちを）で受け付けられ、確実に数時間は待たされる。ダニエルは怒鳴ったり、脅したりしたが、何の効き目もない。

フィデルは、いつまでたっても到着しない。ダニエルは「うまい案配だ。彼の処へ案内してくれる男を二人見つけたぞ」と上機嫌で言った。同時に二枚の委任状を手に入れたとも言い、「サンチャゴとハバナの間のどこかに居る。行けば、会えるよ」と力説する。夜の八時でした。私たち用の二人の運転手は腕章付きの軍服を着用し、車の奥に小型機関銃と二挺の銃をしまい込む。車はクライスラーの高級仕様（前閣僚が遺棄したもの）でした。

この数日の革命騒ぎのどさくさに、三〇〇〇台の自動車が盗難に遭った由。我々のもそうだが、大抵の車がナンバー無しで走っている。私たちは闇をついて出発。街頭警察の検問に遭い、経緯が知れ、彼らは「外国新聞記者」の代表としての我々に敬礼した。交差点ごとに前照灯を三回明滅させる合言葉を教えてくれ、以後は誰何を受けても停車せずに済んだ。

カーキ色の救世主

通過する村という村は煌々と明かりを灯し、夜更けにも関らず歩道の上に沢山の人だかりがしています。彼らは「解放者」（フィデル）の通過を見逃さぬよう、四八時間前から同じ場所で待っている様子でした。途中の検問でフィデルの今夜の宿営地はシィエンフェゴスと知れる。悪路や通行止めの障害をなんとか突破し、目的地へ。

午前二時、目当ての地方都市に到着。フィデルは全住民が集まった公園で演説中でした。彼は市庁舎バルコン前の演壇に起立。背景には巨大なキューバ国旗が翻ります。彼は非常に背が高く、カーキ色の制服にガッチリした体格を包んでいた。例の伝説的なヒゲは非常に黒く、よく縮れていて、先端は何本かの筆のような形になっていました。

フィデル・カストロの話はゼスチュアたっぷりなキューバ式の雄弁でした。鼈甲の大きな眼鏡をかけたり、外したり。バチスタ政治について語る時は、威嚇するかのようにそれを振り回す。額から汗の筋が幾筋か滴り落ち、彼は演説をやめ、大きなハンカチで拭った。

私たちは演壇の下の群衆に混じって演説を聞いた。数分たたぬ間に、私たちはフィデル党になってしまった。彼はドミニカの予言者のように雄弁で、街頭商人のように人を惹きつける魅力を具えている。彼は地上の幸福を信じなくなった人びとに再び信念を与え、長年の恐怖政治下に不安な日々を送っていた人たちを、たった一言で笑いほぐすことができた。

彼は次に強い意志を込めて自分の政策を説明し始めた。▽逃亡した政府役人たちが掠め取ったキューバの土地を取り返し、農民に再分配する▽労働者および小規模商工業従業員の最低生活基準を引き上げる▽教育を振興して、ろくに読み書きのできぬキューバ農民をなくす▽バチスタ政権下で父母を殺された幼い孤児のため、児童福祉村を創設する▽軍隊再編成へ階級を整理する▽警察を全廃し、一人も悪人のいない国家を建設する等々。

一つひとつの項目ごとに嵐のような喝采が湧き、「フィデル万歳!」の声が起こり、演説を中断させる。老人たちは頭を振り、感動の余り、涙を流した。若者たちは歓声を上げて満足を表明し、喜びの余り、足を踏み鳴らした。

演説は延々と続き、いつ果てるか見当もつかなかった。が、彼の忠実な秘書とヒゲ男たちは彼のために気を配り、演説を打ち切ることに。フィデルは数人のアメリカの新聞記者を含めて、私たちに会うことを承諾し、ごく内輪の記者会見が行われる運びになります。

フィデル・カストロ会見

市庁舎の小さな市長室で会見が始まる。六、七人のアメリカ人の新聞記者に対し、フィデルは恐ろしく不機嫌でした。「君たちだな、こんなデタラメ記事を書いたのは! 僕は共産主義者ではない。アメリカ人が、その点で僕に攻撃を加えるなら、お返しは必ずするよ。僕はアメリカ贔屓じゃないからね」。アメリカの記者たちはたじろぎ、一歩後ずさりした。彼は私たち二人には、ひどく慇懃でした。彼は口を切ります。

——私は革命の始祖であるフランスの方に〈革命〉を(新婚の)お祝いに差し上げたい。私はフランスとフランス人贔屓だ。貴方の新聞が、欧州で他に先駆けて私のことを報道して下さったことを忘れない。私のヒゲをカラー表紙に出して下さったことを感謝します。

彼は相好をくずし、子どものように笑った。彼は全世界の新聞を知っていて、どの新聞が、彼についてどのように報道したかを正確に知っていた。山奥にあれほど長く立てこもっていたにも拘らず、何もかも実によく知っているのには、私たちは驚いた。彼は言いました。

——革命が成功すれば、田舎に引退してモデル農場を経営するのが私の夢なんです。私は土地を愛し、個人的な政治的野心は全然ありません。が、国が私を必要とする限りは政府の命ずるままに行動したいと思う。私の役割は未だ終わっていないようだから。

革命軍ハバナ入城

教会の鐘が盲打ちに鳴り出し、大砲の音が轟き始める。街路の果てに歓呼の嵐の中を進んで来る行列が見える。先頭はフィデル。数人のヒゲ武者に囲まれ、銃を肩に、ジープの上に突っ立つ。熱狂した観衆が雨霰と投げかける花と紙つぶての中、しきりに眼をしばたいているのは、疲労のせいか、感動のせいか。オーケストラの指揮者が、(自分より楽士の方に拍手を)と指揮棒で聴衆を誘導するように、フィデルは歓呼する群衆に対して自分を取り巻くヒゲ武者(無名の英雄)たちを指し示すのでした。

ヒゲの勇者たちは数百名。戦車・ジープ・トラックに乗って進んできます。無帽のまま起立し、感激を噛みしめている。美女ぞろいの「愛国者」ばかりが乗り組む戦車も登場し、歓呼とどよめきが湧く。数台のジープには制服の娘たち(酒保係や看護婦ら)が一杯乗る。行列の最初の訪問先は「海軍」でした。フィデルの運動に真っ先に合流したのは「海軍」だったから。フィデルは車から降りて水兵たちと握手し、人の波の中に消えて行きました。

「監視もないのに、車から降ろすとは」「皆が皆、味方だと思い込んでいるらしい」。一人のアメリカの新聞記者が私の耳にささやいた。フィデルは首尾よく大統領官邸にたどり着き、待っていたウルチア（臨時）大統領と会談。バルコンに姿を現わし、こう挨拶した。

――私は貴方がたを暴君から解放した。人民を抑圧した暴君から……。悪政を非難する勇気ある人びとを虐殺した暴君から……。我が国の近くにある某大国は今、私を共産主義の手先として非難している。バチスタお抱えの殺し屋たちを地方で処刑したという理由で、私を人殺しとして非難している。（中略）が、彼ら（犯罪人たち）の運命を決定するのは貴方がたキューバ国民だ。私は人殺しではないから。来たる水曜日、この同じ場所で人民大集会を開き、貴方がたの判決を仰ぎたいと思う。

暗殺者の公開裁判

コリゼはハバナ市の外れにある超近代的な室内競技場。一万八〇〇〇の観覧席はスポーツの催しなどがある度、満員になります。が、今日は入場無料の珍しい見世物、バチスタ時代の暗殺者たちの公開裁判が始まった。二万人余の観衆は軍法会議裁判官の入場を起立～喝采して迎えました。「この裁判には裏も表もない。キューバ人は自由に傍聴してよろしい」とフィデルは言ったのです。

この軍事裁判の「真相」を全世界に知らせるため、招待された新聞記者たちは壇上近くに陣取りました。最初の被告はH・S・ブランコという、元憲兵司令官。フラッシュが盛んに焚かれる中、身動き一つしない。大柄な美男で、髪に少し白いものが混じり、明るい眼。一目見て思わず魅惑されそうな、いい男でした。

——被告は、今まで行った一〇八人の暗殺について、人民の前で答えねばならない！

ブランコは驚いて眉を上げた。裁判官は彼の調書に記録されている犯罪の数々を読み上げ、「何か異存はないか？」と糺す。彼は直立不動のまま、筋の通った自己弁護を始める。

——はい、私はバチスタの命令によって、公共の秩序に有害な危険分子を数人、処刑せざるを得なかったことを認めます。しかし、それは法律の手続きを踏んでの上であり……。

観衆は手摺りから身を乗り出して叫び、悪罵を彼に浴びせかける。ブランコがなおも弁明を重ねると、観衆の怒りは倍加する。いきり立った連中は被告を目がけ、殺到した。ヒゲ武者たちは秩序維持のため、銃の床尾を用いなければならなかった。

証人たちの陳述が始まると、事態はさらに悪化する。陳述中に随分こっけいなやりとりが挟まるので、悲劇的な裁判が喜劇的になり、二万人の観衆は〈死刑にせよ！　銃殺せよ！〉と叫んでいるかと思えば、腹をかかえてゲラゲラ笑った。証人の大部分はオリエンテ州の農民。その多くは文盲で、裁判官の質問の意味がよく分からなかった、と見えます。

街のテレビ受像機で休んでいるのはありませんでした。みんなが見ていて、みんなが注釈を加え、みんなが批評していました。市民は自宅に居ながら、笑ったり、怒ったりしていたのです。被告の処刑を喜ばないハバナ市民は一人も居なかったようでした。

私の一言

フィデル・カストロ（一九二六～二〇一六）生存中のハバナの街中には、彼の写真などは一切飾られず、個人崇拝を避けようとする気配があったといわれる。代わりに盟友だった故チェ・ゲバラ（キューバ革命での闘士。南米ボリビアで闘争～三九歳の若さで処刑死）の遺影などが飾られていた、とラテン音楽ギター奏者のアントニオ古賀氏は証言する。二〇〇〇年夏、差しで乾杯～歓談した折、カストロは言ったそうだ。「（チェ・ゲバラを指し）彼は早く死んで幸せだった。私はこの齢になるまで、ずっと政治をしてきた。長生きをしてしまったから、まだまだ（やり残している仕事を）やらないといけないのだ」と語った、という。私はカストロという人物は、どこか含羞の風情が感じられ、個人的には好きだ。

エジプト史上不滅の光を放つ闘い
J・ブノアメシャンの『エジプト革命』

J・ブノアメシャン（一九〇一～一九八三）は特異な経歴を持つフランスの著名なノンフィクション作家。第二次大戦中、枢軸国側に身を寄せたヴィシー政権の閣僚として外交工作に従事～戦後、戦犯として投獄（一〇年）中に書き上げた中東ものの一作だ。複雑を極める中東情勢の要であるエジプトの歴史の転変をつぶさに観察。一代の英雄児ナセルの肖像を生き生きと描き出す。

本書の概要

ナセルの青春

一九一八年、カイロに次ぐエジプト第二の都市アレクサンドリアにナセルは誕生。父は郵政省の下級官吏で以後、転勤を重ねる。彼は父親からは農民の現実主義的強情さと、深い意志と忍耐力とを。母親からは地中海人的側面、巧妙さと策略、新奇なものへの関心を受け継ぐ。

息子の精神の早熟ぶりに打たれ、父親は彼に正規の教育を受けさせるべく、カイロの都心に住む兄に預ける。一九三〇年六月、ワフド党（反英的性格を有する民主主義的な民族主義政党）政権が対英（独立）交渉に着手。強硬な青年層がカイロとアレクサンドリアの街頭に繰り出す。街中の広場で中学生の一団が警官隊と激突~十二歳になったばかりのナセルは、額に棍棒の一撃を受け、顔は血で真っ赤に染まる。が、彼は叫び続けた。「エジプト万歳！」。

この日以来、彼は反逆者となる。その後の五年間、勉学の傍ら読書に没頭。ムスタファ・カーメルの『イスラムの防衛者』や愛国的な諸論文を読破した。師コラニの勧めにより、著名なフランス人の伝記を読み、ヴォルテールやルソー、及び大革命に活躍した諸人物を発見する。暗中を模索している彼にとって、この読書は将に一条の光のようにきらめいた。

一九三五年頃、彼はワフド党や「モスレム（イスラム教徒）同志会」に接近。また社会主義政党「若いエジプト」本部を足繁く訪れた。同党の目指すところは、スエズ運河の国有化、農地改革、ナイル流域の工業化など、彼の思想に相通ずるものがあった。が、彼の中には、現実と理想とが混沌として入り混じっていたため、彼らに付いていくことができなかった。

この頃、英国は大きな不手際を演じる。同年秋、当時の首相S・ホアーはエジプトが内政面でもロンドンの指示下にあることを公に認め、「憲法の採用はできぬ」と宣言したのだ！　一一月一二日、反対デモが激化~死者二人と負傷者五〇人を出す。現場で英人将校はデモ隊の中心人物らしき長身の青年を狙撃。弾丸は一七歳のナセルの額をかすめ、友人たちは彼に応急手当てを施した。あと数ミリの差で彼の命を奪うところだった。

この銃火の洗礼は彼に革命家という天職への信念を吹き込み、占領軍という存在の決定的な恐ろしさを教える。英国はエジプト国民の団結が回復しつつあることを悟り、緩和政策の証拠を示すようエジプト政府に要請。一二月一二日、国王は一九二三年憲法の回復を布告し、新聞は書いた。「自由の支持者は勝った！」「青年は勝った。全エジプトが勝利を収めた！」。

が、青年ナセルは違った。英国との新しい協定に憤り、国王に対して憤った。政府に対し、また国民全般の鈍感ぶりに対して憤った。今や一八歳、卒業試験を通過した、たくましい細身の大男だった。これまで幾つかの政党と接触した結果、彼は一つの確信を持つ。彼らは決して国を解放するようにはならないだろう。占領軍は、もう一つの軍隊によってしか追い払うことはできない。一九三七年春、彼は陸軍士官学校の入学試験に首尾よく合格。一年の間、陸士の教科に励み、翌年夏（通常は三年かかるところを、内外の情勢急迫として繰り上げ）、卒業試験を立派な成績で通過し、陸軍少尉に任官する。

任地の兵営での長い夜の間、戦友たちは驚異と尊敬の念を以て、彼の弁舌に耳を傾けた。

――革命を行うのは感情によってではない！　我が国の特殊な情勢からみて、潜行的性格を持つ軍事組織、全メンバーが反乱の技術を具えていなくてはならぬ秘密委員会でしかありえないのだ。

青年将校たちは感動し、同意する。代わる代わるナセルへ忠実の誓いを立てた。彼らはエジプトの解放の日まで、彼と共に戦うことを誓った。こうして、十五年後にエジプトを支配することになる「自由将校団」の最初の芽が生じたのである。

第二次大戦とナセル

自由将校団は環境に恵まれていた。彼らは軍務の命ずるまま、部隊から部隊へと転勤させられ、各自はそれぞれ味方を獲得することができた。ナセルは次第にカイロ当局から注意人物として見られるようになる。辺境へ左遷されそうな予感がし、先手を打つ。隣国スーダン勤務を志願~首尾よく首都ハルツーム転勤が叶う。が、ナセルの影響力を気遣う陸軍省は西側の隣国リビアとの国境に近い前哨基地へ転属させる。ナセルにとっては失望の時代であり、なんと一九三九年秋には第二次世界大戦が勃発する。

ナセルの盟友で、後に彼の次の大統領となるサダートはこう記している。

――イギリスにとっては悲劇の年であり、エジプトにとっては希望の年であった。西では枢軸軍が荒れ狂い、中央ではエジプトが反乱の寸前にあり、東ではイラクの反乱が成功していた。(中略) それは東アラブ解放の先駆的徴候であった (後略)。

ロンメルと自由将校団

一九四二年一月、ドイツのロンメル将軍は攻撃を再開。無敵の進撃を続けるアフリカ戦車兵団はかつてこれほど強力だったことはなく、北アフリカの要衝を次々と陥し、四万人の英軍を捕虜とした。そしてエジプト国内に深く浸透、アレキサンドリアの西七〇キロのエル・アラメインに進出した。アレキサンドリアでは市民は胸を躍らせ、「歓迎！」のプラカードを掲げ、青年の集団は街の中を練り歩いた。

が、エジプトでは色々な情勢の変化があり、イギリスのモンゴメリー将軍はそれを利用して反撃の準備に専念することができた。ロンメル軍団はエル・アラメインから一歩も進むことができず、連合軍の総反撃を受けて後退。リビア～チュニジア～イタリアへと撤収し、エジプトへの脅威は去った。

この勝利は英国の威信を再び高めることに。四三年二月、連合軍はカサブランカとアルジェに上陸。自由将校団はもはや外部から如何なる援助も期待することができなくなった。兵籍から外されたサダートは収容所送りとなり、自由将校団には日夜追及の手が厳しくなる。彼らは地下に潜らざるを得ず、将校団は内部組織の強化に着手。団員は五人で一細胞とし、二〇細胞で一部を構成。各部の長は、中央委員会（一〇名で構成）指名によるとした。

二月七日、ナセル大尉はカイロ陸軍士官学校の教官に任命される。これで、彼は未来の軍幹部となるべき幾百の青年と接触できる立場に就く。以後、彼の努力により、多数の参加者が新たに生まれていった。四五年五月、ドイツ降伏。士官学校教官の職を解かれたナセルは、革命運動の全指導権を手中に収める。革命の頭脳であり、執行機関である最高委員会は議長ナセルを筆頭とする一〇名で構成、後年のクーデタ後の「革命評議会」の母胎となる。

運動が着々と地歩を固めていく間、エジプト政府は目まぐるしく交代。ロンドンと国連に対し英国駐留軍の撤退について、果て知らぬ会談を繰り返した。四七年に英国は突如、エジプトから撤収する。アトリー内閣は財政難に悩み軍事費を切り詰め、兵員を縮小せざるを得なかったのだ。トルコとギリシャからも派遣軍を引き揚げさせ、後事を米国に委ねた。

パレスチナ戦争の教訓

イギリスはパレスチナの委任統治も放棄。一九四八年五月一五日、D・ベングリオンはイスラエルの独立を宣言。エジプト政府は正規軍に対し、パレスチナ侵入を指令する。政府首脳は一押しで済むものと信じ、ファルーク国王は「不穏な将校たち」を厄介払いできると思っていた。が、両者共その考えが甘かったことにたちまち気付く。

テルアビブ、ジャッファ、ハイファ、エルサレムなどの主要都市はユダヤ人のテロ団体ハガナに占拠され、また村々はイスラエル国民軍のために一夜にして要塞化された拠点に変わっていた。これに反し、当時のエジプト軍は九個大隊しかなく、そのうち三個大隊だけがパレスチナ戦争に参加したのだ。総数約三〇〇〇ないし四〇〇〇の兵力に過ぎなかった。しかも装備は悪く、極言すれば、戦争の技術を全く知らなかった。

その上、アラブ諸国連合軍は五つの戦闘区を持ち、それぞれに司令部を置いていて、連合軍を一体化する総司令部はなかった。当初、エジプト軍はガザを獲り、北上したが、テルアビブ南方三〇キロでイスラエル軍の大反撃に遭って南方に追い落とされ、軍の大半はファルーガの三角地点に包囲される。エジプト軍は死力を尽くして戦ったが、損害は極めて甚大だった。イスラエル側の士気は高く、装備は遥かに近代的だったのだ。

ナセル少佐は、この包囲された部隊の中に居た。彼は戦ってみて、事実上エジプト軍なんて存在しなかったのだ、とたちまち悟る。もし母国が攻撃を受けたら、丸腰の国土はどうなるか——愕然として、考えた。政府の怠慢、国の責任者が祖国をダシにして肥え太っている。敗戦を味わって、彼は内心で叫んだ。「我々は裏切られた！」。

カイロ暴動

パレスチナ戦争の翌日から、エジプトは徐々に革命前夜の状態に入る。時のノクラン首相は執務室で警官に偽装したテロリストによって斃された。一九五〇年一月の総選挙では、議席の三分の二が英国からの独立を求めるワフド党（地主や民族主義者が拠る）の手に帰した。その結果、王宮対政府の闘いが始まり、政情は不安定化する。

国の経済状態は悪化していく。生産は低下し、食料品の値は上がった。物価指数は四倍も上がったのに、給与は精精二倍しか上がらない。失業は蔓延し、国庫は空になった。ナハス首相（ワフド党）は財政政策の不首尾を埋め合わそうと企み、翌年秋、特別議会を招集。三六年の英＝エジプト条約（並びに一八九九年協定）の破棄を宣言する。「今やイギリスは立ち退くべき時だ……」とナセルは考えた。

イギリスは怯まず、スエズ近郊に堅固な陣を張って対抗。エジプト政府は従来占領軍に適用されていた財政上、法律上の特権を廃棄して報いた。ゲリラも開始され、大学生や民族主義者らから成る「解放突撃隊」が運河地帯の攪乱を企てる。橋は吹っ飛び、英軍の衛兵が刺殺され、倉庫や兵営は襲われ、空軍基地の一部施設が破壊された。

八万の英兵がスエズ地帯に集結。アースキン将軍は、運河地帯に駐在するエジプトの全警察力の武装解除を指令。エジプト側はこれを拒否し、英軍砲兵が実力行使へ。激闘の末、警官たちは白旗を掲げるが、全二〇〇〇人のうち四六人が死亡し、七二人が負傷した。

カイロ放送がこのニュースを伝え、市民の怒りは沸騰。翌二六日（五二年一月）は暴力の一大饗宴で有名な「黒い土曜日」となる。ストに入った警官たちと学生たちが合流～行列を連ねて首相官邸へ。運河地帯で戦うための武器を要求する。別のグループは下町の至る処で放火した。三〇〇万市民の中のいかがわしい分子は都心地区へ押し寄せ、不穏な空気に。

オペラ広場で破壊行為が始まり、バー、カフェ、映画館などに放火。一流銀行が炎上し、地下室に逃げ込んだ多数の行員は窒息して死んだ。火災は四百箇所に及び、街路は灰と煙のベールに覆われた。群衆の目標は金持ちの娯楽の場と英国系の建物に集中。このような無秩序な事態にあって、権力を十分に維持~市民を平静に導く組織は軍隊しかなかった。

クーデター成功

権力の腐敗を前に、自由将校団は決起を早めようと決意する。当初は革命の期日を一九五七年と想定していたが、五二年初頭のカイロ暴動は彼らに対し、この期日の繰り上げを誘った。が、ナセルは弱冠三十四歳で、仲間たちもほぼ同年配。六〇代のパシャ（オスマン帝国の高官・高級軍人の称号）たちの支配に慣れた人民は、一握りの若僧たちの統治を容認するか？

五一年五月に中佐に進級したナセルは同年一一月、陸軍大学教官に任命される。老練な将軍を担ごうと適任者を物色。中央委員会で協議し、ナギブ将軍に白羽の矢を立てる。彼はかつて革命運動に従ったことはなかったが、軍の内部で極めて人気があり、国王は日ごろ彼を嫌っていた。こうした事情から、彼は己の役割を呑みこみ、反徒の申し入れを受諾する。

ナギブ将軍を指揮者に獲得するのに時日を要し、クーデターは七月二二日深夜に決行された。なんと反徒捕縛に派遣された政府軍一個中隊が指揮官ごと寝返り、参謀本部を易々と制圧。深夜零時、首都の戦略拠点や公共建築・中央電話局・中央放送局などを占拠する。思惑通り、ナギブ将軍は最高軍司令官に就任。英国駐留軍も既成事実を認めざるを得なかった。翌朝、カイロ市民は歓喜を爆発させ、ナギブ声明に対し国中が熱狂して応えた。国王は退位を承諾し、愛用のヨットで王妃や王子を連れ、亡命先へ旅立った。

ナギブ対ナセル

クーデターは成功。ほぼ無血で王制が崩壊～革命将校団はやや茫然自失の有様だった。ナセルは当面の措置として中央委議長を辞し、その地位をナギブ将軍に譲る。自由将校団は解散～代りに「革命評議会」が国の最高権力を賦与される。ナギブ将軍を政府首班とし、新内閣は次々と新政策を打ち出す。▽土地の所有を八〇ヘクタールに制限する農地改革法▽政党を解散～再編する政党規正法▽前国王の資産の凍結令など。軍と警察は王族・政党の党首・高級官吏・新聞記者・警察官など四三人を逮捕した。

政界に登場して半年、ナギブは人気の絶頂にあった。が、実質的な権力機構・革命評議会にあっては彼は影が薄く、実質的なリーダーはナセルである。さらに屈辱的なことに、己は既に五四歳なのにライバルはずっと年下の三四歳だ。その懊悩のほどが知れよう。

リベラルで好人物のナギブ将軍は、何びとの不満も買いたくなかった。コーラン至上主義のモスレム同志会の解散令に反対し、地主の土地所有の限界は八〇ヘクタールから二〇〇ヘクタールにすべき、などと要求する。革命評議会は苛立ち、彼我の間に緊張が増していく。五四年二月二五日、ナセルは革命評議会を招集。ナギブ解任を決定する。

が、将軍を奉じる軍の機械化部隊などが収まらず、ナセルは集会で吊し上げを食い、将軍解任を撤回〜ナギブを釈放する。善人ナギブは不用意にも旧政党の首脳らと接触を重ね、譲歩と後退を重ねていく。三月二九日、親ナセル派の部隊が決起〜クーデターさながらに政府要所を制圧。ナギブは軟禁〜四月二〇日、ナセルは内閣を改造し、自ら首相の座に就く。

英軍、スエズ運河より撤退

王制は解消した。が、「帝国主義者」英国は依然としてスエズ運河地帯に陣を構えている。五三年四月以来、英軍施設に対する襲撃事件は三〇回以上。同月二七日ナギブ将軍は英軍当局と撤退への希望を持って交渉に入るが、英国は協定の締結をはっきり拒否。一時中止されていた襲撃や待ち伏せは再び激しさを加えていく。

アメリカの圧力が目立ち始める。国務長官ダレスが中東視察に訪れ、帰国後こう声明した。「米国はいかなる場合にも、英仏両国の帝国主義的企図を守ることはしない」。米国の新聞は「英軍が運河に留まる限り、エジプトに安定のもたらされることはない」と記した。

七月二七日、イギリス・エジプト間に協定が成立。英国は駐留軍を五六年六月一九日までに五次にわたり撤退させることを約束する。その代り、エジプト政府はスエズ運河の自由航行協約（一八八八年締結）の尊重を約束。施設の維持と良好な運営とを監督することになる。カイロの街頭には、「屈辱の時代は終わったのだ！」と記す垂れ幕が下がった。

新アスワン・ダム問題

「エジプトはナイルの賜物」とヘロドトスは言った。もしナイルの流れを調節できれば、水量は一年中安定化し、灌漑能力の強化に基づく農地の相当な拡張が予想できる。新アスワン・ダム建設の構想が、ナセルの胸に浮かぶ。御影石の壁は高さが一一一メートル、長さ三・五キロ、幅は基底で一・三キロ。この堰堤の上流に、幅六〜一〇キロ、長さ五〇〇キロ以上の巨大な人造湖が出来上がる。この水は砂漠を肥沃化し、農地面積を大幅に増加させるに違いない。ナセルは当初、計画をアメリカに持ち掛けたが、交渉が難航する。次いでソ連に話を持ち掛け、支援の当てを得る。ナセルはアメリカ大使に向かい、思わせぶりに脅した。「あなたは融資を断ったのか？　見ていたまえ、その結果がどんな恐るべきものになるかを！」。

スエズ国有化宣言

五六年七月二六日夕、アレキサンドリア市の広大なムハンマド・アリ広場で二五万人余の群衆を前に、ナセルは座談風のさりげない調子で切り出した。

――諸君に発表する。我々が餓死しようとしているのに、『宝の川』が手の届く処を流れている。そして帝国主義の一会社（『万国スエズ運河会社』を指す）が我々の利益を横取りしている。諸君、この『国の中の国』を奪い返そうではないか。……

そして、高らかに「スエズ国有化宣言」を行ったのだ。群衆は文字通り爆発した。ナセルは言葉を継いだ。「スエズ運河は新アスワン・ダムの建設を十分に賄ってくれるだろう。我々はもはや、ワシントンやロンドン・モスクワにペコペコする必要はないのだ！」。

エジプト軍は直ぐカイロの運河会社本店や近郊にある事務所を接収した。五五年時で運河会社の収入は一億ドル余（エジプト政府への支払いは三〇〇万ドル）で、直近五年間の利益は約八億ドル。イラク政府はエジプト支持の立場を表明。カイロでは四〇万人がナセルの到着を歓迎した。アジアや中近東の諸国などに共感～同調の渦が広がり、西側は青冷めた。

私の一言

この伝記は著者の執筆時期が一九五〇年代後半で、それ以降の推移は欠落している。大まかに追補すると、六一年に「アラブ連合」の事実上の崩壊（シリアの脱退による）、六七年に第三次中東戦争でのエジプト惨敗（イスラエルの圧勝に終わった「六日間戦争」）という大きなマイナス点があり、ナセルの英雄像もかなり翳りを帯びる。プラス面は七〇年の「アスワン・ハイ・ダム」の完成。ソ連の援助を引き出したこのダムの完成により、エジプトは治水や農業生産の面で多大な利得を得、同ダム湖は「ナセル湖」の異称も生んだ。彼は同年九月二八日、心臓発作で五二歳の若さで急死。葬儀には五〇〇万の葬列者が参加した。

「アフリカの独立の烽火」の克明な記録
クワメ・エンクルマの『わが祖国への自伝』

一九五七年にイギリス領黄金海岸（ゴールド・コースト）植民地がガーナとして独立し、一九六〇年のいわゆる「アフリカ独立の年」の烽火となった。この著書は、このガーナの独立がどのようにして起こったかを、そのリーダーだったエンクルマ自身が克明に記す。彼自身の比類ない魅力的な個性も如実に示され、私は感嘆しながら読み進み、人種的偏見の誤りをしかと思い知った。

本書の概要

我が生い立ちと教師生活の頃

私は（アフリカの）黄金海岸南西端の小さな村に生まれた。私たちの部族の習慣では、人の誕生は記録しようとされず、多少の根拠ある推測では一九〇九年九月頃とされる。当時のこの地方では通い婚の一夫多妻制が普通で、父母は別居して暮らしていた。母は非常に優れた保護者で、私に多くの自由を与え、天性の指導力があった。鍛冶屋の父は強い性格の持ち主で、子どもには非常に優しかった。私は大変に我儘で、いたずらっ子だったらしい。

初等学校で八年間を過ごした後、一九二七年に首都アクラの国立師範学校に入った。この三年前、プリンス・オブ・ウエールズ大学が開校し、K・アグレイ博士が副総長補佐に就任。アフリカ人として初めて大学の中枢に参加し、私には誰よりも偉大な人物に映り、私は心から彼を慕った。博士は激しい生活力と熱情と腹の底からの明るい笑い声を持ち、稀に見る大雄弁家でもあった。私の民族主義が培われたのは、博士のお陰である。

博士は自分の皮膚の色を何物よりも誇っていたが、人種差別はどんな形のものにも強く反対した。黒人と白人の協同が、博士の思想の骨子であり、彼の布教の眼目だった。が、私は既にその頃から、アグレイのこの思想を実際的なものとしては受容できなかった。博士はこの頃、イギリス経由でアメリカへ旅立ち、ニューヨークで罹病~急死してしまう。

私は激しいショックを受け、三日間は何一つ食べることができなかった。が、胃の腑が空でも、勉学を続けるエネルギーだけは溢れるほど有ることに気付く。この発見は、後日アメリカやイギリスへ行った時に大変貴重なものとなった。私は貧乏なため食事を摂らずに勉強もし、休暇には大学の授業料を稼ぐために働きもしなければならなかったからだ。

博士を心から尊敬していたから、私はアメリカへ行き、もっと勉強しよう、と考え始めた。

そのために、師範学校の課程を終えたら、五年間教師をして、その間に旅費を貯めるという計画を立てた。アクラの師範学校は一九二八年にプリンス・オブ・ウェールズ大学の一部になった。私は頭に詰め込めるだけの知識を得たいと力一杯の努力はしていたが、クソ勉強家や本の虫にはならなかった。友人も沢山できたし、スポーツも好きだった。

私は短距離走者として規則正しい訓練を受け、大学対抗競技では一〇〇、二〇〇、四〇〇メートルの競走に出た。スポーツマンシップというものが人間の性格の非常に重要な部分を作ることを知り、国を発達させるためスポーツを奨励することの必要を考えるようになった。

私は弁論に興味を持ち始め、学内に討論の会を組織した。ある見解に同意する・しないを問わず、私はいつも少数派の味方になった。この「おしゃべりの才能」がなかったら、私の闘いが緒戦で敗れ、私たちの闘争の全部が無駄についえたと思われるからだ。

一九三〇年に私は師範学校を卒業。沿岸地方の下級学校初等科教師の職を与えられ、一年生を教えた。子どもたちが私に懐いてくるのに驚き、感動もした。余暇の時間の多くを教師の組織を作るのに使った。それが教師の状態を改善する第一歩になるだろう、と思ったから。

二年後、ローマ・カソリックの神学校教師になる。ここでもっと学問を続けよう、それにはアメリカへ行かねば、という考えが私の心を占めた。早く行動を起こさねば、生涯神学校の壁に閉じ込められることになる、と私は感じた。

アメリカでの勉強

一九三五年初め、私は東方のナイジェリアの首都ラゴスを経由し、アメリカへの旅券をもらうため海路ロンドンへ行った。リヴァプールに半月ほど滞在した後、再び海路アメリカへ。ロンドンでは「ムッソリーニ、エチオピアへ侵入」という張り紙が目に入った。一瞬、ロンドンの全部が私に宣戦を布告しているように感じ、植民地制度を倒すために私の働ける日の来ることを祈り、必要なら地獄へでも行こうと私は決心した。

ニューヨークに着いたのは一〇月の終わり頃だった。一八五四年創立のリンカーン大学は、黒人に高等教育を与え、合衆国内の黒人社会の有用な指導者を育てることを目的として建てられた最初の教育機関である。大学の施設は一〇〇〜二〇〇人の学生を対象とし、成績の悪い者は退学を求められ、首席と次席の学生は奨学金が与えられた。幸い私はいつも首席か次席にいたので、在学中はずっと奨学金を貰っていた。

弁論には以前から非常に興味があり、一学年の時には大会で第二位になり、金メダルをもらった。このメダルは後に短期間しか交際しなかった娘の一人が、記念のためにと言って私から取り上げてしまった。私は学生仲間と付き合うのに困難を感じたことはなかったが、三九年の学級年鑑に「最も興味ある学生」として選ばれた時には感動し、光栄に思った。

三九年にリンカーン大学を卒業。経済学と社会学を専攻し、学士の資格を得たが、学校に借金が残っていたため、すぐに学位をもらうことはできなかった。意気阻喪する折、リンカーン大学の神学・哲学科の教授ジョンソン博士から「助講師に採用するから来ないか」との誘いがあり、この招きを受けて同年秋、私は同大学哲学科の助講師になった。

この環境の変化を私は一〇〇パーセント利用した。仕事はそれほど忙しくはなかった。それで暇な時間に、手に入る近代哲学の本を片っ端から読み始めた。カント、ヘーゲル、デカルト、ショーペンハウエル、ニーチェ、フロイトなどの著書を読んだあげく、法律や医学や芸術が知識の手と足で、哲学がその頭脳である、という言葉の正しいことを知った。

四二年にリンカーン神学校を首席で卒業。神学士の称号を得、慣例に従い、その年の卒業演説をさせられた。「エチオピアは神の道を選ぶか」という表題で、私は弁じた。終了後、教授や元の学友たちが駆け寄り、強く握手してくれ、演説が成功したことを知った。

ペンシルベニア大学では、哲学や初級ギリシャ語、黒人史を講義。最も人気があったのは黒人史で、その時間には教室は満員になった。私はいつも自分を新参講師としか考えていなかったので、四五年――私がアメリカを去る年、リンカーン大学の機関誌に「今年の最優秀教授」として選ばれたのを知った時、大変に嬉しい驚きを味わった。

生活を維持し、研究費を稼ぐため、私はフィラデルフィア近郊の工業都市チェスターの造船所に勘定係として雇われた。季節を問わず、深夜の十二時から翌朝八時まで働いた。冷えた日には、手が鋼鉄に張り付きそうになり、持っている全部の衣服を着ても、骨の髄からガタガタ震えた。ある日、下宿で十八時間も眠ってしまい、直後に肺炎に罹った。

救急車でチェスター病院に運ばれ、酸素室に入れられた。私は初めて自分の生活を真剣に見つめ直した。無性に母に会いたくなった。病気が治り次第、なるべく早くアメリカを去って故国に戻ろう、と私は決心した。

ロンドンでの活動

一九四五年五月、私はニューヨークからロンドンに向かった。一カ月ほど後、英国で第五回パン・アフリカ会議が開かれ、私は組織委員会の秘書役に。会議には全世界から二〇〇人余が出席し、アフリカ民族主義（植民地主義・人種差別・帝国主義に対する反逆）を謳い、マルクス主義的社会主義を基本原理として採用した。

当時、私は実に貧しかった。いつも下町の大衆食堂に入って茶を一杯飲み、懐が許せばブドウパンかロールパンを一つ買って、ここに集まる様々な人びとと政治について何時間も議論した。ある日、黄金海岸（コート・ダジュール）に戻っていた友人から手紙が来、統一黄金会議の総書記になってほしい、と依頼があった。在米・英での私の実績を知る彼が推薦した、という。給料は一カ月百ポンドで、他に自動車を一台付けると付記してあった。総書記という仕事は実に魅力的で、外国で覚えた組織運用の経験を母国の民衆のために生かせる、待望の機会が遂に来たと思った。

黄金海岸に帰って

当時、黄金海岸はよく待遇され、よく管理されたモデル植民地と考えられていた。この平和な国が、短時日の後に、アフリカの復活と復興の尖兵になろうとは、世界で誰一人予想もしていなかった。一九二〇〜四〇年代後半にかけ、この国は政治的に大きく目覚め始めた。イギリスのバーンズ卿はアフリカ人の族長たちや一部のエリート層と相談し、「バーンズ憲法」を制定した。それを一部の者は自治に向かう偉大な第一歩と歓迎したが、政治的に目覚めている層はまもなく幻滅を感じ、その廃止を扇動し始めていた。

こういう情勢の下に四七年一二月、統一黄金会議が誕生する。初めは大衆にも族長たちにも支持されていず、当然大きな影響を及ぼすことはできなかった。私が総書記に招かれたのも、これを実のある大衆運動にしたいという願いからだった。

国内に黄金会議の支部が一三あるとの触れ込みだったが、実際はわずか二つに過ぎず、いずれも活動していなかった。私は旧型の車で全国を回り、時には鞄一つを抱え徒歩で国の隅々まで歩き回って、集会を開いて人びとと会い、何百回も演説を重ねた。

翌年二月二〇日、私は首都アクラでの大集会で演説した。二八日に復員軍人の平和デモが行われ、少々の行き違いから警官隊との街頭での衝突に発展する。警官隊を指揮するヨーロッパ人の警部が部下に発砲を指令。復員軍人二人が即死し、五人が負傷した。アクラの繁華街に報せが伝わり、民衆が激高〜全市に騒擾が起こる。暴動と略奪は数日間続いた。外資系の大きな会社など多くの建物が炎上し、死者二九人に負傷者二三七人を出した。

逮捕と拘留

数日後、私は警察に拘引された。所持品の中に、ロンドンでもらった未署名の共産党の党員証と「サークル」の文書があり、嫌疑の根拠に。私はイギリスでは極右から極左までの政党に関係したが、それは後日故国に戻った際に資するためだったといくら説明してもダメ。私は空路ガーナ第二の都市クマシに移送され、刑務所に拘留された。

私は約八週間の拘留後に釈放されたが、調査委員会は私について、こう認定した。「エンクルマ氏が書記を引き受けるまでは、統一黄金会議は事実上なんの活動もしていなかった」。そして、「氏は在英中に共産党に加入し、西アフリカ・ソヴィエト社会主義共和国連邦の先導者役を果たしている、と見られる」と指摘。想像上の産物である「ソヴィエト」という言葉を勝手に持ち出し、私に「注意人物」というレッテルを無理やり張ろうとした。

仲間割れの始まり

統一黄金会議の実行委員会は私が「同志」という言葉を常用することに激高し、私が共産主義者である証拠だと決めつけた。私がガーナ大学を作ろうとしていたことも越権行為だと非難した。が、私は二五ポンドの月給のうち一〇ポンドを出し、最初の一〇人の学生のための腰掛と机などに使う備品を購入している。一九四八年七月二〇日の開校式を私は忘れない。ガーナ大学は着実に成長した。一年後には学生の数は二三〇人に達し、入学希望者は一〇〇〇人を超えた。この大学が成功した後、私は全国にガーナ国立中学校と専門学校を一二以上つくった。しかし、実行委員会は私の成果に何の好意も示さず、激しい不満を投げ続けた。私はまた新聞の発刊にも着手し、印刷機を分割払いで購入。少年らスタッフ五人に手伝ってもらい、同年九月三日、私の新聞『アクラ・イヴニング・ニューズ』を発刊した。

この新聞は運動の前衛となり、その紙面を通して民衆は毎日、自由のための闘い、腐敗した植民地制度と帝国主義の仮借ない非道さを心に刻み込まれた。資金難からペラ一枚で出発したが、「散歩者」というコラムが評判を呼び、群衆はむさぼるように待ち構え、字の読めない人びとは仲間を作って、読める人に記事の中身を読んでもらった。見出しを兼ねて載せた標語が人びとの口に上る。「我々は平穏な奴隷の身分より、危険の伴う自治を選ぶ!」。

我が党ついに誕生

六月一二日の日曜日、私は約六〇〇〇の聴衆を前に、会議人民党の成立を発表した。興奮した群衆の耳を聾するばかりの歓呼に迎えられ、壇上の私は胸が一杯になった。「今すぐ自治を」と要求する理由として、私は(イギリスが)労働党政権下の現在が有利であること、この国(黄金海岸)は我々の国であり、我々は搾取と抑圧の下に奴隷として生きていくことをこれ以上欲しないこと、我が国の民衆が物心両面で幸せを味わえるのは自治政治の下においてのみである、と訴えた。

群衆は歓呼して同意し、私は青年組織委員会が独立の政党「会議人民党」として生まれ変わることを告げた。私は総書記の辞職～統一黄金海岸会議からの脱退を声明。群衆や代表者たちは歓声を上げ、圧倒的な支持の念を示した。ガーナのために、もし必要なら、私の生きた血をさえ捧げよう、と私は誓った。この時から闘いは、反動的な知識人と族長、イギリス政府、「今すぐ自治を」と叫ぶ目覚めた大衆の三つ巴で行われることになったのだ。

会議人民党の成功の多くは、婦人党員の努力による。婦人たちは重要な戸外のオルガナイザーになった。宣伝部員の任務を帯び、無数の町や村を歩き回り、党に連帯と協同をもたらす多くの仕事を果たした。彼女たちは事実、真に熱情的だった。ガーナのために、もし必要なら、私の生きた血をさえ捧げよう、と私は誓った。

積極行動は広がる

私はインドで道義的圧力がイギリス帝国主義に勝利したことに注目。組織的、合法的な非暴力手段による積極行動を呼びかけた。この積極行動が波紋を広げ、私は伝統的な地方権力のガーナ部族協議会から糾問された。積極行動とは、国内の帝国主義勢力を攻撃するためのあらゆる合法的、組織的手段のことだ、と私はパンフなどで主張した。積極行動の武器は、合法的な政治扇動、新聞、教育運動である。そして最後の手段は、インドでガンジーが用いた絶対非暴力を原則とするストライキ、ボイコット、組織的な非協力の適用である。

私は一九四九年一一月二〇日、ガーナ人民代表者会議を招集。未曾有の大集会となり、五〇以上の組織からの代表者が出席した。大会は「黄金海岸の民衆は、直ちに自治を要求する」と宣言。挑戦を受けた政府は攻勢に出、私の言論は官吏侮辱罪に当たるとし、裁判へ。私は罰金三〇〇ポンドを言い渡されたが、幸いみんなが募金してくれ、私は運動を継続できた。

イギリスのサロウェイ植民相が私と会談し、脅しをかけ、懐柔を計った。が、私は積極行動の必要を宣言。翌年一月一一日、全ての商店が閉ざされ、列車がストップ。労働者たちは仕事をボイコットし、国の全経済生活が停止した。新聞各紙は積極行動を続けるよう、勤労者を扇動。警察の摘発を招き、各紙は発行停止となり、編集者たちは治安妨害で投獄に。同月二一日夜、私の仲間の大半が逮捕~収監され、私は翌日捕まった。(民衆は最後まで私を支持するだろう。だから私も絶対に彼らを失望させてはいけない)と、私は考えた。

幽囚の壁を超えて

私に向けられた様々な告発に対して自分を弁護するため、私は法廷に出た。論告の結果、私は三年の刑を宣告され、アクラに連れ戻されて要塞刑務所に入れられた。政治犯の私が普通の犯人並みの扱いを受けると知り、少なからずショック! 超満員の監房の隅にたった一つのバケツが、便器として一一人向けに与えられていた。

　食物は量も少なく、質も悪かった。食事は全部監房でとったが、そのために一層まずく感じられた。刑務所の外に居る党と連絡を保つ唯一の方法は書くことだ。私は所内で目ざとく鉛筆の切れ端を拾い、便所の落し紙に記し、外の同志のもとにうまく届けるすべを見つけた。総選挙が目前に迫っていた。私が獄中から立候補（法律的には可能）し、もし選挙に勝てば、政府が私を獄中に置いておくことはできなくなるだろう、とわかっていた。

　私は刑務所長を通して外部と大っぴらに交渉し、供託金を納め、選挙委員会を組織した。首都アクラの中央区で立つことにした。私が当選したら、政府が私を釈放するだろうと人びとが考えたからだ。朝の四時頃、私が当選したという知らせが届く。有効投票二万三一一二のうち二万二七八〇という黄金海岸始まって以来の最多票を獲得したのだ。

　アクラの街々では群衆の興奮が絶頂に達した。おびただしい民衆がデモを興し、私を救い出そうとする気勢を示した。党の執行委員会は私の釈放について交渉するため、総督に面会を求めた。総督は面会を承諾。面会後、私の釈放を認めた。五一年二月一二日正午前、私は出獄した。生涯を通じ、この時ほど群衆がぎっしり固まっているのを見たことはない。

私の一言

人民の圧倒的支持によりエンクルマは以後、政府事務主任～首相に就任。一九六〇年、交渉による平和的な方法でイギリスからの独立を勝ち取り、共和制を採用して初代大統領の座に。アフリカ諸国の独立支援と国家間の連帯に力を注ぎ、ギニアとのアフリカ諸国連合を樹立。「アフリカ独立運動の父」と称えられ、レーニン勲章を受ける。半面、内政面では独裁色を強め、三権分立無視～一党独裁制を敷いて反発を呼ぶ。六六年に北京へ訪問中にCIAに支援された軍事クーデターが勃発～失脚し、ギニアに亡命する。回顧録の執筆やバラの栽培などをして過ごし、七二年に癌により六二歳で病死。前半生の赫赫たる足取りとは対照的な晩年の凋落ぶり。人の運命の儚さをまざまざと示し、そぞろ哀れを誘う。

文献一覧

（本書で紹介したノンフィクションで、著者が底本とした書籍、『世界ノンフィクション全集』、『現代世界ノンフィクション全集』所収のものを挙げた。また、現在は入手困難と思われる書籍については、比較的入手しやすい版も挙げている。）

第一章　圧制や戦禍はこんなに痛ましい

ヴィクトール・フランクルの『夜と霧』
＊池田香代子・訳／みすず書房／〈新版〉二〇〇二年
藤原ていの『流れる星は生きている』
＊『世界ノンフィクション全集　第四六巻』（筑摩書房／一九六三年）所収
＊日比谷出版社／一九四九年
＊中公文庫／二〇〇二年
＊偕成社文庫／〈新版〉二〇一五年
ロバート・キャパの『ちょっとピンボケ』
＊『世界ノンフィクション全集　第四〇巻』（筑摩書房／一九六三年）所収
＊川添浩史、井上清・訳／文春文庫／一九七九年

ウィリー・ブラントの『ナイフの夜は終わった』
＊中島博・訳／『現代世界ノンフィクション全集　第八巻』（筑摩書房／一九六八年）所収
三上智恵の『戦雲──要塞化する沖縄、島々の記録』
＊集英社新書／二〇二四年

第二章　こうした珍しい生き方がある

ジョン・クラカワーの『荒野へ』
＊佐宗鈴夫・訳／集英社文庫／二〇〇七年
ヘンリー・D・ソローの『森の生活──ウォールデン』
＊佐渡谷重信・訳／講談社学術文庫／一九九一年
ユーリン・カーニーの『私のルーファス──犀を育てる』
＊マックリーヴェ阿矢子・訳／『現代世界ノンフィクション全集　第一〇巻』（筑摩書房／一九六八年）所収
高橋是清の『高橋是清自伝』
＊『世界ノンフィクション全集　第五〇巻』（筑摩書房／一九六四年）所収
＊千倉書房／一九三六年
＊上塚司・編／中公文庫（上・下）／二〇一八年

北条常久の『評伝むのたけじ』
＊無明舎出版／二〇一七年

〈番外編〉
市河晴子の『エジプトの驚異――ピラミッドに登る』
＊『欧米の隅々』（高遠弘美・編／素粒社／二〇二二年）所収

第三章　これぞという人びとの伝記

デニス・ブライアンの『アインシュタイン』
＊鈴木主税・訳／三田出版会／一九九八年
マリー・キュリーの『自伝』
＊木村彰一・訳／『世界ノンフィクション全集　第八巻』（筑摩書房／一九六〇年）所収
レベッカ・ステフォフの『ダーウィン――世界を揺るがした進化の革命』
＊西田美緒子・訳／大月書店／二〇〇七年
磯田道史の『大田垣蓮月』
＊『無私の日本人』（文春文庫／二〇一五年）所収

第四章　びっくりする話あれこれ

トール・ヘイエルダールの『コン・ティキ号探検記』
＊『世界ノンフィクション全集　第一巻』（筑摩書房／一九六〇年）所収
＊水口志計夫・訳／河出文庫／二〇一三年
チャールズ・リンドバーグの『翼よ、あれがパリの灯だ』
＊『世界ノンフィクション全集　第三巻』（筑摩書房／一九六〇年）所収
＊佐藤亮一・訳／恒文社／一九九一年
アンネ・フランクの『アンネの日記』
＊深町眞理子・訳／文春文庫／〈増補改訂版〉二〇〇三年
浜忠雄の『ハイチ革命の世界史――奴隷たちがきりひらいた近代』
＊岩波新書／一九八四年
ガイア・ヴィンスの『気候崩壊後の人類大移動』
＊小坂恵理・訳／河出書房新社／二〇二三年

第五章　革命を企てた人びと

木原武一の『ぼくたちのマルクス』
＊筑摩書房／一九九五年
エドガー・スノーの『中国の赤い星』
＊宇佐美誠次郎・訳／『世界ノンフィクション全集　第九巻』（筑摩書房／一九六〇年）所収
マリ・エレーヌ・カミユの『革命下のハバナ』
＊真木嘉徳・訳／『現代世界ノンフィクション全集　第一三巻』（筑摩書房／一九六七年）所収
J・ブノアメシャンの『エジプト革命』
＊牟田口義郎・訳／『オリエントの嵐』（筑摩書房／一九九〇年）所収
クワメ・エンクルマの『わが祖国への自伝』
＊『現代世界ノンフィクション全集　第二三巻』（筑摩書房／一九六七年）所収
＊野間寛二郎・訳／理論社／一九六〇年

著者略歴

横田　喬（よこた・たかし）

1935年、富山県生まれ。

東京大学文学部仏文科卒業。元朝日新聞社会部記者。

〈著書〉

『白隠伝』（大法輪閣）、『下町そぞろ歩き』（日貿出版社）、『西東京人物誌』（けやき出版）、『反骨のDNA――時代を映す人物記』、『夜郎自大の30年――蘇る言論圧殺の悪夢』（以上、同時代社）

〈共著〉

『新人国記』（全十巻、朝日新聞社）、『山田みどりのロシアありのまま』（ほんの木）

社会部記者の本棚
――心にしみる世界のノンフィクションを読む

2024年10月4日　　初版第1刷発行

著　者　　横田　喬
発行者　　川上　隆
発行所　　株式会社同時代社
〒101-0065　東京都千代田区西神田2-7-6
電話　03（3261）3149　FAX　03（3261）3237
組　版　　い　り　す
装　幀　　クリエイティブ・コンセプト
題　字　　横田淳子
印　刷　　中央精版印刷株式会社

ISBN978-4-88683-973-2